新兴科技赋能社会治理现代化丛书

走向智治时代

人工智能赋能社会治理现代化

TOWARDS THE ERA OF INTELLIGENT GOVERNANCE

张成岗 著

清华大学出版社
北京

本书封面贴有清华大学出版社防伪标签，无标签者不得销售。

版权所有，侵权必究。举报：010-62782989，beiqinquan@tup.tsinghua.edu.cn。

图书在版编目（CIP）数据

走向智治时代：人工智能赋能社会治理现代化 / 张成岗著. —北京：清华大学出版社，2023.8

（新兴科技赋能社会治理现代化丛书）

ISBN 978-7-302-63381-5

Ⅰ.①走… Ⅱ.①张… Ⅲ.①人工智能－应用－社会管理－现代化管理－研究－中国 Ⅳ.① D63

中国国家版本馆 CIP 数据核字 (2023) 第 068444 号

责任编辑：张立红
封面设计：钟　达
版式设计：方加青
责任校对：赵伟玉　王　奕
责任印制：沈　露

出版发行：清华大学出版社
网　　址：http://www.tup.com.cn，http://www.wqbook.com
地　　址：北京清华大学学研大厦 A 座
邮　　编：100084
社 总 机：010-83470000
邮　　购：010-62786544
投稿与读者服务：010-62776969，c-service@tup.tsinghua.edu.cn
质 量 反 馈：010-62772015，zhiliang@tup.tsinghua.edu.cn

印 装 者：三河市东方印刷有限公司
经　　销：全国新华书店
开　　本：170mm×240mm　　印　张：16.5　　字　数：270 千字
版　　次：2023 年 9 月第 1 版　　印　次：2023 年 9 月第 1 次印刷
定　　价：109.00 元

产品编号：093522-01

编委会

主任 彭凯平　欧阳沁

主编 顾朝曦　张成岗

编委（按姓氏首字母排序）

陈昌凤	陈 凡	陈社英	段伟文	顾朝曦	胡志强
洪 伟	何晓斌	黄晓伟	姜 玲	李 强	李 佩
李 然	李 韬	李 侠	李正风	刘 毅	刘书明
刘永谋	吕 鹏	孟庆国	欧阳沁	彭凯平	邱泽奇
尚会永	苏 峻	孙海琳	申卫星	沈 阳	宋贵伦
唐忠毛	王传利	王浩斌	王杰秀	王天夫	王 巍
严 飞	杨 舰	杨永恒	杨嵘均	夏保华	许 欢
郁建兴	张康之	张成岗	张正清	张茂元	赵秋雁
赵延东	郑 路	Rayvon Fouché		Carl Mitcham	

I

总 序 一
推进基层社会治理创新

以习近平同志为核心的党中央提出的"四个全面"战略布局科学回答了如何发展、如何改革、如何治国、如何管党等根本性、全局性、方向性问题，开辟了我们党治国理政的新境界，也为基层社会治理创新指明了方向，提供了基本遵循。城乡基层是各种利益关系的交汇点，各种社会矛盾的集聚点，加强社会建设的着力点和党夯实执政根基的支撑点。推进基层社会治理创新，是我国经济社会发展规律的客观要求，是实现人民安居乐业、社会安定有序、国家长治久安的重要保障。要深刻理解"四个全面"战略布局的重要指导意义，把基层社会治理创新放在"四个全面"战略布局中来把握和推进。

推进基层社会治理创新是全面建成小康社会的迫切需要。全面建成小康社会，发展是第一要务，而发展的最终目的是让人民共享发展成果。不断增进人民福祉的关键点和着力点在基层，基层治理服务水平的高低与居民群众的生活质量休戚相关，基层社会治理搞得好不好，直接关系到居民群众对全面建成小康社会战略进程的感受和认同。推进基层社会治理创新，把基础平台搭好了，把基层基础夯实了，真正做到情况掌握在基层、问题解决在基层、矛盾化解在基层、工作推动在基层、感情融洽在基层，实现全面建成小康社会的战略目标就有了基础。

推进基层社会治理创新是全面深化改革的有力举措。党的十八届三中全会将"完善和发展中国特色社会主义制度，推进国家治理体系和治理能力现代化"确立为全面深化改革的总目标，为统筹谋划各领域改革提供了根本依据。基层社会治理是国家治理的重要基础，加快基层社会治理体系和治理能力现代化建设，对于实现全面深化改革的总目标具有重大战略意义。因此，必须自觉地将改革信念和创新思维贯穿于推进基层社会治理服务的全过程，冲破思想观念的束缚，突破利益固化的藩篱，在更大范围更广领域，增强群众自治能力，扩大公众参与，激发社会活力，发挥社会协同作用，从根本上解决长期以来重政府、轻社会，重行政、轻自治，重管控、轻服务，重事后处置、轻源头治理的问题。

推进基层社会治理创新是全面依法治国的基础环节。党的十八届四中全会指出，全面推进依法治国，基础在基层，工作重点在基层。党的十八届五中全会进一步明确了加强和创新社会治理法治化的理念。城乡基层是宣传和普及法律法规的重要阵地，是培育居民群众法治意识和守法习惯的重要平台。在推进基层社会治理创新过程中，要充分尊重居民群众主体地位，尊重居民群众首创精神，引导居民群众自觉守法、遇事找法、解决问题靠法，激励广大居民群众做尊法守法的表率，切实增强全民法治观念，推动全社会树立法治意识，推进法治社会建设，为全面依法治国夯实基层基础。

推进基层社会治理创新是全面从严治党的必然要求。习近平总书记指出，贯彻党要管党、从严治党方针，巩固党的执政根基，必须扎实做好抓基层打基础工作，使每个基层党组织都成为坚强战斗堡垒。基层党建是推进基层社会治理创新的政治保证，基层党组织在推动社会发展、服务群众、凝聚人心、促进和谐中发挥着领导核心作用。在推进基层社会治理创新的过程中，要切实发挥基层党组织的战斗堡垒作用，密切党同群众的血肉联系，把党的路线方针政策贯彻好，把全面建成小康社会的目标实现好，把全面深化改革的各项任务落实好，把广大人民群众的根本利益维护好。

总之，我们要认真学习贯彻习近平新时代中国特色社会主义思想和习近平总书记系列重要讲话精神，把基层社会治理创新放在推进"四个全面"战略布局的高度去把握，放在国家治理体系和治理能力现代化的进程中去推动，放在全面深化基层社会体制改革的实践中去落实，推动形成参与广泛、权责明确、协调有力、资源整合、运行高效的现代基层社会治理体系，为全面建成小康社会、构建社会主义和谐社会做出贡献。当前和今后一个时期，贯彻落实"四个全面"战略布局、推进基层社会治理改革创新应当重点从以下几方面着力：

一是要更加注重法治化引领。面对日益复杂艰巨的社会治理任务，要善于用法治精神引领基层社会治理、用法治思维谋划基层社会治理、用法治方式破解基层社会治理难题，有效实现依法推进基层社会治理创新。要健全基层社会治理法治体系。加快基层社会治理领域的立法，推动修订城市居民委员会组织法，开展街道办事处条例立法论证，适时启动社区建设条例研究起草，依法厘清基层社会治理各主体的角色定位与职责范围，逐步构建政府调控机制同社会协调机制互联、政府行政功能同社会自治功能互补、政府管理力量同社会调节力量互动的基层社会治理格局。要依法完善基层群众自治制度。完善城乡基层民主选举、民主决策、民主管理、民主监督制度，动员和组织居民群众依法有序参与基层社会治理；推动城乡社区协商制度化、规范化、程序化，依托居（村）民会议、居（村）民代表会议等协商议事机制，拓宽社区组织与基层政府、驻区单位等各类主体开展协商的途径，制定协商计划，丰富协商内容，创新协商形式，规范协商程序，加强跟踪评估，提升协商效果。要培育基层法治文化。指导完善居民公约和村规民约等社会规范，支持居民群众自我约束和自我管理；深入开展城乡社区法制宣传教育，使广大居民群众成为社会主义法治的忠实崇尚者、自觉遵守者和坚定捍卫者。

二是要更加注重社会化参与。党的十八届五中全会提出党委领导、政府主导、社会协同、公众参与、法治保障的社会治理体制，凸显了新时期社会治理的社会化趋势，就是要注重引导居民群众增强主人翁意识，激发社会自治、自主、能动力量，实现群众的事情由群众来办，构建全民共建共享的社会治理格局。要大力发展社区社会组织。深入落实国务院关于政府向社会力量购买服务政策，加快健全政府购买社会服务制度，通过政府购买服务、直接资助、以奖代补、公益创投等方式，支持社区社会组织参与社区公共事务和公益事业，发挥社区社会组织在扩大群众参与、反映群众诉求等方面的积极作用。要着力加强社会工作专业人才队伍建设。完善社会工作专业人才培养、评价、使用、激励政策体系，逐步增加社区组织、社会组织吸纳使用社会工作专业人才的数量，积极推动社会工作专业理念、知识、方法在城乡基层工作中普及应用。要积极推进"三社联动"机制建设。充分发挥社区的基础平台作用、社区社会组织的服务载体作用、社会工作专业人才的骨干作用，建立居民群众提出需求、社区组织开发设计、社会组织竞争承接、社工团队执行实施的联动机制，推动"三社"互联互促互动，更好完善社区服务体系，健全基层社会治理体制。

三是要更加注重精细化服务。传统治理模式惯用的笼统、粗放、经验化的处理方式，已不能适应社会结构复杂、利益诉求多样、思想观念多变的社会现实，推进基层社会治理服务精细化势在必行。要完善街道管理服务职能。推动基层政府社会管理和公共服务职能依法下沉社区，将更多的服务管理资源放到基层，使基层有职有权有物，更好为群众提供精准有效的服务和管理；优化街道办事处机构设置、人员配备和工作流程，建立权能精简、权责一致、权力制衡的运行机制，增强基层管理服务效能。要加强乡镇服务型政府建设。着力转变乡镇政府职能，使乡镇政府更加注重公共服务和社会治理；积极构建乡镇公共服务多元供给模式，充分发挥市场、社会组织、村民自治组织、农民合作组织、社会工作专业人才和志愿者在农村公共服务供给中的协同参与作用；着力创新社会治理机制，推动乡镇政府治理与社会调节、村民自治良性互动。要强化城乡社区服务体系建设。加紧编制城乡社区服务体系建设"十三五"规划，以满足居民群众各方面多层次需求为导向，以提升社区多元化、多样化服务能力为方向，构筑政府基本公共服务、公益性志愿互助服务和商业性便民利民服务相互衔接的社区服务体系。

四是要更加注重专业化发展。随着改革开放不断深入，群众权利意识日益增强，基层服务需求多层次、多方面、个性化的特征更加明显，这就迫切要求基层社会治理加快专业化发展步伐，以专业理念引领居民参与、以专业技能回应居民诉求、以专业服务增进居民福祉。要以标准化建设助推专业化。认真梳理基层社会治理领域标准现状和需求，加快推进相关标准制修订工作，构建全面配套、层次分明、功能完备、科学合理的服务体系；围绕城乡基层公共安全、社区治安、社区矫正、纠纷调解等社会管理领域，以及劳动就业、救助福利、卫生计生、科普教育、文化体育、环境保护、公共法律服务等基本公共服务领域，研究制定基础通用标准、管理服务标准和设施设备配置标准，推进各项管理服务规范化，逐步满足城乡居民多层次多样化服务需求。要以队伍建设助推专业化。加强乡镇（街道）干部队伍建设，拓宽来源渠道、改善队伍结构，加强培养锻炼、提高能力素质，严格管理监督、促进履职尽责，强化激励保障、激发队伍活力，培养造就一支数量充足、结构合理、素质优良、作风扎实、精干高效的乡镇（街道）干部队伍；将社区工作者纳入人才发展规划，研究制定加强社区工作者队伍建设的专门政策，建立健全社区各类专业人才的发现和使用机制，逐步建立一支素质优良的专业化社区工作者队伍。

五是要更加注重信息化支撑。互联网、物联网、云计算等新一代信息技术正深刻地改变当今世界的面貌，基层社会治理必须跟上信息化步伐，创新治理手段，改进治理方式，提升服务能力。要大力推进社区公共服务综合信息平台建设。落实国务院关于简化优化公共服务流程方便基层群众办事创业政策，依托社区公共服务综合信息平台建设，有效简化办事程序，将部门分设的办事窗口整合为综合窗口，变"多头受理"为"一口受理"；推进社区公共服务综合信息平台应用，加强各级各部门之间数据互联互通、共享共用和实时比对，将各自形成的鲜活数据，汇集成完整、准确和极具时效性的民生大数据，加以分析研判，有针对性地提出策略、制定政策，提高政府决策的科学性、前瞻性、准确性，实现社会治理服务的精准化。要有序推进智慧社区建设。研究制定推进社区信息化建设的政策措施，明确社区信息化建设的"时间表"和"路线图"；大力发展社区电子商务，推动社区养老、社区医疗、社区物业设备设施的智能化改造升级，广泛吸纳社区社会组织、社区服务企业信息资源，逐步实现社区公共服务、志愿服务、便民利民服务等社区服务信息资源集成，构建设施智能、服务便捷、管理精细、环境宜居的智慧社区。

国家民政部原副部长　顾朝曦

（本文发表于《求是》杂志 2016 年第 4 期）

总 序 二

新一轮科学技术革命是中国乃至世界的最大现实，也是哲学社会科学研究者需要关注的最大问题。第四次工业革命自 2013 年提出以来，迅速从发展理念转变为产业现实，并深入社会生活的各个方面。第四次工业革命不满足于"智能工厂"的状态，其已经向着第四次科技革命迈进，预计将会在新一代信息技术、生物技术、新能源技术、新材料技术、智能制造技术等领域取得突破性进展。新一轮的科技革命将会和以往每次科技革命一样，与全球政治、经济、文化、社会、环境进行新一轮的相互建构，并从根本上变革现代人的核心观念、认知方式和行动原则。

面对这样的世界百年未有之大变局，中国明确提出要实现"第五个现代化"，即国家治理体系与治理能力现代化。国家治理现代化的目标与我国科技发展的目标是相辅相成、相继实现的。第一步，在中国共产党成立一百周年时，在各方面制度更加成熟和定型上取得明显成效；此时也是中国进入创新型国家之际。第二步，到

2035年，中国各方面制度更加完善，基本实现国家治理体系和治理能力现代化；2035年也是中国真正成为制造业强国的时间。第三步，到中华人民共和国成立一百年时，全面实现国家治理体系和治理能力现代化，使中国特色社会主义制度更加巩固，优越性充分展现，此时是中国科技中长期发展战略的汇合期，为完成中国特色社会主义现代化强国而共同贡献力量。

可见，新一轮科技革命在中国的演进，是与国家治理现代化紧密相连的。这种密切的联系除了战略部署的整体性和统一性之外，还有如下三个方面。

第一，科技与现代化的关系。首先，科技是现代化的基本构成。现代性诞生于主、客两个大观念领域的分离，在人对自然的科学化认识、技术化改造的实践中实现。现代化是奠基于科技化之上的社会整体现代性呈现，一个现代化国家的基本构成就是科学技术。其次，科技是现代化的推动因素。现代化在各个社会阶层之间、国家之间、人与非人存在之间，都是以科技为载体展开的。现代性观念也是从人对科技后果的反思中获得的。科技的自主性与反身性推动着现代化进程，以及对现代性的超越。最后，科技是现代化的尺度。将一种制度、体制、机制放在现代性社会的语境下衡量其现代化水平，就是衡量其科技化水平，就像数学的应用标志着一门学科的成熟，科技的应用则标志着制度的成熟。

第二，科技革命与社会发展的关系。首先，科技革命提供了变革的现实。科技变革了社会物质生产方式，是调整社会中各种关系的基础与动力。每一次社会结构的变革，都始于科技发展的需求与结果，也都创造出下一次科技变革的社会基础；其次，科技革命提供了转型的契机，每一次科技中心的转移都标志着新的世界中心的诞生，想要成为下个全球发展的增长极，就需要率先在国内完成科技革命，科技革命提供了国家、社会转型的框架、机制与结构，加速了转型的完成；最后，科技革命提供了发展的方向。未来人类社会是深度科技化的，而科技发展的方向标示了人类发展的进程，对原有学科的创新以及新学科的建立提供了能够一窥未来社会形态的途径。

第三，科技治理与国家治理的关系。十九届四中全会提出加强和创新国家治理体系，就要完善党委领导、政府负责、民主协商、社会协同、公众参与、法治保障、科技支撑的社会治理体系。党和国家目前已经把科技放在国家治理体系与治理能力现代化的重要位置，因此，有什么样的科技内部治理结构，直接决定了科技可以为国家治理现代化贡献多少力量。而我国的科技治理也分为共同体内部的治理，以及科学建制与社会中其他建制之间的关系治理。经营好科技内外两个治理领域，是新兴科技治理面对的主要课题。

因此，《新兴科技赋能社会治理现代化丛书》着重从技术与治理的关系出发，以新兴科技为线索，关注当前中国治理的理论前沿和实践探索历程，期待对科技支撑社会治理现代化的理论反思和实践探索能够有所贡献。

张成岗
清华大学社会治理与发展研究院院长
中国发展战略学研究会副理事长

前　言

　　本书立足于当代中国现代化进程中所面临的新科技革命、第四次工业革命和新全球化"多重叠加"的时代背景，对给现代社会带来深刻变革的新兴技术，如人工智能技术、信息技术、区块链技术等进行了理论、案例及对策等多维度的研究，聚焦新兴科技发展尤其是人工智能、区块链技术等给社会治理、国家治理领域带来的新议题、新挑战，对社会治理社会化、法治化、智能化、专业化等"四化"的政策意涵进行了深入解读。本书首先从文明演进中的技术、社会与现代性重构、新科技革命与社会治理现代化，全球化与社会治理：历史演进及当代特征，中国传统社会的现代转型与社会治理现代化等维度对科技发展、社会变革与"多重失灵"下兴起的治理理论及实践之间的逻辑张力进行深入诠释。在明确了科技发展与社会治理历史交汇的时代坐标的基础上，进一步对人工智能时代的技术发展、社会进步与风险挑战、人工智能的劳动替代与新卢德主义、信息技术扩散中的数字鸿沟及其治理、区块链与国家治理变革、转型期的灾害风险治理与社会信任重构、中国公众社会治理满意度等新科技革命带来的社会治理新议题进行了专题研究，最后在"技术控"与"技术失控"、"人与物"与"人与人"、"善治"与"善智"的多重逻辑关系的纠缠与辨析中指明，走向负责任的人工智能社会治理体系及能力构建的未来之路。

本书在数据采集的基础上，对新兴技术治理，尤其是信息技术发展中的数字鸿沟问题进行了实证研究。研究表明，信息通信技术扩散在中国存在结构性差异，这种差异的先天因素在中国表现不显著，而社会因素的差异比较显著，这种差异在首次使用时间和功能使用上应当从"数字公平""数字红利"和"智慧治理"等方面进行更好的规约和治理。

社会公众满意度是社会治理创新的出发点与落脚点，本书基于社会治理创新视角对我国居民的社会治理满意度作出系统分析。研究发现：我国居民社会治理的满意度水平还有待提高；资源的充足性与方便性是居民最看重的因素；居住地区与居住社区类型均对居民社会治理满意度存在显著影响，其中农村居民的总体满意度水平相对较高。政府应该推动社会治理重心下移，加强基础设施建设，提高社会治理智能化与专业化水平，注重多部门合作，提升服务价值。

最后，本书以技术与社会的"良性互构"为理论构架，以走向新型科技的"善治"为目标，提出了新兴技术社会治理的若干政策建议。建设负责任的社会组织，既要提高专业技术协会的理论和现实关怀，又要重视非专业组织在治理知识普及上的作用；要以风险治理的实验主义方式拓展公众的参与，从对话机制方案、公众参与模式等方面解决公众参与不足的问题；要构建新的风险评估模式，以多元与替代性技术规范，以合理性、非连续性与责任为核心，建立从个体功能评估、互动功能评估到社群影响评估的新评估层次。

本研究有助于解决困扰新兴技术发展的治理理论观念冲突、治理规范及伦理规约问题，通过厘清治理概念内涵和建立治理规范、伦理准则来促进新兴技术进一步健康良性发展，实现科技规范与治理规范的融通、法律规则与伦理规范的互补，打造专家与公众的相互理解和对话的平台，为涵盖党委、政府、社会、公众、企业等在内的社会治理共同体建设提供有效通道。

张成岗

于清华园

目 录

导论 走向"智治"时代:以科技创新推动社会治理现代化 / 1

第一章 文明演进中的技术、社会与现代性重构 / 13

    第一节 技术现代形象的历史缘起与情境化的"技术实践" / 14

    第二节 "技术社会"与文明演进中的技术 / 16

    第三节 "技术研究":潜力比成就更重要的新领域 / 18

    第四节 技术创新发展的多重路径与可选择的现代性 / 21

第二章 新科技革命与社会治理现代化 / 25

    第一节 当代科学技术发展的新特征和新趋势 / 25

    第二节 信息科技发展引领社会转型变革 / 29

    第三节 以科技创新推动社会治理现代化 / 33

    第四节 以智慧治理推进基层治理现代化 / 38

第三章 全球化与社会治理：历史演进及当代特征 / 46

- 第一节 西方治理理论的兴起 / 46
- 第二节 统治、治理与善治辨析 / 56
- 第三节 治理的概念及层次 / 59
- 第四节 治理的结构 / 67

第四章 中国传统社会的现代转型与社会治理现代化 / 76

- 第一节 踏上发展的列车：中国传统社会的现代转型 / 77
- 第二节 世界现代化模式中的"东方智慧" / 85
- 第三节 多元现代性与中国现代化的内在特征 / 93
- 第四节 中国的社会治理现代化：历史演进及当代发展 / 103
- 第五节 科技支撑社会治理现代化：内涵、挑战与机遇 / 113

第五章 人工智能时代：技术发展、社会进步与风险挑战 / 124

- 第一节 技术时代需要"不合时宜"的思想者 / 125
- 第二节 "技术海啸"、风险与不确定性 / 128
- 第三节 人工智能时代的风险挑战及其社会治理 / 131
- 第四节 走向"善治"与"善智"的相互建构 / 137

第六章 人工智能、劳动替代、就业风险及其社会治理 / 139

- 第一节 人工智能时代的技术性失业 / 139
- 第二节 人工智能替代劳动冲击下的失业恐惧 / 142
- 第三节 人工智能时代的公众失业风险感知 / 144
- 第四节 人工智能时代失业风险的社会治理 / 150

第七章 信息技术、数字鸿沟与社会治理 / 154

- 第一节 信息技术扩散中的"知识鸿沟" / 155

第二节　研究方法 / 158

第三节　研究结果 / 160

第四节　主要结论及社会治理政策建议 / 164

第八章　区块链技术与社会治理现代化 / 174

第一节　第四次工业革命：区块链技术发展的历史方位 / 174

第二节　区块链技术：演变、特征及意义 / 176

第三节　区块链技术发展中的风险挑战 / 183

第四节　走向区块链技术与社会治理的"良性互构" / 187

第九章　社会转型期的灾害风险治理 / 190

第一节　风险语境是社会治理亟需面对的新常态 / 190

第二节　现代性与全球化时代的"风险规避"和"风险共生" / 193

第三节　走向后疫情时代的社会治理 / 201

第十章　中国公众社会治理满意度 / 206

第一节　社会治理满意度：衡量社会治理质量和水平的标尺 / 206

第二节　社会治理服务满意度描述统计分析 / 207

第三节　社会治理服务满意度回归分析 / 215

第四节　加强基层社会治理创新，提升公众社会治理满意度 / 216

结语　人工智能与人类未来 / 219

参考文献 / 231

后记 / 247

导论
走向"智治"时代：以科技创新推动社会治理现代化[①]

科学技术是一种在历史上起推动作用的革命力量。与近代科学技术相比，当代科学技术发展突飞猛进，表现出一系列新特征、新趋势，并对世界格局、时代主题、社会治理等产生了深刻影响。当今世界正处在新一轮科技革命和产业变革的孕育期，新一轮科技革命、产业变革与我国经济社会转型发展形势已形成历史性交汇和叠加。当前，区块链、人工智能、大数据、物联网等新兴技术的创新发展和社会应用突飞猛进，正在给社会治理的内涵、体系、方式及能力带来创造性变革。科技发展推动社会物质生产方式变革，给社会转型发展带来新机遇。人类从农耕文明到今天的智能时代，都以科技工具的出现作为划分时代的标志。科技进步提供了社会治理的基本框架、机制及结构，并引导着社会治理新方向。置身于人工智能时代，找准社会治理现代化的历史坐标、洞察社会治理现代化的时代特征、把握社会治理现代化的未来趋向具有重要意义。

一、科技创新是社会治理现代化的重要支撑

科技创新为社会治理现代化提供技术路径。它不仅为社会治理现代化提供技术工具，而且其所蕴含的探索精神、创新思维也在塑造着公众气质和社会治理的实现方式。我国正处于新全球化、第四次工业革命与社会转型"三重叠加"的历史交汇期，社会治理领域对科技的需求具有历史必然性。党和国家高度重

[①] 张成岗. 走向"智治"时代：以科技创新推动社会治理现代化[J]. 国家治理周刊，2020.

视社会治理现代化工作，社会治理智能化、社会治理的科技支撑一直是党和国家关心的重要议题。2016年，习近平总书记就加强和创新社会治理作出重要指示，"更加注重民主法治、科技创新，提高社会治理社会化、法治化、智能化、专业化水平，提高预测预警预防各类风险能力"，首次提出"社会治理智能化"。2016年10月，工信部出台《中国区块链技术和应用发展白皮书》，将区块链定位为提升社会治理水平的有效技术手段。2017年国务院印发《新一代人工智能发展规划》，指出人工智能将显著提高社会治理的能力和水平，对推动社会治理现代化具有重要作用。2017年10月党的十九大报告提出："加强社会治理制度建设，完善党委领导、政府负责、社会协同、公众参与、法治保障的社会治理体制，提高社会治理社会化、法治化、智能化、专业化水平。""智能化"成为推进社会治理体系和治理能力现代化的重要方式，各地也开始大范围探索社会治理的智能化路径。2019年11月，十九届四中全会在坚持和完善共建共治共享的社会治理制度中，进一步增加"民主协商"和"科技支撑"，强调"完善党委领导、政府负责、民主协商、社会协同、公众参与、法治保障、科技支撑的社会治理体系"，"科技支撑"正式进入党和国家的重要文件。总体上，科技创新进入社会治理领域是对加快推进社会治理体系和治理能力现代化的技术回应，应充分挖掘和发挥科技创新作为重要的非制度性因素时，对促进社会治理体系和社会治理能力现代化的重要支撑作用。

科技创新是实施创新驱动发展战略的核心。"中国要强，中国人民生活要好，必须有强大科技。"习近平总书记将科技比作国之利器，是"国家赖之以强，企业赖之以赢，人民生活赖之以好"的核心要素。科学技术从来没有像今天这样深刻影响着国家的前途命运，从来没有像今天这样深刻影响着人民生活福祉。新一轮科技革命和产业变革与我国加快转变经济发展形式形成历史性交汇，为我们实施社会治理现代化战略提供了难得的重大机遇。我国正进入工业化中后期，经济增长新旧动能加快转换，经济发展由"高速度"转向"高质量"，科技创新由"跟跑者"走向"引领者"，产业由"中低端"迈向"中高端"。近年来，我国坚定实施创新驱动发展战略，以科技创新为核心带动全面创新，以体制机制改革激发创新活力，加快建设创新型国家，为建设社会主义现代化国家、实现社会治理现代化提供强有力的战略支撑。

二、新科技革命从深层次推进社会治理体系现代化

以互联网为代表的信息技术日新月异，极大地提高了人类认识世界、改造世界的能力，新一轮科技革命正在引领社会生产新变革，创造人类生活新空间，拓展国家治理新领域，重塑社会治理新格局。作为一种共同目标支持的活动，治理是对多元行为体、多种力量的综合应用，依靠的是参与者的"对话""共识"及"联合行动"。中国进入前所未有的"社会话语"时代①，逐渐成为世界上最大的新兴技术应用场景所在地和网络话语场所中心。每一次科技革命都会带来新的社会政策逻辑。科技与社会经济的关系现在已经在社会发展指数体系中实现结合，共同用来说明发展概念②。

党和国家把科技创新放在社会治理能力现代化的核心位置是我国一贯重视科技在社会发展中作用的政策逻辑的必然延伸。科技治理结构是否合理直接决定科技能否为社会治理现代化提供支撑，以及提供多大支撑。科技既是执行政策的方式，也是制定政策的工具，还是理解政策的基础。科技可以更好地帮助我们理解政府与社会的关系，可以让社会成员更有效地参与到治理体系之中，并且支持政府作出更为科学的政策③。如果没有互联网思维、数字化思维，就无法理解今天的数字政府以及数字政府背后的治理含义；公众与政策制定者之间对于科技理解的分歧，也是今天治理问题的症结所在。在一定意义上，我国治理体系和治理能力现代化的过程也是科技治理理念、治理逻辑现代化的过程。

21 世纪，人类在人工智能、生物工程、材料工程、信息技术等新兴学科群上的突破必将在治理主体、治理方式等方面引发"化学反应"，进而深化并加速推进治理现代化进程。信息化和智能化的技术手段为提升社会治理能力提供了技术支撑，随着"互联网+"和"智能+"的深入推进，在公共安全、危机应对、应急管理等领域，以人工智能、大数据、云计算、物联网为代表的智能信息技

---

① Ping Du, Shiyang Yu, Daoling Yang（Ed）. The Development of E-governance in China: Improving Cybersecurity and Promoting Informatization as Means for Modernizing State Governance[M]. Social Sciences Academic Press and Springer Nature Singapore Pte Ltd.2019: 113-114.
② Ganegodage K R, Rambaldi A N, Rao D S P, et al. A new multidimensional measure of development: The role of technology and institutions[J]. Social Indicators Research，2015：1-28.
③ Turton A R, Hattingh H J, Maree G A, et al. Governance as a Trialogue: Government—Society—Science in Transition[C], Berlin: Springer, 2007: 319.

术及其设备，能够准确感知、预测、预警社会安全运行态势，及时把握群体认知及心理变化，主动进行反馈和决策，这对有效维护社会稳定和建设平安中国具有重要支撑作用。在治理主体方面，新兴科技使得更多的行为主体参与到治理之中，丰富治理的内容，也在不断地变换治理与被治理双方的角色。科技不仅为公众"赋能"，也为社区"赋权"。新兴科技为公众"赋能"，将会让更多的主体有能力参与到治理之中，从而丰富治理的内涵；新兴科技为社区"赋权"，将会改善社区生活质量，增强社区独立性，提高可持续发展的能力，在制度层面有效促进公众参与。

当然，新兴科技也带来了新的社会治理议题、新的社会争议与张力。在人类、人造物与外太空尚未有物理接触之时，不会想到今天地球上的人会因为近地轨道上的废置物而产生国际社会争端；在社会空间理论诞生之初，也不会预测到当前网络空间中新的社群问题。从治理意义上讲，新兴科技不断转变"治理"与"被治理"的关系，致力于消除治理中的管理内涵。比如，在人工智能领域，原来对人工智能的问题进行立法，而现在又依靠人工智能进行智能审判。现代性技术的自反性不仅在技术领域展现出来，也在治理领域展现出来。通过科技赋能，社会治理主体的固化现象在消除；进行治理、参与治理、享受治理的主体，也同时被其他主体和程序等治理，新兴科技革命无疑推进着现代治理的扁平结构的形成和拓展。

在治理方式方面，新兴科技提供了更加多样化、专业化的治理工具，也塑造着社会成员之间的交往方式。不论是乡村治理中的移动设备，还是城市治理中的数字信息一体化智慧方案，不论是健康治理中新生命技术的植入，还是环境治理中新材料技术的使用，新兴科技在不断提供解决社会问题的新手段，这种手段越来越具有变革性和颠覆性。这种技术发展趋势为社会成员之间的治理关系增加了新的不确定性，一成不变、相对稳定的技术工具所形成的交往方式不断被更新，治理者面对的内容也会因为治理方式的变化而不断发生变化。统计年报上对社会的描述，与大数据对社会的描述可能会存在很大差异；传统人际交往中的个人身份与生物计量学中的技术自我也不尽相同。社会交往的双方都在快速地更新对方的形象与信息，而治理的方式也会随着这种更新而转向更先进的工具。

三、扎根中国大地，推进社会治理的中国实践

2017年5月，习近平总书记在"一带一路"国际合作高峰论坛上指出"和平赤字、发展赤字、治理赤字，是摆在全人类面前的严峻挑战"这一重大判断。2019年3月，在巴黎举行的中法全球治理论坛闭幕式上，习近平总书记发表题为《为建设更加美好的地球家园贡献智慧和力量》的演讲，提出"坚持公正合理，破解治理赤字；坚持互商互谅，破解信任赤字；坚持同舟共济，破解和平赤字；坚持互利共赢，破解发展赤字"的中国方案，呼吁各国在全球治理中积极地做行动派，不做观望者，共同努力把人类前途命运掌握在自己手中。

当今世界正处在百年未有之变局中，我国的发展面临的是，国内外环境发生深刻且复杂的变化。一方面，新兴市场国家和发展中国家整体崛起，世界多极化日趋明显；新一轮科技革命和产业变革催生的新业态、新模式正给世界经济新旧动能转换注入新动力。另一方面，单边主义、保护主义明显加剧，多边主义和多边贸易体制正受到严重冲击，恐怖主义、难民危机、气候变化等非传统安全威胁持续蔓延，人类发展面临的不稳定性、不确定性更加突出。面对全球范围的治理赤字，习近平总书记强调："要坚定不移走中国特色社会主义社会治理之路，善于把党的领导和我国社会主义制度优势转化为社会治理优势，着力推进社会治理系统化、科学化、智能化、法治化，不断完善中国特色社会主义社会治理体系，确保人民安居乐业、社会安定有序、国家长治久安。"①

新科技革命开启了社会治理的"智理"时代，科技不仅"赋权"公众，开启公众参与的全新话语时代，还"赋能"公众，扩大公众的参与渠道，开发和提升公众的参与能力。科技支撑可以解决传统的社会治理模式中公众参与的规模不足、时间缺失和空间阻隔等问题，有利于促进实现十九届四中全会提出的"着力推进基层直接民主制度化、规范化、程序化"的目标。社会治理是国家治理的重要方面，科技在社会治理领域的应用是加快推进社会治理现代化的重要渠道。新一轮科技革命的持续深入带来科技创新及其社会应用的勃兴，为社会治理现代化提供科技支撑，弥补了社会治理制度化渠道的短板，为社会治理现代化提供高效率、高参与、高质量的解决方案。

罗伯特·达尔（Robert Dahl）在《公共行政学的三个问题》中曾经说过：

---

① 习近平. 习近平谈治国理政：第2卷[M]. 北京：外文出版社，2017：384.

"从某一个国家的行政环境中归纳出来的概论,不能够立刻予以普遍化或者被应用到另一个不同环境的行政管理上去。一个理论是否适用于另一个不同的场合,必须把那个特殊场合加以研究之后才可以判定。"[①]社会治理领域同样如此,在社会治理现代化的进程中,我们应当清醒地意识到,中国与其他国家之间存在国情差异,中国东西部、南北部区域发展差异也很大,发展不均衡矛盾依旧突出。社会治理现代化并不存在放之四海而皆准的模型,在社会治理现代化的具体推进中应当"因时而异""因地而异""因对象而异",应当扎根中国大地,探索社会治理的中国道路,为各个地区的社会治理创新提供更多空间和可能性。在此过程中,如何避免过多的趋同性,让每个地方找准并探索出适合本地社会治理的"地方性经验"也显得尤为重要。

四、研究内容与方法

在对国际上有影响的科技、社会治理、国家治理文献进行充分调研的基础之上,本书运用马克思主义的基本立场和方法进行研究,在系统分析与矛盾分析相结合的基础上,将国外思潮研究与国内实践探索相结合;在历史性剖析与现实性比较之中,对重点理论进行考查,对相关现实议题进行关注。

本书立足于新科技革命、第四次工业革命和新全球化"多重叠加"的时代背景,聚焦新兴科技发展,尤其是人工智能、区块链技术等为社会治理、国家治理领域带来的新议题、新挑战,从文明演进中的技术、社会和现代性重构,新科技革命与社会治理现代化,全球化与社会治理:历史演进及当代特征,中国传统社会的现代转型与社会治理现代化等维度对科技发展、社会变革与"多重失灵"下兴起的治理理论及实践之间的逻辑张力进行深入解读。在明确了科技发展与社会治理历史交汇的时代坐标的基础上,本书进一步对人工智能时代的技术发展、社会进步与风险挑战、人工智能的劳动替代与新卢德主义、信息技术扩散中的数字鸿沟及其治理、区块链与国家治理变革、转型期的灾害风险治理与社会信任重构、中国公众社会治理满意度等新科技革命带来的社会治理新议题进行了专题研究,最后在"技术控"与"技术失控"、"人与物"与"人与人"、"善治"与"善智"的多重逻辑关系纠缠与辨析中指明完善人工智能

---

① B. 盖伊·彼得斯. 政府未来的治理模式[M]. 北京:中国人民大学出版社,2013:2.

治理体系及能力构建的未来之路。本书沿着问题与挑战、历史与趋向、理论路径与模式、案例研究与经验反思、对策与方法的主线，形成基本框架。

本书的基本框架，图示如下。

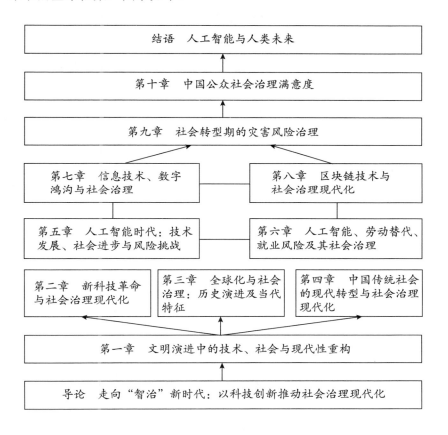

本书各章具体内容总结如下。

导论　走向"智治"新时代：以科技创新推动社会治理现代化。本部分简要阐释新全球化、新工业革命背景下社会治理面临的挑战及机遇，扎根中国大地、推进社会治理中国实践的必要性和意义，以及本书的总体框架和基本内容。

第一章　文明演进中的技术、社会与现代性重构。本章基于文明演进过程对技术、社会与现代性的关系进行系统反思。作为人类实践活动的一种特定形式，技术的性质和意义具有情境性，全面认识技术与社会结构变迁的关系需要整合技术发展的历史镜像和当代特征，反思新技术革命的特征及其带给人类的新挑战与新机遇。技术研究可以通过多学科交叉研究，促进人们对技术现象的深入理解和认识，技术研究领域的潜力比成就更重要。社会制度与技术发展的适应关系是一个双向过程，技术与现代性之间同样存在着一种复杂的历史关联性，二者之间是一种"相互建构"的关系。在新技术革命背景下，人类更需要认真检视现代性的技术理性，以交往理性重塑行动者的公共空间。

第二章　新科技革命与社会治理现代化。本章对当代科技发展的新特征、新趋势、新科技革命带来的机遇及挑战，尤其是新科技革命带给社会治理的理论变革与现实诉求进行了分析。当代科学技术发展正呈现出新特征和新趋势：科学技术发展速度空前加快，发展规模都空前扩大；科学技术与经济社会的联系更加紧密；全球范围内的科技竞争将更加激烈，某些领域将会引发群发性、系统性突破，产生一批重大科学理论和技术创新；新一轮科学革命、技术革命及产业革命正在孕育并兴起。新兴科技的传播和渗透带动了以绿色、智能、环保为特征的新一轮工业革命，给经济和社会的发展带来机遇的同时，也带来新挑战。科技进步提供了社会治理的基本框架、机制及结构，并引导社会治理新方向。置身于人工智能时代，找准社会治理现代化的历史坐标、洞察社会治理现代化的时代交汇、把握社会治理现代化的未来趋向，有助于社会治理的历史逻辑与当代特征。

第三章　全球化与社会治理：历史演进及当代特征。本章对社会治理在西方的兴起及发展过程进行了系统梳理，对统治、治理与善治等相关概念进行了深入辨析，对治理的概念内涵、层次、结构进行了探索。"治理"理论发端于20世纪末西方福利国家的政策危机、国际两极格局消失与新秩序开始形成的历史背景下，全球化的深化推动了市场机制在全球范围内的迅速发展，但全球范围内并没像民族国家内的政府一样的权力机构存在。权力和权威的缺失，加上现有国际组织和国际规制的不完善，使得全球范围的市场失灵和政府失灵日益突出。在此背景下，强调多中心、多层次管理的治理理论，为治理提供了新思路、新方法。治理具有如下特征：主体多元化，强调非政府组织和社会参与；手段多样化，强调治理主体之间的协调合作；对象及其范围具有广泛性，治理是互动过程，治理规则是破碎的、层叠的，而不是系统的、完整的。从实践角度，治理分为全球性治理、区域治理、国家治理、地方治理等类型。人类活动的具体协调方式可归类为三种，即行政机制、市场机制和网络社群机制。与之相对应，则有三种治理方式，即行政治理、市场治理和社群治理。在理想化科层制治理结构中，国家被视为集体利益的代表，它从社会中抽离出来，通过税收及其他管制方式统治社会；在市场治理结构中，国家通过引进一种准市场情境，允许顾客直接选择其所需的服务，国家将依此制定政策，决定应该提供哪种服务，以及在多少成本下提供服务；在网络和社群治理结构中，政府不再是唯一的公共服务和公共产品提供者，而更多地转向为社会主体活力的持续释放提供制度保障。在网络和社群治理结构中，一方面，政府需要通过网络吸引社会上众多行动者参与政策方案，另一方面，政府不可避免地受到这些网络干预政策的影响。

第四章 中国传统社会的现代转型与社会治理现代化。本章基于现代性和现代化的理论框架对中国传统社会的现代转型过程进行历史考查，对世界现代化道路上的"中国探索"进行分析，并在此基础上对多元现代性理论和中国现代化的内在特征进行反思。中国传统的社会治理是一种国家权力与社会自治在农村融合的体现。从中华人民共和国成立至今的70多年的历程中，中国社会治理经历了从管制到治理的发展进程，经过多年的探索与实践，社会治理变革逐步走出一条中国特色社会主义社会治理道路。东西方治理的生成背景、理论内涵、现实逻辑等具有明显差异：西方的治理是在资本主义市场经济高度发展的基础上，对政府失灵和市场失灵的一种反思和校正；中国的治理是在坚持和加强党的全面领导的前提下对政府行为模式和市场机制的一种发展和完善，是社会治理主体运用党建、法律、道德、心理、科技、乡规民约等社会规制手段开展的一种社会行动，在此过程中要充分发挥政治引领、法治保障、德治教化、自治基础、智治支撑作用，加快提升社会治理的社会化、法治化、智能化、专业化水平。

第五章 人工智能时代：技术发展、社会进步与风险挑战。本章对人工智能技术发展导致的社会变革、风险挑战及治理规范进行全方位反思。目前人工智能已经从科学实验阶段进入商业应用阶段，人工智能发展迎来爆发临界点。以现代性为基础构架的技术社会中的主奴关系、不均衡性、目的与工具的三重逻辑悖逆正持续延展到信息社会中。同时，当代中国人工智能社会，面临着新全球化、新工业革命、社会转型三重叠加的挑战。在历史的三重悖逆和当代三重挑战面前，人类正在面临又一场技术海啸和秩序重构，人工智能社会需要"不合时宜"的思想者。人工智能是人类社会的重要技术发明，同时存在潜在的社会风险。人工智能使现代技术在"可控"与"失控"两极之间进一步向"失控"偏移；人工智能的认知方面尚未解决算法逻辑基础本身的不确定性问题；人工智能的数据基础面临不可解读及不可追溯性挑战；人工智能在伦理规范上面临责任主体缺失及隐私的群体化泄露风险；人工智能在社会应用上，需要应对社会监管挑战和人工智能替代人类劳动导致的就业冲击。发展人工智能要防止概念炒作和伪人工智能创新，面向未来应当倡导负责任的伦理研究，走向人工智能社会的秩序重构，即"善治"与"善智"的相互建构。

第六章 人工智能、劳动替代、就业风险及其社会治理。人工智能在生产和服务领域的应用给就业带来前所未有的冲击，失业问题给政治、经济、社会和个人发展带来巨大挑战，担心失去工作和担忧难以再就业会导致不同程度的失业恐惧。分析人工智能技术对就业的冲击，分析公众的失业风险感知，以及人工智能技术对失业恐惧的影响，能够给人工智能带来的失业问题的治理和应对提供有益启示。本章对人工智能、劳动替代、就业风险及其社会治理进行探索，在文献梳理、历史回溯和理论分析的基础上，结合 2015 年中国综合社会调查（CGSS）数据选取样本，系统分析了公众的失业感知情况。结果显示接近一半的人群有不同程度的失业恐惧，在学历分布和年龄分布上有显著的特点，并在人工智能应用的影响下有加剧的可能性。为有效应对人工智能等新技术应用可能导致的失业问题和恐惧，我国需要制定和实施相关举措，加强人工智能的社会治理，充分促进"善智"发展，加强社会的调适，提高应对失业风险的韧性，有效推进技术赋能，提高公众就业能力。

第七章 信息技术、数字鸿沟与社会治理。本章在数据采集基础上，对新兴技术治理，尤其是信息技术发展中的数字鸿沟问题进行了研究。研究表明，信息技术扩散在中国存在结构性差异。这种差异的先天因素在中国表现不显著，而社会因素方面的差异比较显著。这种差异不仅体现在首次使用时间方面，还体现在功能使用上，应当从"数字公平""数字红利"和"智慧治理"等方面进行更好的规约和治理。

第八章 区块链技术与社会治理现代化。作为人类技术创新发展中的重要成果，区块链技术有望在数据安全、隐私保护、公共事务治理等方面取得重要进步，但其距真正成熟及全面应用还有待时日。作为新兴技术，区块链对现有社会秩序及格局有重要意义，其"去中心化""去信任化"和"自治性"等特点可以提升经济效率，重塑信任机制，创新社会治理模式。同时，区块链面临系列挑战："去中心化"与传统监管模式和"再中心化"之间存在二重悖论；"智能合约"与现行法律制度存在对接难题；"共识机制"下的技术与现实存在差距等。目前，区块链在现实中的应用只是原有制度或模式的进化，尚未构成革命，仍需要依靠现有体系的确认和配合才能真正发挥作用，面向未来的区块链技术发展应当着力构建"技术"与"社会"的良性互构，注重开展"负责任的区块链技术创新"。

第九章 社会转型期的灾害风险治理。本章以当下发生的公共卫生突发事件为背景，聚焦风险灾害问题对适应性社会治理体系构建带来的挑战和机遇。作为突发性公共卫生事件，新型冠状病毒感染肺炎疫情对我国风险治理体制及能力提出了极高要求。若要提升风险治理能力，促进突发公共卫生事件得到有效治理，既要厘清该类事件背后隐藏的风险的观念误区和认知性缺陷，又要探究风险治理的短期策略及长期路径，为系统治理公共卫生突发事件难题提供全面支撑，进而达到风险治理现代化的长期目标。风险构成了时代重要特征，风险社会构成新时代社会治理的常态化条件。现代性是建立秩序的过程，其中隐含着风险不确定性悖论。在本体论意义上，风险是实体论和建构论的统一。在现代性控制逻辑推动下，控制风险的行动内含着更大范围风险可能性。面对全球性风险，着眼于局部地区的地方性风险规避路径已经失效，应当完善多主体在风险治理中发挥作用的协同机制，通过新兴技术赋能疫情风险防控，构建有温度的政府治理体系，实现风险治理现代化。

第十章 中国公众社会治理满意度。居民满意度是社会治理创新的出发点与落脚点。本章基于社会治理创新视角对我国居民的社会治理满意度作出系统分析。研究发现：我国居民社会治理的满意度水平还有待提高；资源的充足性与便利性是居民最看重的因素；居住地区与居住社区类型均对居民社会治理满意度存在显著影响，其中农村居民的总体满意度水平相对较高。政府应该推动社会治理重心下移，加强基础设施建设，提高社会治理智能化与专业化水平，注重多部门合作，提升社会服务价值。

结语 人工智能与人类未来。本部分以技术与社会的"良性互构"为理论构架，以走向新型科技的"善治"为目标，提出新兴技术社会治理的政策建议。若要建设负责任的社会组织，既要提高专业技术协会的理论和现实关怀，又要重视非专业组织在治理知识普及上的作用。多方位拓展公众参与,从对话机制方案、公众参与模式等方面克服参与中的"松弛主义困境"。构建新的风险评估模式,以合理性与责任为核心,建立从个体功能评估、互动功能评估到社群影响评估的新评估层次。

  总体而言,本书立足当代中国现代化进程中所面临的新全球化、新科技革命及社会转型发展"三重叠加"的时代背景,对给现代性社会带来深刻变革的新兴技术进行了理论、案例及对策等多维度研究,努力探索新兴科技发展带给社会治理领域的挑战与机遇,并对社会治理社会化、法治化、智能化、专业化的"四化"政策意涵进行深入解读。本研究有助于解决困扰着新兴技术发展的理论观念冲突、治理规范及伦理规约问题。通过厘清治理概念内涵,建立治理规范及伦理准则能促进新兴技术进一步健康良性发展,实现科技规范与治理规范的融通、法律规则与伦理规范的互补,打造专家与公众的相互理解和对话的平台,为涵盖党委、政府、社会、公众、企业等在内的社会治理共同体的建设提供有效通道。

第一章
文明演进中的技术、社会与现代性重构 ①

作为人类实践活动的一种特定形式，技术的性质和意义具有情境性。全面认识技术与社会结构变迁的关系需要整合技术发展的历史镜像和当代特征，反思新技术革命的特征及其带给人类的新挑战与新机遇。技术研究可以通过多学科交叉研究，促进人们对技术现象的深入理解和认识，技术研究领域的潜力比成就更重要。社会制度与技术发展的适应关系是一个双向的过程，技术与现代性之间同样存在着一种复杂的历史关联性，二者之间是一种"相互建构"的关系。人类需要检视现代性的技术理性，以交往理性重塑行动者的公共空间。

目前，世界上绝大多数国家都在自觉或不自觉地经历某种现代化过程，都在直接或间接地把现代化作为一种发展目标。无论是解释人类历史走向现代社会的过程，还是解释某个国家跃入发达国家行列的过程，都离不开科学技术这一关键的解释变量。科技创新驱动社会发展，为人类文明提供了不竭动力，推动人类从蒙昧走向文明，从游牧文明走向农业文明、工业文明，再走向信息化时代。与近代科学技术相比，当代科学技术发展突飞猛进，表现出一系列新的特征与趋势，对世界格局和时代主题的演变产生了深刻影响。能否抓住新一轮科技革命的时代机遇，成为摆在各国面前的严峻挑战。习近平总书记指出："在新一轮科技革命和产业变革大势中，科技创新作为提高社会生产力、提升国际竞争力、增强综合国力、保障国家安全的战略支撑，必须摆在国家发展全局的核心位置。"② 我国坚定实施创新驱动发展战略，以科技创新为核心带动全面

---

① 张成岗. 文明演进中的技术、社会与现代性重构 [J]. 学术前沿，2019（14）：51-57.
② 中共中央文献研究室. 习近平关于科技创新论述摘编 [M]. 北京：中央文献出版社，2016（2）：30.

创新，以体制机制改革激发创新活力，加快建设创新型国家，为建设社会主义现代化国家提供强有力的战略支撑。

第一节 技术现代形象的历史缘起与情境化的"技术实践"

技术是历史变动性和历史恒定性的统一，是自然维度与社会维度的有机结合。一方面，技术处于变化当中，具有历史多样性，每一个时代的生活都跟某种特定的"技术群"联系在一起。譬如，每一种技术都包括一种与众不同的认知风格或认知定位、一种与众不同的行为模式和一种与众不同的对待世界的方式。另一方面，技术又具有一些超历史的结构，譬如，我们可以把技术的核心特征表述为技术是一种问题解决过程，我们可以利用技术这一问题解决过程来满足我们的期望和愿望，技术是在问题解决上最有效率且最有效的一套知识、技巧和工具等。

我们并不能给出一个关于技术的静态定义，技术的性质和意义随着时间而发生变化。在词源学上，技术最初指的是关于有用艺术的知识，从文艺复兴一直到工业社会，技术都是指以指南形式出现的、关于有用艺术的知识。哈佛大学教授杰克伯·比格劳将"技术"一词引进英语著作当中，他在1829年出版的《技术的要素》[①]一书中多次提到技术。他认为"技术"主要是指有用的艺术或者知识的积累，我们能够安全地穿过大洋，是因为"艺术"（arts，当时是"技术"的含义）比星座更能给予我们成功的指引。在杰克伯·比格劳《技术的要素》一书中，"有用的艺术"主要包括书写、印刷、雕刻、材料、机械和过程等。

技术在人类文明中扮演着日益重要的角色，到了19世纪60年代之后，作为一套器械、复杂的工业装置或者抽象力量的现代技术图像才开始出现。1865年，在麻省理工学院所做的一场报告中，杰克伯·比格劳告诉听众"技术在本世纪和眼下……比任何其他文明的角色迈出的步伐都大"。[②] 经过考证，鲁

[①] Jacob Bigelow, Elements of Technology, Boston: Hilliard, Gray, Little and Wilkins, 1831; 2nd ed., p4.
[②] Thomas J.Misa.Philip Brey and Andrew Feenberg Ed.Modernity and Technology, MIT Press, 2003: 8.

斯·欧迪克指出，在 1865 年（MIT 真正成立的时间）之后，现代技术才开始呈现其现代形象，他认为，现代技术概念的确立过程伴随着一些著名技术研究所和工学院的创建①。比如：麻省理工学院在 1861 年由威廉·巴顿·罗杰斯创立，由于南北战争，直到 1865 年麻省理工学院才迎来第一批学生，其办学方向是把理论科学和应用科学的教育与研究结合起来；史蒂文斯理工学院（Stevens Institute of Technology）成立于 1870 年，被公认最好的学科是工程、理科和专业管理；乔治亚理工学院（Georgia Institute of Technology）成立于 1885 年，是美国少数著名的理工学院之一，以计算机科学、电子学、电子技术、通信技术、机械工业等专业为主；卡内基梅隆大学（Carnegie Mellon University），前身为卡内基专门技术学校（Carnegie Technical Schools），创校于 1900 年，创办者是安德鲁·卡内基先生，主要是为了给匹兹堡地区劳工阶层的子女提供职业学习教育的理念学习场所，1912 年更名为卡内基理工学院（Carnegie Institute of Technology），1967 年与梅隆工业研究院（Mellon Institute of Industrial Research）合并，定名为卡内基梅隆大学，该校拥有全美第一所计算机学院和戏剧学院。随着这些大学和研究机构的成立和发展，技术才逐步呈现出了与"有用的艺术知识"不同的"现代图景"，并逐步为公众所认可和接受。不难看出，技术的内涵处于流动中，现代的技术含义不等于其历史上的含义，可以推定将来的技术含义与现代的技术含义也会有所不同。因此，我们对技术概念的认识和理解一定要放在一个历史发展的动态过程中去，不能将其简单地"抽象化"，对现代技术的解释不能脱离其现代性背景进行。②

当代技术哲学界已经从实践维度提出对技术的理解。例如，戈德曼将技术定义为一种由决策支配的行动，在这种行动中，工程、科学和技能中的特殊知识被贯彻到那些本身不懂这些知识，但代表了大多数人的、立法的和社会的价值取向的人的处置当中。这种理解把技术实践看作社会实践中的一个重要实践活动，彰显了技术实践活动的社会价值属性。而麦金更是明确指出，技术是人类活动的一种形式，"由实践者的精神状况所引导"③。

在 20 世纪 80 年代出版的《技术文化》一书中，佩斯明确提出了"技术

---

① Ruth Oldenzicl，Making Technology Masculine: Men，Women and Modern Machines in America，1870-1945. Amsterdam: Amsterdam University Press，1999：9-26.
② 张成岗：技术与现代性研究 [M]. 北京：中国社会科学出版社，2013：27-29.
③ E.Mcginn R E.What IsTechnology.Research in Philosophy&Technology，1978（1）：180-190.

实践"的概念，他认为技术实践包含技艺、组织和文化三个维度。① 技艺主要包括知识、技能、工具、机器、化学制品、资源用品与废物等；组织主要包括经济活动与工业活动，使用者与消费者等；文化主要包括目标、价值观、伦理规范、对进步的信念、意识和创造性等。他强调技术在本质上是实践的，认为若将技术实践的概念用于技术的所有分支，我们就将对技术有更清晰的认识。佩斯的技术实践概念的提出具有重要的意义，将技术看作具有文化的、组织的价值等多重维度的人类实践活动，有助于我们对技术更深入的探究和多层面的分析。

在20世纪90年代出版的《技术、时间与现代性的会谈》一书中，辛普森从时间的维度来思考作为实践的技术。辛普森敏锐地看到，在当代社会，技术本身已经被实体化了。他认为，技术实体论思想全面渗透在日常用语中，比如，我们经常谈论的技术是名词意义上的"技术"。作为名词使用的"技术"，其隐含的意思是，我们已经习以为常地将技术视作一个独立于人之外的存在物。他指出，为了避免将技术"名词化"和"实体化"的危险，一条可能的路径是将技术视作一种实践，即将技术"实践化"，而不是将技术"实体化"。科学实践的目的在于通过提供对现象的解释来增进我们对自然界和社会的认识；与科学实践不同，技术实践的目的在于通过提高改变世界的能力来解决人类生活中的物质问题。他指出，"技术"指一套实践，实践的目的是通过对自然更加激进的干预（物理的、生物的和人类的干预），进而把未来置于我们的控制之下。② 他进一步指出，技术大体上通过三种模式达到控制未来的目的：（1）通过加速被置于未来的目标之实现；（2）通过对未来发生之事的控制（用海德格尔的术语就是"计算"（take account））；（3）通过维持一种给定的状态，同时保持和减少与此状态相背离的时间。

第二节 "技术社会"与文明演进中的技术

全面认识技术与社会结构变迁的关系需要整合技术发展的历史镜像和当代

---

① Pacey. A.The Culture of Technology. Oxford： Basil Blackwell，1983：6-10.
② Lorenzo C. Simpson. Technology，time，and the conversations of modernity，New York： Routledge，1995：24.

特征，反思新技术革命的特征及其带给人类的新挑战与新机遇。历史地看，尽管在人类社会发展的不同阶段，人们都面临着一系列如何在自然界中生存下来的挑战，需要利用技术工具来战胜各种破坏性力量，但是，在历史上的诸多社会形态中，"以技术思维为主体的社会结构并不多见，并且这也只是在近代发生的事"①。发展是现代社会的主导性理念之一，"在发展变为现代社会的共同目标之前，大部分社会并不重视技术，而是更看重其他价值，比如怎么样与自然协调，如何保证社会仪式不出差错，或者如何保护现有的权力机构等。只有在现代社会里，技术才担负起了无所不在的支配性作用"②。现代技术已经染指人类历史的根基，是当代社会最值得人类关注的实践活动之一。

提到"技术社会"，我们绕不过美国技术研究（Technology Studies）的学者埃鲁尔，他秉持着人文主义的技术批判精神，但他并不是技术灾变论者，也不能被看作"具有误导性的异教徒"。在1962年出版的《技术社会》中，埃鲁尔详细论述了文明中的技术演化、"技术社会"之存在与特征及其对人类历史的影响。

埃鲁尔的"技术"概念明显具有宽泛和包容性，除了器物层面技术，也包含社会技术，如心理技术、宣传技术等，还包括抽象技术，如速记技术等。埃鲁尔用效率对技术进行了定义，他认为，技术是指所有人类活动领域合理得到并具有绝对效率的方法的总体，哪里有以效率为准则的手段的研究和应用，哪里就有技术存在③。技术在现代社会具有统摄性力量，在一定意义上，技术决定着科学、经济及文化的走向，技术已成为人类生存的新环境，这就是所谓的"技术社会"。埃鲁尔指出，传统意义上认为"技术由人所开发，必然也可以为人所控制"的说法其实是肤浅和不切实际的；人类既不能给技术明确的方向与定位，也不能为目的而控制技术，技术人员、科学家、产业实践者、公众、社会组织都不能做到对技术的控制，为此只能寄希望于人类全体形成合力，以达成对技术的控制。

现代社会的技术决定论者所秉持的"一旦技术开始进化，社会其他因素也

---

① 丹尼斯·古莱特.靠不住的承诺——技术转移中的价值冲突[M].北京：社会科学文献出版社，2004：4.
② 丹尼斯·古莱特.靠不住的承诺——技术转移中的价值冲突[M].北京：社会科学文献出版社，2004：3.
③ Jacques Ellul.The Technological Society [M].Trans, John Wilkin- son, New York: Vintage Books, 1964: 159。

会相应变化"的观点并不适用于整个历史进程。"了解的历史越久，对未来看得越远"，埃鲁尔对各类传统社会中技术的地位进行了考查。他指出，原始社会是"非技术的"，技术可能起源于巫术，但是，原始社会的技术的基本特征是宗教性的。中古时期的技术更多地被视为工具，人类并未将自身命运与技术进步相结合。传统社会也都趋向技术使用的改进，关注工匠技巧，而很少关心技术本身。埃鲁尔将传统社会分为外拓型与内敛型两种类型。前者倾向于土地开采、战争、征服等各种扩张形式；后者进行足以维持生计的劳作，关注自身，而非物质的扩张，表现出神秘主义的特征。18世纪之前的技术具有地方性特征，技术扩散异常缓慢，多偶发性；技术是文明内在的组成部分，技术作为所属社会的因变量而发展，并与社会共命运。19世纪以后产生了迥异于以往的技术现象。技术不再受到限制，而是扩展到所有领域，扩散到全球各个角落，并且渗透进每项活动，人类活动也不例外。作为文明内在组成的技术，逐渐远离了审美考量，转而追逐"效率"，具有了"自我增殖"的特性。技术相关的事物呈现出自动增长，在统计意义上，科学家和技术专家的数量每二十年翻一番，这明显是一种自我生成的过程：技术创造自身。当一种新的技术形式出现时，就可能为其他形式的技术创造条件。自我增长性可以表述为两条法则：（1）在工业文明中，技术进步是不可逆的；（2）技术进步不是算术级的，而是几何级的。①

第三节 "技术研究"：潜力比成就更重要的新领域

技术社会的兴起需要思想界提供恰当的理论解释，需要对为工业繁荣做出贡献的元素进行创造性理解。现代社会的兴起之时已经培育了呼唤维护技术社会秩序的学说之需求。大数据时代，人类并没有摆脱碎片化的局限性，也尚未形成关于技术的整体性研究。技术研究的潜力比其成就更加重要，环境、健康、安全、网络空间等问题的现实重要性和紧迫性令大量的社会学能量被引入相关领域，当代技术变化所造成的世界性影响预示着技术社会学领域的伟大未来。

我们需要对作为一种社会现象的技术做出解释，而对技术现象做出任何有

---

① Jacques Ellul. The Technological Society. Trans. by. John Wilkinson. New York: Alfred Alknopf, 1964.

价值的分析都必须涉及历史、理论和数据等要素。技术研究可以通过多学科交叉研究，促进人们对技术现象的深入理解和认识。技术研究应当为创造一种在技术社会中有创造性的、有意义的生活做好学术上的准备，获取对社会生活以及社会问题的理性平衡视角。人们如果知道社会秩序是怎样成为目前样子的，就会为指导未来的社会变革做更充分的准备。

"技术研究"是一个包括哲学、社会学、历史学、政策学、人类学、文化研究、经济研究等在内的多学科研究领域，该领域对技术人造物、技术系统的发展及其与社会的关系进行研究。一般意义而言，技术研究被看作科学技术研究（STS）的组成部分，STS 是 20 世纪 60 年代出现的一个更大的研究领域，建立在对科学技术及其与社会关系的研究之上，现在的 STS 已经发展成一个比较成熟的学科，在全世界不少大学都有系所、研究项目，还有特定的会议和学术杂志。比如，1964 年，哈佛大学设立"技术与社会学位计划"①，1977 年麻省理工学院设立"科学技术和社会学位计划"。20 世纪 90 年代以来，一些著名大学出现了一批系级建制 STS 机构，如 1990 年美国伦斯勒理工学院、1991 年康奈尔大学先后成立 STS 系。值得注意的是，在美国国家科学基金会（NSF）资助中，20 多年来都设有"STS 计划"，每年都有项目资助。

由于技术研究还是一个很新的学科，其主题和方法多种多样，所以，很难对技术研究的理论和道路进行全面评论。在国际学界通常会关注处于很多 STS 系和 STS 计划核心的两个子领域上：技术的社会学研究与技术的历史学研究。② 西方技术哲学的经验转向潮流中，技术研究出现了新的特征，不少学者已经关注技术研究的特征和新趋势，比如在《现代性与技术》中，菲利普·布瑞以"技术研究：技术的新图景"为标题对技术研究做了具体分析③；瑞·大卫·福舍在 2008 年还编辑出版了四卷本的《技术研究》④，在一定意义上较为全面地展现了当代西方技术研究的成果等。总体而言，当代技术研究呈现出如下特征。

第一，当代西方的技术研究汇聚在"经验研究"下，具有反叛"技术决定

---

① 该计划出版了《技术与社会研究》的论文集。
② 注意，当下的许多西方学者并没有把技术的哲学研究纳入新兴的 technology studies 的范畴，笔者沿用了这一学术传统，其主要目的在于强调当代技术研究的经验指向。
③ Thomas J.Misa.Philip Brey and Andrew Feenberg Ed.Modernity and Technology，MIT Press，2003：46-54.
④ Rayvon David Fouche，Technology Studies，CA：Sage Publications，2008.

论"和"技术自主论"的理论旨趣。在技术的经验研究中，历史学家、社会学家和不少人类学家的目标就是要解构假定某种给定的技术可以将其逻辑强加在社会之上的过程。技术决定论认为技术变化遵循的是一个固定的、线性的路径，其发展路径可以根据内在的技术"逻辑"来解释，而技术研究理论则拒绝技术决定论的观念。技术研究的一个最核心理论假定就是技术是社会塑造的，技术变化受到社会条件限制，技术设计和技术功能是社会过程的结果，而不是科技理性的内在标准。当然，有些学者可能看到了科学或者技术的内在因素对技术变化的限制，倡导技术的社会研究的另一些人则指出，即使存在科学或技术的内在因素对技术变化的限制，这些因素也是社会塑造的，比如企业、工程师和用户对增长的期望等。①

第二，当代西方的技术研究都以案例研究为基础，以"深描"作为其重要方法论标识。当代技术研究在其方法上吸收了同时期相关学科，尤其是社会学研究的主导性研究方法。自孔德开始，强调实证和"客观规律"是社会学的基本假定；无论是韦伯还是涂尔干，他们都力图寻求隐藏在社会现象背后的规律性。20世纪70年代以来，以实证主义为特征的功能论受到了诸多挑战，社会学中的"理解"范式逐步转向"解释"范式。在文化社会学的研究历程中，格尔茨提出并实践的"深描"方法是文化研究方法论的重要拓展，在《文化的解释》中，格尔茨指出，"对文化的分析并不是一种寻求规律的实验科学，而是一种探寻意义的解释科学"②。格尔茨提出了阐述人类学和"深描"的概念，他认为，所谓的文化，就是这样一些由人自己编织的意义之网。

当代西方的技术研究的代表人物，平奇和比克进一步将"深描"方法应用于技术研究。对此，米萨指出，为了与技术决定论的论调作斗争，技术的经验研究选择的方法就是在细节上重建作为技术被发明、被选择和被应用的条件的社会和政治选择；被现代主义和后现代理论家所倡导的"技术的逻辑"在这些细节的微观层次的描述中销声匿迹了。③

第三，尽管存在不同的研究纲领和研究路径，当代西方技术研究的基本理

---

① Philip Brey, Theorizing Modernity and Technology, in Thomas J.Misa.Philip Brey and Andrew Feenberg Ed.Modernity and Technology, MIT Press, 2003: 50-51.
② 克利福德·格尔茨. 文化的解释 [M]. 韩莉, 译. 北京: 译林出版社, 1999: 5.
③ Thomas J.Misa.Philip Brey and Andrew Feenberg Ed.Modernity and Technology, MIT Press, 2003: 9-10.

论主张具有统一性，尽管当代西方技术研究具有历史研究与社会研究两个维度，而且还具有三种纲领、四条路径的划分，尽管做了不同案例的研究，但其基本理论假定具有同质性。其基本假定就是，现代时期的技术与早期的技术一样都是社会构造的，它们体现了不同的、甚至相反的，关于经济的、社会的、职业的、管理的和军事的目标；设计者、工程师、管理者、金融家和技术的使用者都会影响技术的发展过程。当代技术研究的理论家都意识到了技术的意义和使用并非预先给予的，他们都同意技术具有解释的弹性（灵活性），这意味着技术可以用多种形式进行解释。技术史研究向我们显示技术（比如电话、互联网和汽车）如何呈现出不同的社会功能和角色，而其功能和角色又是如何随着时间和空间而变化的。①

第四节　技术创新发展的多重路径与可选择的现代性

在当代技术研究中，"技术决定论"与"社会建构论"是具有重要影响的两类思潮：前者强调技术对社会制度、文化规范等的决定性作用，后者则注重对技术发展的社会学解释，强调社会背景对技术的建构性。应当说，"技术决定论"与"社会建构论"提供了两种解析技术与社会关系的清晰框架，是思考技术与社会关系的有效理论工具。但在我们经常所接触到的作为一个整体性的实践中，技术和社会是融合在一起的，"技术"和"社会"都不能被归于某种静态的范畴，过分强调技术的"强制性结构"对我们的研究并无太大帮助。因此，在处理技术和社会的关系上，我们既反对强调技术内在逻辑的单向的技术决定论，也拒绝过分强调社会因素而忽视技术自身逻辑的强社会建构论。我认同技术与社会及文化存在某种深层相互作用的观点。"这种相互作用包括互相影响、现实的不确定性、历史的模糊性，以及相互作用导致的抵抗、调整、接受甚至热烈欢迎。为了努力捕获这种流动性的关系，我们使用'相互建构'这一概念"②。

在全球化语境下，出于对"现代性"的"普遍主义"冲动之抵制，尽管不

---

① Philip Brey.Theorizing Modernity and Technology，in Thomas J.Misa.Philip Brey and Andrew Feenberg Ed.Modernity and Technology，MIT Press，2003：52.

② Thomas J.Misa.Philip Brey and Andrew Feenberg Ed.Modernity and Technology，MIT Press，2003：3.

少国家已经不再将"现代化"简单地等同于"工业化",不再将"工业化"简单地等同于"西方化","现代化"依旧是发展中国家致力追求的目标,"现代性"依旧是理解现代社会绕不过的范畴。当代社会处处渗透着"现代性",技术决定论与实证主义—技术统治论默默地潜伏在现代化的背景中,"现代化的最主要的观点建立在技术自身具有发展的自主逻辑这一决定论假设的基础上。根据这种观点,技术是一种不变的要素,一旦被引入社会中,就会使接受它的社会体系屈从于它的律令"①;实证主义—技术统治论强调对于特定类型的技术革新增加投资会不可避免地带来社会的福祉,并使用一系列的、可量化的社会指标来测度人类生活质量的提高。②

在技术决定论与实证主义—技术统治论视野中呈现给我们的,是作为现代社会生活基础的"去背景化"的技术。发达国家在技术发展上处于领先地位,被定位为文明世界中的"先进国家",是欠发达国家的"典范"。风起云涌的现代化浪潮在一定意义上意味着作为现代技术及其相应的制度性结构和文化表征的现代性是普遍的,尽管历史上曾经存在过多种多样的社会形态,包括部落社会、奴隶社会、封建社会等,但现代性具有唯一性,并且不管或好或坏,它成了我们社会的范例。

西方发达国家已经完成的现代化奠基于"工业化"之上,"工业化"以现代技术的兴起、传播和应用为标志,但并非社会制度必须适应技术的发展,技术发展遵循的也不是僵化的单一模式。"现存工业社会的技术必须被认为是工业主义的一个特殊情况,它与占主导的资本主义文化有关,而不是普遍的范式。"③有的时候,现代技术发展强化了现代性制度并促进了现代性文化的扩展;有的时候,现代技术适应了新的文化价值而出现,"技术发展是一个社会斗争的舞台,各种相互竞争的群体在这个舞台上都试图推进它们的利益和相对应的文明规划。许多在技术上可行的结果都是可能的,而并不是只有斗争中的胜利者所施加的那一种结果才是可能的"④。

技术并非命定和不可变的,"依赖于社会力量的东西可以被另一种社会力

---

① Andrew Feenberg.Critical theory of Technology,Oxford University Press,1991:67.
② Jay Weinstein.Sociology/technology: Foundations of Postacademic Social Science,New Brunswick,N.J.: Transaction Books,1982:153.
③ Andrew Feenberg. Critical theory of Technology,Oxford University Press,1991:69.
④ 同①。

量所改变：技术并非一种天命"①。比如，互联网经历了一个从军事工具到商业中介再到公民生活方式的转换，自行车和汽车都经历了一个从速度机器到交通工具的转换。在此过程中，技术的"新的意义"被意识到了，其结果往往与设计者的原初目的不同。在当代的生产实践中，生产者往往认同"使用者的解释"，在一定意义上"用户"参与了产品设计。

同样，以现代技术和工业为基础的现代性也并非一元的。比如，19世纪的日本所经历的现代化不是一个完全"西方化"的过程。在此期间，日本一方面注重引进和掌握西方的先进技术，比如电报、铁路、军事设备等，采纳西方的制度和生活方式；另一方面又主张"日本精神"和"民族传统"。中国的现代化过程同样伴随着"中国特色的社会主义建设"过程，民族文化、民族自省和地方性实践的独特性并不能在"现代化"的标志下被抹平，相反，"只有民族的才是世界的"这个观念更被大众所接受。

社会制度与技术发展的适应关系是一个双向的过程，技术与现代性之间同样有一种复杂的历史关联性，二者之间是一种"相互建构"关系，表现在：现代性是理解技术的基本背景和必要框架，现代性塑造了技术并推动着技术的发展；技术是现代性的动力和决定性特征，构造了现代生活体验，是现代生活的"超级结构"；技术不仅对社会的工业体系、经济体系、监狱和军事力量等政治体系进行组织和重组，还对文化符号、范畴和实践进行塑造。

技术批判和现代性反思的一个核心目标就是要保证人类实践的完整性意义，避免人类的解放事业受到技术理性霸权的伤害。传统与现代并不经常是力量均衡的两种力量。在技术活动兴盛、传统活动式微的现代社会中，捍卫人类实践活动的完整性具有重要意义。很明显，全面禁止或限制技术发展并不是一种理性的现实抉择，但是，在延续技术发展的行程中，明确传统生活的意义和价值，对生活于技术中的个体提出建议是必要的。实际生活中，个体选择在一定程度上享受技术便利无可厚非。人类将生活的一部分交由技术处理，从而有更多的时间来进行有意义的活动，从个体来说这是一种合理的权衡取舍，从社会来讲这也是一种进步的表征。但个体应当避免将效率至上带入生活的各个方面，技术使用者应该把效率追求约束在技术发挥作用的特定时间内。技术史在一定意义上就是技术活动与传统活动争夺个体注意力的历史，这种争夺战会长

---

① Andrew Feenberg. Critical theory of Technology，Oxford University Press，1991：30.

期存在并且不断激化。从目前情形来看,在技术的巨大诱惑面前,没有做好充分准备的个人需要强大的意志力和约束力将技术活动所占比重限制在合适的范围之内。人类需要检视现代性的技术理性,努力培育一种发现有意义的、具有理性上可辩护性生活能力的意义。人类既不能仅仅想着继续发展技术以隔离风险,也不应当冷漠地屈从于风险,更不应当听天由命式地麻醉自己,而应当沿着直面风险、感知风险和解决风险的道路前行,关心我们周围的世界,赋予我们生活的意义。①

---

① Lorenzo C. Simpson. Technology, time, and the conversations of modernity, New York: Routledge, 1995: 163.

第二章
新科技革命与社会治理现代化

当今世界正处在新一轮科技革命和产业变革孕育期，颠覆性技术不断涌现，产业化进程加速推进，新的产业组织形态和商业模式层出不穷。我国进入工业化中后期，经济增长新旧动能加快转换，经济发展由"高速度"转向"高质量"，科技创新由"跟跑者"走向"引领者"，产业由"中低端"迈向"中高端"。教育、科技、人才是全面建设社会主义现代化国家的基础性、战略性支撑。新一轮科技革命和产业变革与我国加快转变经济发展形式形成历史性交汇，为我们实施科教兴国战略、人才强国战略、创新驱动发展战略提供了难得的重大机遇。

第一节　当代科学技术发展的新特征和新趋势[①]

科学是不断探求和系统总结关于客观世界的知识形式，其目标是提供关于自然界的客观性和系统性认知，这种知识体系可以物化为社会生产力；技术则是为满足社会需要而利用自然规律在实践活动中创造的劳动手段、工艺方法、技能体系和产品的总和，其目的是控制和改造自然。科学技术发展日新月异，展现出更多科学发现和技术发明前景，当代科学技术发展正呈现出新的特征和新的趋势：科学技术发展速度和规模都空前加剧；科学技术与经济社会的联系

---

① 本书编写组．中国马克思主义与当代 [M]．北京：高等教育出版社，2018：165-188．

更加紧密；在全球范围内的科技竞争将更加激烈、某些领域将会引发群发性、系统性突破，产生一批重大科学理论和技术创新；新一轮科学革命、技术革命及产业革命正在孕育兴起。

一、科学技术发展的加速化与整体化趋势

科学与技术之间既存在明显差异，又具有密切关系，比如我们通常认为技术控制的允诺是由将科学的认知成果加以兑现来完成的，换句话说就是认为"技术是应用科学"。当代科学技术已经一体化，甚至还出现了"Technoscience"一词。科技一体化是历史发展的必然趋势。历史上，18世纪第一次产业革命中的主要技术是纺织机和蒸汽机，它们所依赖的基本力学原理早在古希腊时代就已存在；19世纪后期第二次产业革命中的主要技术是电动机，其所依赖的电磁感应原理是法拉第在57年前发现的；无线电发明距其所依赖的麦克斯韦电磁波理论的发现时间就缩短为35年。从科学原理到技术应用的时间间隔迅速缩短的现象在20世纪更加显著。原子弹、激光器等技术的实际应用与其原理的发现的时间间隔已经只有短短几年。在今天的高科技领域中，从科学研究到技术发明有时很难说出是否存在时间间隔，基础研究与应用研究的界线也已模糊不清。为了反映这种科学和技术一体化的趋势，人们不再将"科学"与"技术"区分开来，而是把它们合称为"科学技术"。

当代科学技术发展呈现加速化趋势，主要表现在：科学技术以指数而非线性速度发展；科技知识创新、传播、应用的规模和速度不断提高；科技知识量急剧扩张，科学技术几乎在所有领域都出现了新的飞跃；新发现、新技术、新产品、新材料更新换代周期越来越短，科学技术的物化周期缩短；科技队伍快速增长等。

科技发展整体化趋势更为明显，主要体现为基础科学内部的整体化、基础研究和技术发明的整体化、自然科学和社会科学的整体化。传统意义上的基础研究、应用研究、技术开发和产业化乃至人文社会科学之间的边界日趋模糊，科技发展呈现群体突破的态势，出现一批在基础科学、技术科学、应用科学三个层面融合的科学技术群落，以及多学科集群创新的新局面。

二、科学技术与经济社会的相互作用日益密切

当代科学技术与经济社会的相互联系相互作用更加紧密。一方面,科技进步不断开辟新的产业领域,加快资本、人才、商品和信息流通速度,不断推动社会组织结构和管理模式变革,对包括人们思维方式、消费观念和就业取向等在内的日常社会生活,乃至国际外交关系等全方位的社会生活,产生了越来越广泛和深远的影响。另一方面,经济社会对科学技术发展的影响也越来越大,生产力发展为科学技术发展规模的扩张提供了物质条件,同时也使科学技术的发展越来越依赖强大物质条件。科学技术与社会(STS,Science Technology and Society)已经成为一个重要研究领域和学科,科学与技术,以及社会的关系呈现以下特征。

第一,科学技术的社会功能越来越突出。科学技术的社会功能体现在它的价值上,即对社会进步的作用或影响上。科学技术的价值集中体现为工具价值与内在价值两个方面。工具价值是指它促进生产力发展和提高人们生活质量的物质价值,以及引起生产方式和社会结构的变革,并为这一变革创造物质条件的社会价值;内在价值是指它通过科学思想、科学精神、科学方法的传播,推动了社会精神生活的丰富和人民文化素质的提高,具有巨大的精神价值。科学技术的社会功能具体体现在:当代科学技术越来越成为解放和发展生产力的重要基础和标志;当代科学技术促进人们交往形式和社会关系的改变;当代科学技术通过科学思想、科学精神和科学方法的传播,越来越具有认知价值、预见价值和审美价值,以及促进新的行为规范形成新的道德价值。

第二,科学技术发展的社会制约性越来越明显。科学技术发展越来越依赖于强大的生产力因素和物质条件,社会生产力的高速发展和扩张,既为科学研究和技术发明提出了明确方向和具体目标,也为科学技术发展的规模和速度提供了物质条件。社会利益关系等生产关系因素的分化越来越制约科学研究的方向,社会关系也制约着科学研究的进程和科技成果实现,科技成果控制在不同的人手中,会产生完全不同的作用和效果,这反过来又影响和制约了科学研究的进程;科研体制、社会制度、学术氛围和价值观评价等因素,越来越成为科学技术良性发展的重要条件。

第三,科学技术应用可能导致的负面效应越来越凸显。在社会条件和价值观影响下,如果人类没有驾驭好自己所创造的成果并更好发挥它的内在价值,

它就可能在给人类带来巨大福祉和希望的同时，给人类带来巨大威胁和灾难，甚至可能成为人类发展的对抗性力量。强大技术手段的大规模使用，打破了人和自然的生态平衡，造成了资源透支、环境污染、生态失衡等一系列全球性问题。在和平、发展和环境问题已成为关系人类共同利益的全球性问题的背景下，需要更多关注科学技术在研究方向和运用中可能带来的负面效应，要使科学技术更好地为社会进步服务，就必须确立人与自然和谐共处的观念，树立正确的科学价值观，进一步完善法律法规、监管体制和评价机制。

三、全球范围的科技竞争更加激烈

当今世界是激烈竞争的时代，政治竞争、军事竞争、经济竞争、科技竞争、人才竞争等充斥全球。从发展趋势看，和平与发展已成为世界主题，经济竞争逐渐成为世界竞争的核心内容，其实质是科技竞争，并突出表现为以自主创新为主要特征的科技竞争日趋激烈。原始创新成为科技竞争制高点，自主创新能力成为国家竞争力的决定性因素。从整体趋势来看，世界科学技术的发展相互渗透、相互促进、相互竞争。但在世界科技竞争的格局中，欧美发达国家在科技发展领域尤其是高科技领域占据优势地位。

随着科技实力的提升，我国在一些新兴科技领域已经处于领先地位，一些关键核心技术实现突破，战略性新兴产业发展壮大，载人航天、探月探火、深海深地探测、超级计算机、卫星导航、量子信息、核电技术、大飞机制造、生物医药等取得重大成果，进入创新型国家行列。但我们要清醒认识到，与发达国家相比，我国的科技发展还面临巨大挑战。科技创新基础还不牢固，创新水平与发达国家相比还存在明显差距。科技实力决定着世界政治经济力量对比的变化，也决定着各国各民族的前途命运，国际科技竞争十分激烈。如果不抓住机遇，进行发展和创新，就可能被世界淘汰。

四、新一轮科技革命蓄势待发

自古以来，科学技术就以一种不可逆转、不可抗拒的力量推动着人类社会向前发展。16 世纪以来，世界发生了多次科技革命，每一次都深刻影响世界力量格局。历次产业革命都具有一些共同特点：有新的科学理论作基础；有相应的新生产工具出现；形成大量新的投资热点和就业岗位；经济结构和发展方式发生重大调整并形成新的规模化经济效益；社会生产生活方式有新的重要变革。这些要素，目前都在加快积累和成熟中。①

当代科技革命是以信息科技革命为先导，以新材料科技为基础，以新能源科技为动力，以海洋科技为内拓，以空间科技为外延，以生命科技为跨世纪战略重点的一场全方位、多层次的伟大革命。在新科技革命推动下，人类进入了工业化社会的高级发展阶段：信息化时代。从社会发展的矛盾和需求看，世界几十亿人口追求现代化生活方式与资源供给能力、环境承载能力不足的矛盾，呼唤科学技术的革命性突破。从科学技术发展的内在可能性看，科技革命是在长期量的积累基础上的突变。新科技革命以来，尽管知识呈爆炸性增长态势，但还没有出现足以比肩相对论、量子论的科学革命；而一些科学理论体系所呈现的内在不协调性，也在酝酿着新的理论突破；近代以来，技术革命周期缩短的趋势也在等待突破。面对世界科技发展新趋势，世界主要国家纷纷加快发展新兴产业，加速推进数字技术同制造业的结合，推进"再工业化"，力图抢占未来科技和产业发展制高点。②

第二节 信息科技发展引领社会转型变革

当今世界一些重大科学问题的原创性突破开辟了新前沿、新方向，一些重大颠覆性技术创新创造了新产业新业态，新一代信息技术同机器人和智能制造技术相互融合步伐加快，社会生产和消费从工业化向自动化、智能化转变，人类从"信息时代"步入"数字时代"和"智治时代"。

一、信息技术成为率先渗透到经济社会生活各领域的先导技术

信息技术作为当代科学技术的引领者，不仅引领了社会生产新变革，也

---

① 习近平. 在十八届中央政治局第九次集体学习时的讲话 [N]. 人民日报，2013.
② 习近平. 在参加全国政协十二届一次会议科协、科技界委员联组讨论时的讲话 [N]. 人民日报，2013.

渗透到经济社会生活的各个领域，正在极大地改变着人类的生活方式和思考方式。

以互联网、大数据和人工智能为代表的信息科技成为当代科技发展的先导技术，创造了人类发展新空间，拓展了国家治理新领域，提高了人们对世界的认识方式和认识能力。在新一轮科技革命背景下，信息科学将有原始性突破，信息技术将有革命性发展，产生新的网络理论、超级网络计算新结构、网络安全与智能管理、人机交互、语言文字图像转换与合成、海量数据挖掘与管理、新一代计算技术、集计算存储通信于一体的新一代芯片技术等。计算机技术将进一步综合化、智能化、网络化和个性化；信息技术将继续向高性能、低成本和智能化方向发展，并将推动经济社会发展方式和科学研究模式的根本性变革。

智能物联网技术为城市管理水平的提高提供了一条可行的技术路线，其核心是"感知化""互联化"和"智能化"，例如，城市交通管理、共享单车管理以及未来的无人驾驶出租车管理等，将商业、运输、通信、能源等城市运行的各个系统整合成"系统之系统"。物联网时代，政府信息安全问题、用户个人隐私问题将会给政府物联网的应用带来极大考验。物联网时代使得物体与物体之间、人与物体之间、人与人之间的沟通变得更加紧密，也正因如此，大量的数据给用户的隐私保护带来一定的困扰。

二、生物学相关技术将创造新的经济增长点、拓展发展新空间

生物产业是 21 世纪创新最为活跃、影响最为深远的新兴产业，是我国战略性新兴产业的主攻方向，对于我国抢占新一轮科技革命和产业革命制高点、发展新经济、培育新动能，建设"健康中国"具有重要意义。

随着现代生命科学快速发展，以及生物技术与信息、材料、能源等技术加速融合，高通量测序、基因组编辑和生物信息分析等现代生物技术突破与产业化快速演进，生物经济正加速成为继信息经济后出现的新经济形态，将对人类生产生活产生深远影响。近年来，美欧等发达经济体纷纷聚焦生物经济，在促进可持续发展的同时，进一步巩固其领先地位。比如，美国政府在《国家生物经济蓝图》中，明确将"支持研究以奠定 21 世纪生物经济基础"作为科技预算的优先重点。欧盟在《持续增长的创新：欧洲生物经济》中，将生物经济作为

实施欧洲 2020 战略、实现智慧发展和绿色发展的关键要素。旺盛的市场需求和利好的政策为我国生物产业的发展创造了良好的成长环境。我国在基础研究和应用领域取得了多项突破和重大进展，生物产业发展质量逐步提升，产业投资保持活跃，在国民经济中的作用日益突出。①

三、人工智能和实体经济深度融合，智能产业蓬勃兴起

1956 年的达特茅斯会议标志着"人工智能"概念的诞生；目前，人工智能已经从科学实验阶段进入商业应用阶段，正在迎来爆发的临界点。人工智能在逐渐转化成现实生产力的同时也进入人们日常生活，家用智能机器人使人们的生活更加便利，一定程度上增进了人类情感的升华。人工智能将融入各行各业，其发展潜力在于将来在各行各业中的深度应用。我国虽然在部分技术与应用方面已经取得不少进展，但整体发展水平与发达国家相比仍存在差距。我国的互联网产业基础位居世界前列，互联网作为"传动机"可以将人工智能应用到各个具体行业，为传统产业的效率提升奠定了基础。②新一代人工智能将在制造、农业、物流、金融、商务、家居等 6 个重点行业进行融合创新，在能源、旅游、医疗等各个领域都有着广阔创新空间。

人工智能是引领未来的战略性技术，世界各主要国家均把人工智能作为主要发展战略，力图在新一轮国际竞争中把握住主导权和话语权。2017 年 7 月国务院印发《新一代人工智能发展规划》，进一步明确了中国新一代人工智能的发展目标：2020 年人工智能产业成为新的重要经济增长点；2025 年中国的智能社会建设取得积极进展，2030 年中国成为世界上主要的人工智能创新中心。在党的十九大报告中明确提出，要推动互联网、大数据、人工智能和实体经济深度融合，在中高端消费、创新引领、绿色低碳、共享经济、现代供应链、人力资本服务等领域培育新增长点、形成新动能。党的二十大报告进一步指出，必须完整、准确、全面贯彻新发展理念，加快构建以国内大循环为主体、国内国际双循环相互促进的新发展格局，推进新型工业化，加快建设制造强国、质量强国、航天强国、交通强国、网络强国、数字中国。

---

① 国家发展改革委."十三五"生物产业发展规划 [S]. 2017-01-16.
② 陈自富. 人工智能，为实体经济注入新动能 [N]. 人民日报，2017-11-20.

四、科技革命创造人类生活新空间、拓展国家治理新领域

21世纪以来，一系列前沿科技蓬勃发展，新一轮科技革命蓄势待发，特别是以制造业数字化、网络化、智能化为核心的新一代信息技术、生物技术、新能源技术等新兴科技的传播和渗透，带动了以绿色、智能、环保为特征的新一轮工业革命，给经济和社会的发展带来了新机遇和新挑战。

信息技术是新科技革命的龙头，向各个领域深度渗透，深刻改变着人类的生产和生活方式。21世纪以来，大数据和人工智能蓬勃发展成为新工业革命的显著标志，并将重塑人类生存和生活的现实空间。在新科技革命背景下，机器人与人工智能已经成为下一个产业新风口和产业转型升级新机遇。目前人工智能正在进入生产领域，并且通过"无人工厂"的方式呈现出越来越高效率、高质量的生产，改变着人类的生产方式。人工智能正进入人类的日常生活，家用机器人普及率越来越高，改变着人们的生活方式，大数据和人工智能在重塑人类现实的同时，人类方面更加需要加强相应的社会规范和社会治理，真正享受到科技发展给生活带来的福利。

纵观世界文明史，人类先后经历了农业革命、工业革命、信息革命。每一次产业技术革命，都给人类生产生活带来巨大而深刻的影响。现在，以互联网为代表的信息技术日新月异，引领了社会生产新变革，创造了人类生活新空间，拓展了国家治理新领域，极大提高了人类认识世界、改造世界的能力。互联网让世界变成了地球村，世界因互联网而更多彩，生活因互联网而更丰富。①

随着互联网技术的迅猛发展，互联网对于国家治理的重要性日益凸显，为国家治理提供了新空间、新技术和新平台，"社会民意，善聚者成，不善者败"，互联网已成为民众表达诉求、政府听取民意、政民沟通的重要桥梁，倾听来自互联网的民意，已成为中国各级政府的新常态。随着世界多极化、经济全球化、文化多样化、社会信息化深入发展，互联网对人类文明进步将发挥更大促进作用。同时，互联网领域发展不平衡、规则不健全、秩序不合理等问题日益凸显。面对这些问题和挑战，国际社会应该加强对话合作，共同构建和平、安全、开放、合作的网络空间，建立多边、民主、透明的全球互联网治理体系。②

---

① 习近平. 在第二届世界互联网大会开幕式上的讲话[N]. 人民日报，2015-12-17.
② 习近平. 在第二届世界互联网大会开幕式上的讲话[N]. 人民日报，2015-12-17.

第三节　以科技创新推动社会治理现代化 ①

随着全球化进程加速，世界范围的交流与互动日趋密切，国家所处的环境与国际关系变得日益复杂。为适应不同世界性因素涌入催生的经济社会生活的多元化，20 世纪 70 年代以来，西方兴起了寻求新政府治理模式的政府改革运动，"治理"逐步取代"管理"，建构与信息社会相适应的新公共治理模式成为各国政府的追求。

从中华人民共和国成立之初的百废待兴到今天的全面发展，70 多年间中国无论是在综合国力还是在全球影响力上都取得了长足的进步。从 1949 年到 2020 年，中国城镇化率由 10.64% 迅速增长到 63.89%，城镇常住人口在过去的 70 多年间由 5760 万增加到 9.02 亿，在吸收巨量人口的同时避免了很多国家城镇化中出现的治安恶化、贫民窟、就业竞争激烈等问题。

城市是经济增长、繁荣和社会进步的发动机。世界上 5% 的人居住在大中型城市。城市是保持竞争力的关键区域。"创新、教育、基础设施、公共管理"等公共服务均属于城市范畴。"城市化"，现代社会兴起的目标之一，在社会转型过程中经常被提起。当代中国社会的发展正处于这样一个过程中，"城市化""城镇化"等关键词一度且仍然处于社会转型理论的核心位置。城镇化是实现现代化的必由之路，也是乡村振兴和区域协调发展的有力支撑。《国家新型城镇化规划（2014—2020 年）》明确提出要到 2020 年实现常住人口城镇化率达到 60%，并要完成好"三个 1 亿人"的任务；中国要成为富强、民主、文明的社会主义现代化国家，城镇化率要达到发达国家 80% 左右的水平，是一个极其艰巨和富有挑战的任务。

在人工智能应用日益广泛，新全球化和新科技革命"双新"背景叠加下如何应对社会快速转型带来的问题与挑战、寻求新的社会治理模式、实现人类"有尊严、健康、安全、幸福和充满希望的美满生活"目标是一个迫切需要做出回应的问题。

---

① 张成岗. 寻求"双新"背景下城市治理新模式 [J]. 社会科学报，1571（1）.

一、"新科技革命"与"新全球化":社会治理的"默认配置"

中国城镇化实现了社会结构维度上从城乡分割向城乡融合,从传统、相对落后的农村社会向现代、较为发达的城市社会,从城乡管理向城乡治理的主要转变①。当代城市治理必须直面新全球化与第四次工业革命叠加的双重背景,"新科技革命"与"新全球化"已经构成我们论说城市社会治理背景的"默认配置"。

14世纪开始至麦哲伦环球航行结束的地理大发现对欧洲的影响极为深刻,使得封闭于西方一隅的欧洲走向了世界,增加了各种文明相互摩擦、碰撞、借鉴、交流和融合的机会,开启了一直持续到今天的全球化进程。全球化为发展中国家进入全球分工,利用后发优势、发展民族经济、提升产业结构、实现现代化提供了历史机遇。对于全球化启动的时间及主题,学界并没有达成共识,但现代社会的成长过程以全球化为其动力机制是事实。全球化是一个充满矛盾的历史进程,是推动社会变革的关键力量,新全球化正在重塑世界和区域秩序。

蒸汽机发明驱动了第一次工业革命;电力使用引发了第二次工业革命;半导体、计算机、互联网的发明和应用催生了第三次工业革命,基于持续的技术创新和颠覆,以数字化、网络化、机器自组织为标志的"第四次工业革命"开启人类历史的新阶段:集成电路行业从"硅时代"迈向"石墨烯"时代、移动通信全面进入4G,并开启5G;软件进入"云时代";生产组织方式从大规模生产转到规模化定制;分享经济、移动经济等新产业形态不断涌现,企业的网络化、扁平化将成为新趋势。第四次工业革命呈现多学科、多领域交叉突破、科技创新和商业创新相结合的新特征;新工业革命是一场技术与产业革命,对全球价值链结构、全球产业竞争格局产生深刻影响,更是一场社会、文化、价值与思维等领域的全景式的整体性变革,将提供社会转型新动能,带来城市风险治理的新挑战。

二、"双新"背景下社会治理面临四大挑战

尽管改革带来的经济快速增长使得中国经济总量极大增加,成为世界第二大经济体,但新常态下中国经济面临困难叠加、风险隐忧交织的诸多挑战。中国快速城镇化进程中将原来分置于城乡和不同地域的多种异质性因素聚合在同

---

① 鲍宗豪,岳伟.新中国70年城乡关系:历程、转变、启示[J].学术界,2019,253(6):19-28.

一时空条件下，社会融合与社会冲突并置，文化认同与文化区隔交织，大大地增加经济社会生活的复杂程度。

党的十八届三中全会提出"创新社会治理，推进国家治理体系和治理能力现代化"标志着新时代治国理政的新起点；在城市治理方面，2014年8月27日，国务院发布《关于促进智慧城市健康发展的指导意见》提出要推动新一代信息技术创新应用，加强城市管理和服务体系智能化建设，积极发展民生服务智慧应用，促进城镇化发展质量和水平全面提升；2015年12月20日至21日，中央城市工作会议举行，会议提出要建设和谐宜居、富有活力、各具特色的现代化城市，提高新型城镇化水平，走出一条中国特色城市发展道路。2018年1月中共中央办公厅、国务院办公厅印发《关于推进城市安全发展的意见》，要求切实把安全发展作为城市现代文明的重要标志，健全公共安全体系，打造共建共治共享的城市安全社会治理格局，为人民群众营造安居乐业、幸福安康的生产生活环境。2021年3月颁布的"十四五"规划提到，我国坚持走中国特色新型城镇化道路，深入推进以人为核心的新型城镇化战略，到2025年常住人口城镇化率将提高到65%。新全球化与新工业革命背景下的城市社会治理面临四大挑战。

首先，构建"好的人工智能社会（Good AI Society）"是全人类面临的严峻挑战。随着第四次工业革命的到来，人工智能在生产活动和社会活动中的作用不能再被忽略，人工智能甚至有可能让人类失去智慧能动者的唯一地位。传统社会只针对人的产业制度和生产规则将会重组，以适应非人行动者参与；"让生活更美好"的城市面临构建"好的人工智能社会"的挑战。

其次，新兴技术作为节约劳动力速度的工具超过了社会为劳动力开辟新用途的速度，人工智能正在挑战城市就业结构。2010年牛津大学的一项研究预测，未来10—20年47%的岗位会被人工智能所取代；2016年的世界经济论坛预测未来5年将有500万个岗位会消失。随着人工智能发展，新型机器人正在成为社会生产和生活中极具竞争力的"新型脑力劳动者"。机器人这种"新劳动者"的职业优势已体现在诸多行业。随着人工智能广泛应用，第二产业中的"第三产业"将重构城市人群就业结构，对社会稳定构成挑战。

再次，网络空间快速生成与伦理规约空间建设滞后的冲突对新时代的道德生活构成挑战。信息技术已全面介入社会生活，人类的生存状况不论从群体层面还是个体层面正在发生历史性变化，已经从第一次工业革命时期的"我思故我在"转化成当下第四次工业革命中的"我分享故我在"，网络空间已经成为"全球新公地"，网络个体认知的"圈层化"现象值得关注。在网络空间中，人们除了社会身份，还有网络身份；现实空间的伦理规约及道德价值相对成熟与网络空间中伦理规约和道德价值远未达成共识的矛盾将在很长一段时间内存续。另外，网络身份和社会身份的异同和边界并不明晰，网络空间涌现的大量新伦理问题亟待全球商榷。

最后，未来不确定性对新兴领域的高端人才培养及传统人才储备形成挑战。 面对不断颠覆的技术创新，各个领域的高端人才需求在急剧增加；而第四次工业革命影响的极大不确定性也导致了人才培养"无所适从"困境，新兴领域不断出现与原有人才储备不足的情形将长期并存。教育在社会发展中扮演关键角色，"多一所学校"与"少一所监狱"通常相伴而行，教育的价值和功能怎么褒奖也不为过，第四次工业革命呼唤又一场深层的教育变革。

三、协同网络空间与现实空间，推进社会治理能力现代化

伴随信息革命的飞速发展，互联网、通信网、计算机系统、自动化控制系统、数字设备及其承载的应用、服务和数据等组成的网络空间，正在全面改变人们的生产生活方式，深刻影响人类社会历史发展进程。"网络空间安全事关人类共同利益，事关世界和平与发展，事关各国国家安全。维护我国网络安全是协调推进全面建成小康社会、全面深化改革、全面依法治国、全面从严治党战略布局的重要举措，是实现'两个一百年'奋斗目标、实现中华民族伟大复兴中国梦的重要保障。"① 网络空间与现实空间的深度融合将给人类带来一系列挑战。当网络空间已经成为我们生活空间的一部分，那么，任何网络或互联设备，从军事系统到民用设施，如能源、电网、医疗、交通管控和供水系统等，都会成为网络入侵和攻击的对象，国家安全在时时处处都将会面临风险。网络空间与现实空间的深度融合也会给人类社会背后的规则、制度与法律法规带来强烈的冲击和前所未有的挑战，网络隐私权、网络管辖权等法律问题皆会遭遇难以解决的困扰。现实社会中，既有法律法规的主体、客体概念在网络空间中需要得到重新定义。网络空间如果失控或缺乏治理，国家政治、经济、文化、社会、

---

① 国家互联网信息办公室.国家网络空间安全战略 [EB]. 中国网信网，2016-12-27.

国防安全及公民在网络空间的合法权益都将面临严峻风险与挑战。和平利用网络空间、依法治理网络空间、提升网络空间防范能力、强化网络空间的国际合作对各国乃至世界都具有重大意义。

为了应对人工智能兴起、"双新"背景叠加带给城市与社会治理的挑战，我们应当从以下几个方面做好准备、提升认知、做好应对。

第一，超越狭隘的技术工具论认知，实现数据技术的价值回归。基于大数据技术可以实现精细化管理，提升城市管理和服务能力。数据技术不仅仅是一种工具，大数据时代还应当成为人们未来生活的一个重要组成部分，通过赋权和激活治理主体，有望达到城市治理"共享共治"的目标。

第二，在新型城镇化中促进现代性与地方性的深度融合。城市化是构成中国现代性构建的关键要素，当代中国的现代性构建要实现城市与乡村、现代与传统、全球化与地方性的结合与平衡。

第三，推进社会治理中顶层设计与行动主义相结合。着力解决发展失衡、治理困境、数字鸿沟及分配差距，进一步推进城市健康、协同和可持续发展，我们应当发挥社会与文化的想象力和洞察力，同时注重实践品格的培育。

第四，服务于包容性增长和可持续发展的目标，促进网络空间与城市空间的深度融合。城市同时是一个社会和文化的演绎和流动空间，网络空间既是现实空间映射，还是现实空间进一步的加工、转化、提升和反馈，是与现实空间形成深刻影响和广泛互动的新的人类活动空间。社会治理应当多维度发力，推进网络空间与现实空间的深度融合。

当前，全球科技创新和产业转型正在突破，世界进入空前的创新密集和产业变革时代。新一轮科技革命将对世界经济结构和竞争格局产生重大影响，引起国际经济政治关系的深刻变化，促进国际经济分工结构的深刻调整，进一步改变人类生产和生活方式。

同时，全球发展面临网络空间与现实空间深度融合的挑战，这些挑战将因为新一轮科技革命变得更为严峻。例如，对话型人工智能（如 ChatGPT）将为科学研究和社会进步带来深远影响，极有可能彻底改变科研实践的方式，在为社会带来新型机遇的同时也引发新的忧虑。元宇宙等信息技术新应用，正在带领技术脱虚向实、社会脱实向虚，是网络社会创新与技术产业治理的相互影响的交叉领域。如何把线下社会的治理模式带入到线上社会，成为人工智能时代亟需关注的重要议题。

元宇宙将现实世界与虚拟空间双轨融合，在刺激新一轮科技产业革命的同时，影响到国际竞争、国家安全、金融秩序和社会治理等诸多领域。元宇宙是一个虚拟的数字化世界，它与现实世界相互交织，构成了一个全新的综合体。元宇宙为社会治理提供了新的平台和工具。通过元宇宙，政府和社会组织可以更好地与公众进行互动和沟通。政府可以利用元宇宙的虚拟现实技术，提供更直观、沉浸式的信息传递方式，增强公众对政策的理解和参与度。元宇宙为公民参与社会治理提供了更多途径和方式。在元宇宙中，人们可以参与虚拟社区、虚拟经济和虚拟政治活动，与其他用户进行交流和合作。这种参与方式的多样性和灵活性，使得公民可以更直接地参与决策、表达意见和推动社会变革。

当然，元宇宙也带来了新的治理挑战和风险。虚拟世界中的信息安全、隐私保护、虚拟财产权等问题需要得到有效的管理和监管。同时，虚拟世界中的虚假信息、网络欺诈等行为也需要相应的法律和规则来约束和惩治。面向未来，我们需要积极探索和应对挑战，需准确理解元宇宙对我国社会转型发展的深刻意义与影响，全面认知元宇宙发展在社会治理领域伴生的潜在风险与挑战，努力实现元宇宙技术与社会治理的良性互动和共同发展，赋能社会治理体系和能力现代化新征程。

第四节　以智慧治理推进基层治理现代化[①]

近年来，以科学化、数据化、人性化等为主要特征，系统推进新兴科技与治理体系深度融合的智慧治理趋势呈现，各地基层社会治理实践经历从网格化管理向数字化智慧治理的转变，在国家治理体系和能力现代化进程中，伴随着实践应用场景的丰富和理论探索的深入，中国迈入智慧治理新时代。提高社会治理智能化水平既契合了新技术革命背景下信息化、智能化快速发展的实际，也是打造共建共治共享社会治理格局的有力抓手。党的十九大报告指出要提高社会治理社会化、法治化、智能化、专业化水平。十九届四中全会进一步提出

---

① 张成岗，阿柔娜. 智慧治理的内涵及其发展趋势 [J]. 国家治理，2021（3）：3-8.

要重视运用人工智能、互联网、大数据等现代信息技术手段提升治理能力和治理现代化水平。2020年4月，习近平总书记在浙江考察时指出，运用5G、大数据、云计算、区块链、人工智能等前沿技术推动城市管理手段、管理模式、管理理念创新，从数字化到智能化再到智慧化，让城市更聪明一些、更智慧一些，是推动城市治理体系和治理能力现代化的必由之路，前景广阔。党的二十大进一步提出，要加快建设网络强国、数字中国。智慧治理作为推动智慧社会、智慧城市发展的主要现实路径，是全球治理理念在实践领域的深化革新，是数据技术赋能高质量政府治理的现实呈现。

一、智慧治理的内涵及其发展趋势

"智慧治理"概念源自20世纪后期的智慧社区、智慧城市和智慧增长运动。20世纪70年代，美国已经开始进行让网络和电脑走进社区网络建设的项目；20世纪90年代，美国的交通运输领域开始启动运用智能运输系统提高交通运输的效率和安全性的活动。智慧治理是我国社会治理能力创新的重要发展趋势和目标。我国的社会治理体系建设重视发挥科技支撑作用，并不断从政策上强化和巩固，为智慧治理的推广奠定了基础。

智慧城市中的信息和通信基础设施通过改善经济、公民参与和政府效率来支持社会和城市增长。[1] 信息与通信技术具有驱动治理变革的作用，电子政务和开放政府程序为公民提供的信息和服务，在传统治理基础上融入技术因素[2]。伴随着大数据、云计算、人工智能以及区块链技术等新兴技术的快速发展，通过与技术的不断融合，呈现出数字化、网络化、智能化、互联化的特征，是国家治理体系和治理能力现代化的客观要求[3]。智慧治理通过技术变革来实现社会治理变革，是一种将技术主导转向政府主导的多元社会治理的复合性、整体性治理思路，其目的在于建构具有包容性、整合性以及可持续性的智慧城

---

[1] Hollands R G. 2008. Will the Real Smart City Please Stand Up?[J]. City, 12(3): 303–320.
[2] Chakrabarty B, Chand P. 2012. Public Administration in a Globalizing World: Theories and Practices[M]. Sage Publications，149.
[3] 兰旭凌.风险社会中的社区智慧治理：动因分析、价值场景和系统变革[J].中国行政管理，2019（1）．

市①。智慧治理、社会治理、智慧城市密切相关，智慧治理与社会治理的关系在于理论建构，而智慧治理与智慧城市的关系则在于实践应用。

大数据技术的迅猛发展推进了"智慧治理"进程，"智慧治理"正在使治理主体、治理对象和治理内容超越传统社会治理范畴，增加数据治理、流动治理、开放治理等内容，赋能居民全方位参与社会治理进程。相比较传统治理模式，智慧治理将新兴技术和社会治理相结合，是政府创新社会治理模式的重要途径，将带来社会治理精准化、治理主体多元化和公共服务科学化等新变革，需要从整体性角度考虑治理、技术和社会的多重逻辑关系。智慧城市中与城市治理有关的因素统称为智慧治理，包括城市规划、政务、监测、决策、社区等方面。结合智慧城市体系化、综合性的治理需求，在城市传统管理模式的基础上，智慧城市将呈现多样化的智慧治理新模式。

首先，治理理念从"经济主导型"向"社会服务型"转变。在新技术革命的推动下，传统的社会治理和公共服务体系将从过去的经济效率占据主要地位转向以人民幸福感、获得感和安全感为核心。在新技术革命进程中，智慧治理将更加注重"算力技术"与"人文技术"相统一的综合治理，更加关注技术理性与价值理性的深化融和，满足多主体、多元化、多层次的个体社会利益表达诉求，规制由技术变革引发的人文失落和价值盲区，在重构服务型政府的同时实现社会"善治"。

其次，治理架构将从"分散协同型"向"整体智能型"转变。相对传统社会治理，智慧治理在空间分布、场景环境等方面都将发生深刻变化，传统的线下实体治理主体在地理位置上呈现出碎片化特征，各主体在政府主导下虽在空间上分散，但还处于协同状态，只是这种协同效率较低，"一天难办一件事"的矛盾一直存在。智慧治理将依托新兴技术对政府与公众进行双向"赋权"和"赋能"，未来的社会治理构架将不再是线性、链式以及科层化的"垂直独立型"组织架构，而是更加注重多元主体实质性参与的线上线下相结合的"整体智能型"的治理架构，即构建出政府、社会、公众多元主体参与的平台生态圈并依靠规则制约多元主体而发生的共生演化，从而推动"善智"与"善治"的互构。

再次，治理目标从"相机决策"向"精准化决策"的转变。智慧治理应用场景的复杂性决定了智慧治理中存在着高度不确定和非程序化。以往治理目标

---

① 李云新，韩伊静. 国外智慧治理研究述评[J]. 电子政务，2017（7）.

的确定主要依赖于行政管理者的"相机决策"进而因地制宜的实施治理策略；新技术革命如云计算、物联网、区块链技术等为智慧治理目标的确定提供了成熟的技术支撑，为实现智慧治理目标的精准化奠定了坚实基础，进而使趋向场景关注的智慧治理新范式得以形成。

最后，治理主体从"信息互联"向"价值互联"的转变。传统的社会治理逐步实现了初级的"智慧"，"互联网+政务"等形式使得政民互动可在线上进行，但是，这样的"智慧"并不能真正实现治理主体间的信息互通、资源共享和协同治理。未来的智慧治理将采用更智慧的技术，在更加智慧的治理构架上实现基础设施的普及和智能技术的应用创新，激发数据价值，使得治理主体间天然互信，重塑价值和道德体系，推动构建更加智能的"互信社会"。

二、智慧治理推进基层治理现代化的风险挑战

云计算、大数据、物联网、人工智能、区块链等新一代信息技术的迭代式发展，把人类带进了"网络化""数字化""智能化"的智慧治理新时代，人类社会迈进以"智慧城市""数字政府""智慧社区"等地方实践创新为支撑的智慧社会，智慧治理为基层治理现代化带来巨大机遇的同时也带来重大挑战。

挑战1：制度困境——配套制度建设滞后基层治理智慧化程度。

当前，正处于智慧治理推进基层治理现代化的初创时期，其政策制度的出台滞后技术创新实践，从而会阻碍基层治理现代化向纵深发展。其制度困境主要表现在：一是，现有制度框架有待突破。智慧治理推进基层治理现代化是人类理性与技术理性、人类决策与机制判断、计算逻辑与法律逻辑的交互结果，需要突破传统基层治理模式的制度框架，包括权利关系义务、规则程序、责任归属、救济方式等。二是，缺失合理的技术资源配置制度。目前，智慧治理的技术资源配置并不能达到区域或个体平衡，导致不同社会地位的治理主体拥有的信息资源不对等，技术普及的速度与智慧治理发展的速度的差距越大，数据鸿沟越显著，较为严重的不对等会导致"技术难民"群体出现，加剧利益冲突。三是，缺乏基层治理智慧化程度评价制度。目前，并没有针对智慧治理推进基层治理现代化的"智慧准则"及"智慧标准"，无法科学地评定智慧治理推进

基层治理的智慧化程度，随着智慧治理的发展，这将导致"智慧伦理"问题。再者，基层政府数据开放的制度不健全，没有清晰的数据开放标准与内容，缺乏基层治理智慧化程度评价的基础。

挑战2：秩序困境——基于数据和算法的基层治理决策风险。

"算法黑箱"和"数据偏误"是智慧治理提升基层治理决策能力的两大制约因素。进入智慧社会，数据和算法成为智慧治理推进基层治理现代化的新的社会资源和生产要素，数据相当于基层治理的资本和财富，算法则相当于基层治理话语权和规制权，即基于数据和算法的建模化基层治理模式，走向基层治理的"智治"时代[①]。然而，基层治理决策处于从依赖经验的网格化治理转向依赖技术的网格化治理的转型期，其治理工具相对落后，其决策需要大数据遵循设计好的算法得到治理方案从而作出最优决策。一旦输入的数据值错误，或者数据值失客观，则容易导致基层治理决策错误，如社会公众满意度指标数据的客观性不易考量等。再者，在基层治理中，决策者无须关注整个技术操作过程，就会得到治理决策方案，而这一技术操作过程的"不透明性"，容易包含"不稳定、不公平和不劳而获的因素"，其算法偏见或者歧视往往被掩盖。由此，智慧治理推进基层治理现代化愈发依赖数据和算法，其基层治理秩序由"质性"转变为"量化"。

挑战3：伦理困境——技术依赖导致基层智慧治理忽视价值理性。

由于基层治理中传统思想与智慧化输入认同存在明显冲突，基层治理将智慧化建设普遍理解为技术工具的选择，加之基层参与主体的技术学习能力存在滞后性，使得虽然智慧治理在提升基层治理效能、加强多元主体协同以及完善基层治理体系等方面具有显著优势，但在推进基础治理现代化的同时容易过于依赖信息技术，过于追求基层治理的技术理性而忽视价值理性，从而导致智慧治理中主体性消解的伦理困境。具体而言，智慧治理推进基层治理现代化要依赖于智能技术建构的相互依赖的社会关系网络，不同基层治理主体在这一社会关系网络中通过数据交流与交互进行技术性的基层治理沟通，这在一定程度上将大大减少基层治理主体间的社会性交流互通，从长远来看也将威胁到基层治理主体的主体性地位和活力。再者，不同基层治理主体盲目追求技术理性，推崇"技治主义"下的技术手段和大数据治理，使得智慧治理推进基层治理现代

---

① 马长山. 智慧社会的治理难题及其消解[J]. 求是学刊，2019（5）.

化的价值理性在技治主义下显得扑朔迷离①。诚然，智慧治理越发展，基层治理主体愈发依赖技术，技术逐步吞噬基层治理主体的决策和执行的自主性，容易陷入"靠数据说话"的技术理性占主导的惯性思维，将基层治理的权力由"人"交付给"技术"，这将导致技术与人的主体地位变动的风险②。

挑战 4：信息困境——基层智慧治理的"超载现象"与隐私泄漏。

近年来，党中央、国务院高度重视突破信息孤岛和信息壁垒，积极推进基层治理信息系统整合共享，基层治理数据联通、开放、共享取得积极发展。在智慧社会中，信息高度共享的特征使得很多数据暴露在网络中，隐私保护和信息安全的秩序遭到冲击，逐渐上升为困扰智慧治理推进基层治理现代化的秩序风险。一是，基层治理与上位治理数据联通困难。基层治理的数据开放范围有待拓展，对一些社会需求度高的领域如教育、医疗等的数据信息资源开放力度较弱，仍然存在上学难、看病难的民生问题。同时基层治理的开放数据更新频率较低，其开放形式以静态的数据表达，应实施实时性、动态性的信息开放。二是，数据联通后基层治理信息共享困难。基层治理法治化薄弱，不少社会公众因信息公开而导致的隐私权泄漏问题悬而未决，一些不法分子侵害社会公众隐私权的手段趁机在"道德"和"法律"之间博弈而日渐隐秘化，遵循法治的原则对这些信息侵权行为明确归咎责任与予以法律制裁存在很大困难。三是，技术尚未达到保证基层社会公众信息绝对安全的水准。基层治理因基础设施不完善、财政资金短缺、人才资源支撑力不足等短板，对智慧治理的技术创新更迭较慢，其技术水准不足以第一时间确保基层社会公众信息绝对安全，因此，在数据联通后，社会公众因信息安全问题不愿将自己的信息共享于以智慧治理推进基层治理现代化的网络中，进而造成智慧治理推进基层治理现代化的信任危机。

三、以智慧治理推进基层治理现代化

智慧治理是实现社会治理体系和治理能力现代化的重要方式，是新时代应对社会治理环境日益复杂化、社会治理内容日益多样化、社会治理主体日益多

---

① 沈费伟.技术嵌入与制度吸纳：提高政府技术治理绩效的运作逻辑[J].自然辩证法通讯，2021（2）.

② 刘伟，翁俊芳.撕裂与重塑：社会治理共同体中技术治理的双重效应[J].探索与争鸣，2020（12）.

元化的必然选择。社会治理智能化不是根本目的,不能为了智能化而智能化;智慧治理只是一种治理方式,其直接目的是实现社会治理体系和能力现代化,其最终目标是不断满足人民群众日益增长的对美好生活的向往和需求,为此应当加快推动基层智慧治理配套体制机制法制创新,加强基层智慧治理的科技支撑能力,构建安全的基层数据开放共享体系,构建以人为中心的"有温度的智慧治理体系"。

第一,加快推动基层智慧治理配套体制机制法制创新。加速推动智慧治理体制机制创新,实现智慧治理与新技术革命深度融合。进入新技术革命时代,技术发展日新月异,非西方社会正在呈现出跨越式、超越式的非常态发展,基于西方社会发展经验的理论已难以提供社会前进的路标。走向新时代的智慧治理,亟需全方位擘画蓝图。一是,从顶层设计加强对技术发展的研判,从整体性出发把握智慧治理全局,贯通基层治理和国家治理之间的长效机制。通过建立高效的统筹协调机制,实现智慧治理的高效有序,协调地方政府协调融合,注重基层治理难点与瓶颈,积极推动试点引领作用。二是,建立健全智慧治理相关法律法规体系,推动"智慧治理"法制化进程。新时代智慧治理法制化应体现智慧理念,更新智慧治理内涵,倡导智慧治理成为治理的功能性需求,创造中国特色的智慧治理理念和价值。通过配套的法律法规和完善严格的智慧治理默认设置,明确治理主体的责任和地位,细化治理主体智慧化流程。三是,倡导智慧治理评价体系的建构。智慧治理未来在一定意义上是基于新兴技术革新的动态性数据治理新模式,其技术要素的介入将使智慧治理不断更新其内涵。例如,依托数据挖掘和智能处理分析技术的数据治理路径,即"循数治理",也随之嵌入智慧治理过程,使得智慧治理的理念愈来愈以一种"循数"的技术路径得以扩散,因此,须厘清主体权责,建立完善的评价制度与标准,确保智慧治理健康发展。

第二,加强基层智慧治理的科技支撑能力。智慧治理是根基于信息技术的治理新模式,新兴技术发展是催生和促进智慧治理的核心要素。在我国城市社区治理中,智慧治理主要体现在依托互联网、大数据、人工智能和物联网等新兴技术,在智能安防、智慧决策、综治平台、物业管理、社区公共服务等方面形成了丰富的治理实践。在智慧治理中,信息技术的普及化构成基层智慧治理的基本保障。当然,在新兴技术进入智慧治理环境的复杂现实时,总是会遇到技术偏差，其新兴技术的准确性和真实性问题通常会受到社会因素的影响，因此需要从"软知识"和"硬技术"双向发力。一方面，要持续提高科技支撑能力，提升智慧治理的知识供给能力，加强数据搜集分析能力，提供更加科学和准确的决策数据；推动科技治理体系建设，加深智慧治理与科技治理融合，保证数据客观准确，减少数据使用风险。另一方面，还应重视技术韧性，挖掘"智治"的价值张力，正确处理"人治"与"技治"的关系，实现相互赋能，始终将以人为本作为智慧治理的逻辑起点。

第三，构建安全的基层数据开放共享体系。数据高效流动是智慧治理的关键。数据在政府内部、社会内部以及政府与社会之间无障碍流通的关键在于打破数据割据状态，释放基层数字红利。在推动基层智慧治理的过程中，应确保基层数据精准链接，减少数据结节，加速提升数据资源作为预测、监管和干预等治理措施的科学依据的意义。加速建构社会数据开放共享体系，整合共享信息，通过制度约束和社会监督，降低科技风险，盘活并且保证数据资源的准确性与客观性。面向未来应当搭建基层信息整合与多元交互的智慧治理平台，从"碎片化"的基层治理转向"整体性"的基层智慧治理。打破现有的基层治理格局，推动技术价值整合，及时有效地捕捉不同基层治理场域中的相关行为和事件，得到交互信息和数据，通过技术处理形成更加精确有用的信息。

第四，构建以人为中心的"有温度的智慧治理体系"。在智慧治理中，创新发展是动力，以人为本是基石，大数据的应用是手段，面向未来应当构建以人为中心的"有温度的智慧治理体系"。基层智慧治理应重视建构"人技共生"的理想化生态，重塑技术作为基层智慧治理的规则和价值取向的工具定位。应将人技价值共同体放在智慧治理的顶层设计中，注重"人技共治"的重要价值内核，推动技术文化与基层文化相融合，提升基层治理的凝聚力，推动价值互联的社群关系的建立。在智慧社会场景下，智慧治理必然要借助多元主体（政府、社会、市场）和技术互构的协同关系结构，建设价值耦合的高质量智慧治理①。在智慧治理体系中，应当充分调动"社群"成员的积极性，借力新兴技术比如区块链技术本身所具有的链接机制，破除基层社区间的信息传播边界，建立共同信仰，推动构建"共建共治共享"智慧治理新局面。

---

① 王张华，颜佳华. 人工智能驱动政府治理变革：内在机理与实践样态 [J]. 学习论坛, 2020（11）.

第三章
全球化与社会治理：历史演进及当代特征

全球化是推动社会、政治以及经济快速变革的重要力量。随着全球化进程的加速，世界范围的交流与互动日趋密切和频繁，国家所处的环境与国际关系变得空前复杂，全球治理、国家治理、社会治理的重要性日益凸显。"市场失灵""国家失灵"对政府行政效率的拷问、新公共管理理论的出现、新治理成员的登场等共同构成了治理理论出现的背景。社会治理理论经历了由传统的官僚行政到新公共管理，由新公共管理到新公共服务，再到新公共治理的演变历程。20世纪70年代以来，西方兴起了寻求新政府治理模式的政府改革运动，建构与后工业社会、信息社会相适应的新型公共治理模式成为各国政府的追求。20世纪80年代以来，"治理"概念和模式被全球治理委员会、联合国、世界银行等国际组织输入一些发展中国家，在其演进过程中，不断成熟和发展的新治理模式开启了为多个行动者形成合力、发挥作用构建平台的努力和尝试。在信息技术时代，与传统社会管理模式的稳定和刚性相比，社会治理呈现出动态性、多元性和权变性，"因时制宜""因地制宜""因人制宜"成为重要趋势。

第一节 西方治理理论的兴起

一、全球化时代治理问题的凸显

由于西方发达国家的科学技术的迅速发展，国家之间的经济、贸易、社会、产业之间的联系越来越密切，人们之间的交往更加频繁，国家之间、区域之间的一体化趋势日益明显。在全球化进程加速进行的条件下，民族国家变得"对生活的大问题来说太小，对生活的小问题来说又太大"。与此同时，当社会关系横向延伸并成为全球化过程的一部分时，我们又看到地方自治与地区文化认同性的压力日益增强的势头。①

现代社会的成长过程以全球化为其动力机制，但是，学界对于全球化的内涵以及全球化何时启动并没有形成共识性理解。经济学家倾向于将全球化视为经济生产、服务和消费的全球扩展，资本、劳动和技术跨国界的自由转移；社会学家在注意到全球化的经济含义之外，还特别强调全球化的核心意义在于地域、时空概念的深刻转变。比如，吉登斯认为全球化是现代性的一个重要特征，体现为时空的伸延过程，是"世界范围内的社会关系的强化，这种关系以这样一种方式将彼此相距遥远的地域连接起来，即此地发生的事件可能是由于许多英里以外的异地事件而引起的，反之亦然。这是一个辩证的过程，因为有这种可能，即此地发生的桩桩事件却朝着引发它们的相距遥远的关系的相反方向发展"②。赫尔德认为，"全球化首先意味着社会、政治以及经济活动跨越了边界，因此世界上一个地区的事件、决定和活动能够对距离遥远的地方的个人和共同体产生影响"③。斯克特则认为，全球化是一种全新现象的指称，指社会关系相当程度地获得克服距离与边界的各种过程。④ 在全球化启动时间上，沃勒斯坦认为，现代世界体系形成于15世纪；吉登斯把全球化与现代性联系起来，认为直到18世纪，全球化才由资本主义、工业主义、民族国家、暴力等四种重要的制度所塑造；汤林森则认为，全球化出现在"二战"之后，甚至是从20世纪70年代开始的新现象。尽管存在着多元的理解，但现代社会的成长过程以全球化作为其动力机制是有目共睹的事实（见表3-1）。

表3-1 不同作者认为的全球化启动时间及关注主题

作者	全球化启动时间	关注主题
马克思	1500年	现代资本主义
沃勒斯坦	1500年	现代世界体系

---

① 安东尼·吉登斯.现代性的后果[M].田禾，译.南京：译林出版社，2011：56.
② 安东尼·吉登斯.现代性的后果[M].田禾，译.南京：译林出版社，2011：56-57.
③ David Held. Democracy and Globalization[J]. Global Governance，3（3）：251-267.
④ Jan Aart Scholte, Tony Spybey. Globalization and World Society[J]. International Affairs，1996，72（4）：793.

续表

作者	全球化启动时间	关注主题
罗伯逊	1500年，1871—1920年	多维度
吉登斯	1800年	现代性
汤林森	1960年	文化全球化

在全球化时代，"全能主义"的国家概念受到挑战，国家有时甚至无法控制自身边界中发生的一切，没有能力满足自己公民的所有要求，在这种情况下由市场、社会团体、专家、公众等利益相关者共同参与的"全球治理"理念开始取代"政府管理"理念。传统意义上"国家"生存的地理空间正在日益成为跨国公司和经济行为在全球流动的物理场所，民族国家的权威和合法性面临挑战。当然，在全球化时代国家虽然受到了一定程度的限制，但是国家的重要性并没有被削弱；全球化并没有减少不平等，而是把全球的许多地方排除在全球化进程之外，许多第三世界国家正在日益被"边缘化"，这种全球性不平等推动了原教旨主义和攻击性民族主义的发展，会不可避免地导致"文明的冲突"。

因此，全球化会挑战国家的权威性，但这并不意味着传统意义上民族国家的终结。通信技术的发展以及人们认识到相互的共同利益，有利于各民族之间跨国合作的实现。

不同学者对全球化的趋势也有不同的认识。以阿尔不劳、斯特兰奇为代表的极端全球主义者认为，当前的全球化是一个全新的时代，西方的消费主义意识形态在全世界的扩散强化了全球人民的新认同感，导致了一个"全球文明"或者"市场文明"的时代。阿尔不劳认为，现代的世界与过去完全不同，而应为一个完全崭新的时代："全球时代"。极端全球主义者信奉经济逻辑，把单一全球市场的出现和全球竞争规则赞美为人类进步的标志。当然，该派别内也存在相当深刻的认识分歧：一方是欢呼个人自主和市场原则战胜国家权力的新自由主义者，另一方面是主张全球化代表压迫性质的全球资本主义胜利的激进主义者。

以保罗·赫斯特、格雷厄姆·汤普森、马丁·沃尔夫等为代表的怀疑主义者认为，目前的全球化并不是前所未有的，也远未达到真正的"全球"程度，或者说全球化并没有削弱国家的地位；当前的经济也并没有形成一个全新的全球化状态，仍旧是国家经济。

以吉登斯、斯科特、萨斯基亚、萨克森等为代表的变革论者认为，全球化是推动社会政治以及经济快速变革的中心力量，这些变革正在重新塑造着现代世界和世界秩序，同时他们指出，全球化在未来的发展非常不确定，是一个充满矛盾的、偶然的历史进程。变革论的核心是全球化正在重组或者重新调整国家政府的权力、功能以及权威，国家因此必须不断地重新调整，以适应不断变化的世界形势。

西方学者普遍认为，在全球化时代，国家如果无法达成既有的期待和宪法所承诺的理想目标，就会逐渐成为经济体系或者公民社会和组织化利益的一部分。国际范围内的"国家失灵"和"市场失灵"的存在是全球治理产生的理论基础，国家不断地调整其自身的职能，有的时候国家本身是造成失灵的原因。当然，在国际体系中尽管缺乏至高无上的统治或者世界政府，但我们并不能将其理解为无政府状态，因为在全球范围内存在着诸多体现于国际条约、国际法惯例以及国际组织之上的权威。①

全球化的发展使得市场机制在全球范围内迅速发展，但实际上在全球范围内并不存在像世界政府这样的一个如同国家内的政府一样的权力机构。权力和权威的缺失、现有国际组织和国际规制的软弱或不完善，使得全球范围的市场失灵和政府失败更为突出。由此，强调多中心、多层次管理的治理理论不仅为国家提供了实现全球治理的新思路和新方法，也符合"没有世界政府"的世界治理这一现实需要。

"所谓全球治理，指的是通过具有约束力的国际规制解决全球性的冲突、生态、人权、移民、毒品、走私、传染病等问题，以维持正常的国际政治经济秩序。"②

对于全球化的未来趋向，弗朗西斯·福山宣称，资本主义不仅是当下最好的制度，而且可能是迄今为止最好的制度。他认为，"我们正在见证的不仅是冷战的结束，或者战后一段特殊历史时期的终结，它同样也是如下历史的终结，那就是人类意识形态演化的终点，以及西方自由民主作为人类政治体制的最终形态的普及化过程"③。明茨伯格则指出，"历史并没有终结，真正终结的是

---

① Makinda, Samuel M. Hedley Bull and global governance: A note on IR theory[J]. Australian Journal of International Affairs, 56（3）: 361-371.
② 俞可平. 全球化：全球治理 [M]. 北京：社会科学文献出版社，2003: 13.
③ Frances Fukuyama, Towards The End of Histoty[J]. National Interest, 1989, l.

人们的思考，所有'经济人'，无论是谁，都替自己免去了省思未来的负担"①。

总体而言，关于未来走向，出现了两个相反的论调，分别以弗朗西斯·福山的《历史的终结》和萨缪尔·亨廷顿的《文明的冲突》为代表著作。福山强调对秩序和一体化的分析，认为历史进程中出现的困难阻挡不了胜利的最终到来；亨廷顿则侧重于对失序和冲突的分析，认为世界从今往后不再那么统一，会处于极端分裂和多中心状态，最终形成多级力量和多种对立。两种观点都看到了复杂世界的一个方面，都提供了观察世界趋势的重要视角，正如让-皮埃尔·戈丹所认为的"政治需要解释世界，也需要确定性。对秩序和失序的分析最终是对称的。失序的思想只是对秩序思想的逆向思考，二者无本质区别"②。

影响全球治理的要素很多，各民族国家在全球治理体系中处于极端不平等地位的现实制约着全球治理目标的实现。当前全球治理制度不够完善，治理主体缺乏足够大的权威，难以确立拥有全球约束力的制度，从而难以建立合理而稳固的世界政治秩序。各主权国家、全球公民社会以及国际组织拥有不同的利益和价值，很难在重大国际问题上达成一致。全球治理本身存在着一些弱点，如管理不足、合法性问题、民主问题、协调问题等。③

当前，全球秩序和世界经济面临诸多挑战，全球金融危机的深层次影响尚未消除，世界经济仍在深度调整中曲折复苏。美国经济基本面呈现向好趋势，但存在较大不确定性；欧洲经济弱势复苏；日本经济下行压力较大，新兴经济体经济增长持续放缓。全球经济面临总需求不足和总供给提升的障碍，经济发展的不确定性显著增强，人类处于十字路口，全球协调必要性再次凸显。

习近平总书记出席世界经济论坛 2017 年年会开幕式并发表主旨演讲时总结了全球面临的三大挑战，即增长动能不足、全球经济治理滞后以及发展失衡，并进一步强调要让全球化进程更加"有活力、包容、可持续"，实现经济全球化进程再平衡；结合国情，正确选择融入经济全球化的路径和节奏；注重公平，让不同国家、不同阶层、不同人群共享经济全球化的好处。

2019 年 3 月 26 日，习近平总书记在巴黎出席中法全球治理论坛闭幕式，并发表题为《为建设更加美好的地球家园贡献智慧和力量》的重要讲话，指出

---

① Henry Mintzberg. Rebalancing society[M]. Berrett-Koenler Publishers，Inc. 2015：5.
② 让-皮埃尔·戈丹. 何谓治理 [M]. 钟震宇，译. 北京：社会科学文献出版社，2010：12.
③ 陈家刚. 全球治理：发展脉络与基本逻辑 [J]. 国外理论动态，2017（1）：80-92.

面对严峻的全球性挑战，面对人类发展在十字路口何去何从的抉择，各国应该有以天下为己任的担当精神，积极地做行动派，不做观望者，共同努力把人类的前途命运掌握在自己手中，强调要坚持公正合理，破解治理赤字；坚持互商互谅，破解信任赤字；坚持同舟共济，破解和平赤字；坚持互利共赢，破解发展赤字。

二、新自由主义与"华盛顿共识"

启蒙运动以来的现代性一直推崇"变化"和"新意"，西方对变革性、新颖性和现代性的不懈追求与对新的进步的渴望相结合，构成了治理兴起的思想史背景。对"新世界"的发现是多角度的，从国际范围来看，伴随着两极格局的消失，综合性或专门性国际组织以及由非政府组织等共同推动了世界新秩序的重塑；经济外交强构着新的阵营。在国际关系中对国家行为主体地位的质疑可能会引导我们走向一个全新的、多极化的世界秩序。治理的理念可以用来填补阵营体系瓦解后的政治思想真空状态，可以用来取代"二战"后两极化的秩序观，在公共行为的地方层面和国家层面，治理也是公共部门和私人部门合作关系的新原则。①

激烈的全球竞争使得西方国家在其经济政策、海关政策和金融政策上会更加相对化和多元化。在经济上，各国为了应对危机采取了一系列措施，使商业行为和非营利行为、个体利益和整体利益迅速联系起来，建立了包含竞争关系的非正式合作关系和契约式伙伴关系。治理在西方的兴起无疑具有新自由主义背景。国际形势的发展与世界格局的演变为推行新自由主义提供了基础性条件。新自由主义认为国家太过臃肿会导致行政效率低下，在公共管理领域出现了公共部门与私人部门之间的合作趋势。治理与以企业逻辑为特点的公私合作的发展观、市场导向的管理准则、在公共服务领域引入竞争的呼吁等主张具有姻亲关系。治理对于破除陈规具有重要作用，这些陈规在很多国家都被用作保护官僚主义者的城墙。②

西方国家运行中长期出现的财政赤字以及间歇性爆发的经济危机将使社会

---

① 让-皮埃尔·戈丹.何谓治理[M].钟震宇,译.北京：社会科学文献出版社,2010：46,67.
② 让-皮埃尔·戈丹.何谓治理[M].钟震宇,译.北京：社会科学文献出版社,2010：46,89.

福利事业发展受到压抑，经济建设的财源受到限缩，导致许多公共支出、公共投资无法落实。债务问题大大削弱了西方国家应对危机的能力，2008年金融危机后，西方发达国家财政赤字与主权债务更是攀升至"二战"结束以来最高水平。从长远来看，一方面，降低政府债务水平需要削减公共开支和社会福利，会降低民众生活与福利水平，进而加剧民众与政府之间的矛盾，导致社会冲突；另一方面，为缓解债务危机，西方国家试图通过增税来平衡财政收支，又会遇到大财团以及纳税人的重重阻力。如此一来，西方国家就陷入"两面不讨好"的境地。债务问题使人们开始怀疑西方通过国家调节避免资本主义危机的传统方案，这是新自由主义"去国家化"和"最小政府"经济思潮盛行的必然结果，因此资本主义危机暴露的不单单是"市场失灵"，还有严重的"政府失灵"。

陷于债务危机的拉丁美洲国家急需进行国内经济改革。1989年，美国国际经济研究所邀请国际货币基金组织、世界银行、美洲开发银行和美国财政部的研究人员，以及拉美国家代表在华盛顿召开研讨会，旨在为拉美国家经济改革提供方案和对策。美国国际经济研究所的约翰·威廉姆森提出了已经与上述各机构达成共识基础上提出来并形成的一系列政策主张，被称作"华盛顿共识"，体现了新自由主义政策的观点。"华盛顿共识"主要包括10个方面：（1）加强财政纪律，抑制财政赤字；（2）将公共开支转向能够产生经济效益和改善收入分配效果的领域；（3）改革税收制度；（4）开放利率；（5）采用竞争性汇率；（6）实行贸易自由化；（7）放开外国直接投资的限制；（8）私有化；（9）放松管制，取消进出口限制；（10）保证产权。[1]

按照美国学者约瑟夫·斯蒂格利茨的概括，"华盛顿共识"的教条是"主张政府的角色最小化、快速私有化和自由化"。在探索新发展战略的时候，应当理性地回顾、反思和总结"华盛顿共识"。在后续发展中，"华盛顿共识"遇到了"后华盛顿共识"[2]"欧洲价值观"和"中国的渐进转型观"等理念挑战。

总体而言，让国家和社会协调与全面发展，建立市场经济制度以取代自由

---

[1] Williamson, John. The strange history of the Washington consensus[J]. Journal of Post Keynesian Economics, 2004, 27（2）：195-206.

[2] 以美国经济学家斯蒂格利茨为代表的一批西方学者提出了"后华盛顿共识"，强调与发展相关的制度因素，认为发展不仅是经济增长，而且是社会的全面改造；不仅要关注增长，还关注贫困、收入分配、环境可持续性等问题。Van Waeyenberge E, Fine B, Jomo K S. From Washington to post-Washington Consensus: Illusions of Development[J]. 2006, 45：306-311.

市场经济的"无序",用可持续增长取代单一追求经济增长速度,这是"华盛顿共识"给我们后面带来的需要继续探索的命题。

三、"新公共管理运动"与治理理论的兴起

传统的治理模式并不是从一组理论中经过抽象推论出来的,而是在实践中逐渐发展起来的;治理理论的兴起,也绝非人为地制造出一套新口号,而是各国政府对经济、政治以及意识形态变化所做出的理论及实践上的回应。

"治理"的兴起发端于20世纪末西方福利国家的政策危机、国际两极格局消失与新秩序开始形成的历史背景当中。20世纪后期,新兴实用主义国家在关于组织尤其是企业的指导作用的讨论中开始重新使用"治理"一词。到了20世纪最后十年,治理开始广泛出现于包括经济、公共管理、社会学以及政治学在内的诸多领域。

在西方,影响巨大的是"牛顿机械论"的世界观,在牛顿看来,世界的运行像钟表一样精确,其原因在于作为"钟表匠"的上帝给宇宙设计了十分完美的运行机制,并给了宇宙第一推动力。长期以来,国家在西方现代政治中处于核心地位;在伏尔泰看来,整个世界就好像是被一位近乎神圣的"伟大钟表匠"所调控。在国内,国家在公共行为的世俗化领域内恰恰扮演着这一角色,在国内行政机构权力布局、社会保障、公共财政、生产服务、国际外交谈判、国际贸易、多国协调等事务中处于中心地位。①

20世纪50年代到70年代,人们对政府解决社会问题的能力总体上普遍持乐观态度,有关政府治理基本模式的争论并不多见。②20世纪80年代以来,全世界所有的国家都在进行不同程度的改革,都在不断地努力寻求更好的治理模式。多数工业化国家的行政改革是由政府内部自行启动的,而许多欠发达国家的政府改革是以接受外部援助为条件被迫推动的。

20世纪90年代,人们发现权力不仅具有多级性、复杂性和流动性,在某种程度上还具有"分散性"。一个"新"世界和"新"秩序似乎来临:在国际

---

① 让-皮埃尔·戈丹.何谓治理[M].钟震宇,译.北京:社会科学文献出版社,2010:8.
② B.盖伊·彼得斯.政府未来的治理模式[M].吴爱明,夏宏图,译.北京:中国人民大学出版社,2013.

关系、经济调节与地方政权关系三个方面，国家似乎已经不再是一切事务的中心了。观察家们出现了巨大的困惑。"更具流动性和多级性的世界并未使人们感到深深的满足感，反而令人担忧。在这一背景下，面对方方面面的不确定性，治理这个命题就应运而生了。"①

在一个以不确定性、复杂性和动态变化作为重要特征的世界里，在经济调整和地方分权的共同作用下，传统意义上国家行为的合理性日益受到质疑。随着全球化时代的到来，全球治理的重要性日益凸显，在经济危机面前出现的"市场失灵""国家失灵"拷问着政府的行政效率，新公共管理理论的出现、新的治理成员的登场等共同构成了治理理论出现的背景。

西方的社会治理理论经历了由传统的官僚行政到新公共管理，由新公共管理到新公共服务，再到新公共治理的演变历程。所谓"新公共管理"是公共管理领域的治理理论，它是一种起源于英国、美国、新西兰和澳大利亚，并迅速扩展到其他西方国家的国际性思潮，其起源可以追溯到追求行政现代化的改革实践，是"管理主义"对韦伯官僚制理论的持续争论的结果。新公共管理运动兴起的直接动因在于公共行政模式在全球化、信息化时代的背景下已难以适应经济社会发展的需要。因此，英国撒切尔内阁、美国里根政府等率先开始对公共部门进行改革，实行了不同于政府有限论和以市场解救"政府失灵"等主张的一种公共管理模式。英国著名公共管理学家胡德在《一种普适性的公共管理》一文中最早提出"新公共管理"概念，他将新公共管理的特质归纳为七条：（1）在公共部门中实施专业化管理，让公共管理者自己管理并且承担责任；（2）确立明确的目标，设定绩效测量标准并且进行严格的绩效测量；（3）特别强调产出控制，对实际成果的重视甚于对过程或程序的关注；（4）打破公共部门中的本位主义，对部门进行拆分与重组，破除单位与单位之间的藩篱；（5）在公共部门中引入竞争机制，降低管理成本，提高服务质量；（6）强调对私营部门管理方法和风格的吸收和运用；（7）强调对资源的有效利用和开发。②

新公共管理理论在风靡欧美等西方国家之时也受到多方面质疑，不少学

---

① 让-皮埃尔·戈丹. 何谓治理 [M]. 钟震宇，译. 北京：社会科学文献出版社，2010：7-10.
② 丁煌. 当代西方公共行政理论的新发展：从新公共管理到新公共服务 [J]. 广东行政学院学报，2005（6）：5-10.

者对作为其思想精髓的企业家政府理论提出了尖锐批评，"新公共管理的一个后果就是很多政府部门像健忘症患者一样徘徊不前，迷惑于什么是他们应该做的。在新公共管理旗帜下，很多国家持续不断地把公共服务'私有化'，那些不能转型为商业的公共服务领域也必须假装已经成为商业。政府失威、几乎一切都被商业化是'新公共管理理论'带来的弊端"①。以登哈特为代表的一批公共行政学者基于对新公共管理理论的反思，特别是在对企业家政府理论缺陷进行批判的基础上，建立了一种新的公共行政理论——新公共服务理论，它指的是关于公共行政在以公民为中心的治理系统中所扮演的角色的一套理念，是一种全新的现代公共行政理论。具体来说，新公共服务理论包括以下七个基本观点：（1）政府的职能是服务，而不是"掌舵"；（2）公共利益是目标，而非副产品；（3）在思想上要具有战略性，在行动上要具有民主性；（4）为公民服务，而不是为顾客服务；（5）责任并不简单，公务员所应该关注的不只是市场，他们还应该关注宪法法律、社区价值观、政治规范、职业标准以及公民利益；（6）重视人，而不只是重视生产率；（7）公民权和公共服务比企业家精神更重要。②

目前，西方不少学者已经从国家与社会、政府与公民关系等角度去反思"治理"转型，探讨治理与民主、治理与公共管理的关系以及治理艺术等，提出了诸如"多中心治理""分权治理""合作治理""网络治理"等多种理念。③④随着社会经济的发展，治理本身已经超越了公权力的范围，表现为多层次（全球、区域、国家与地方）的社会互动，变成了具有独特性的行动框架与过程。⑤一个有效促进公民理性参与的社会网络无疑能够更好地积累社会信任存量，强化协调交流，提高政府公信力，并最终有助于集体行动困境的解决。

---

① Henry Mintzberg. Rebalancing Society[M]. Berrett—Koenler Publishers，Inc. 2015：81-83.
② 珍妮特•V. 登哈特，罗伯特•B. 登哈特. 新公共服务：服务，而不是掌舵[M]. 丁煌，译. 北京：中国人民大学出版社，2016.
③ Nyholm I.，Haveri A.Between Government and Governance – Local Solutions for Reconciling Representative Government and Network Governance, Journal Local Government Studies，2009，35（1）：109-124.
④ Speer J.Participatory Governance Reform： A Good Strategy for Increasing Government Responsiveness and Improving Public Services?2012，40（12）： 2379-2398.
⑤ Nkhata，B.，& Breen，C. A Framework for Exploring Integrated Learning Systems for the Governance and Management of Public Protected Areas. Environmental Management，2010，45（2）：403-413.

第二节 统治、治理与善治辨析

一、统治与治理

从词源学上看，govern（指导、指引）、government（统治、政府）和 governance（治理）三个词具有同样的词源，表示掌舵、主导、驾驭某事物，船舵是其最原始的意思。不难看出，治理起源于船舵的含义，其引申出内涵丰富的寓意：选择航向，以及根据不断变化的自然环境持续调整、修正，这体现了唯意志论和实用主义的辩证关系[1]。中世纪末期，govern、government 和 governance 三个词的意思是等同的，并且可以相互替代使用。中世纪以后，government 的理念逐渐确立起来，统治的思想与等级化的权力、垂直和自下而上的指挥关系，以及以整齐划一的方式推行的意志等概念联系在一起，与对国家整体性的思考密切相关。在相当长的一段时间里，"治理"与"统治"被交叉使用，频繁出现于对各类公共事务的管理和政治活动的描述中。[2]

政府统治意味着有正式权力和警察力量支持的活动，活动的主体是政府；治理则是有共同目标支持的活动，这些活动的主体不一定都是政府，也无须依靠国家的强制力量来实现。治理是只有被多数人接受才会生效的规则体系，没有政府的治理是可能的。[3] 一般而言，利益主体分化程度低、社会需求同质化程度高的社会适用统治；社会利益主体分化程度高，社会呈现高度动态性、复杂性和多样性适用治理。治理意味着办好事情的能力，并不仅限于政府的权力，也不限于政府的发号施令或运用权威。在公共事务的管理中，还存在着其他的管理方法和技术，政府有责任使用这些新的方法和技术来更好地对公共事务进行控制和引导。总体而言，我们可以对治理的内涵做如下理解：治理不是一套规则条例，也不是一种活动，而是一个过程；治理的建立不以支配为基础，而以调和为基础；治理同时涉及公共部门和私人部门；治理并不意味着一种正式制度，而确实有赖于持续的相互作用。通过表 3-2 可以对统治与治理的差异有更清晰的认识。

---

[1] 让-皮埃尔·戈丹. 何谓治理[M]. 钟震宇, 译. 北京：社会科学文献出版社, 2010：14.
[2] 童星. 中国社会治理[M]. 北京：中国人民大学出版社, 2018：2.
[3] Richard Falk, James N. Rosenau, Ernst-Otto Czempiel. Governance without Government: Order and Change in World Politics[J]. American Political Science Review, 1993, 87（2）：544.

表 3-2　统治与治理的差异

	主　体	模　式	社会背景	权力分布	利益归属
统治	公权力	威权型：凌驾、控制	传统社会	单一中心	公共利益或私人利益
治理	多个公私权利主体	合作型：协商、互动	现代社会	多中心	公共利益

应当说，统治和治理代表了处理国家和社会关系的两个极：统治强调尊崇国家公权，公权力在公共事务中占据优势和主导；治理则更强调个人自由，认为私权是公权的来源，私权是公权的发动者，得到授权才可以行动。治理意味着在为社会和经济问题寻求解决方案的过程中存在着界限和责任方面的模糊性。它表明在现代社会国家正在把原先由它独自承担的责任转移给公民社会，即各种私人部门和公民自愿性团体，后者承担越来越多的原先由国家承担的责任。这样，国家与社会之间、公共部门与私人部门之间的界限和责任便日益变得模糊不清。

二、善政与善治

如果说治理是分析"是什么"的实证主义概念，善治则是一种分析"应该是什么"的价值悬设和追求。尽管许多国际组织尝试提供抽象的"善治"特征定义，但善治的概念还需要依赖很强的背景环境，因为善治不是一个简单的操作蓝图或定义就可以说明的，而是要经过一定的地理环境或政策网络中不同利益相关人的谈判和一致同意。

善治理论的出现，可以说是治理失效的必然产物。作为一种全新的政治分析框架，治理理论有其优点，它提供了新的分析视角和范畴，将作为民间参与网络和互惠信任关系的"社会资本"引入治理分析，着眼于政府与公民的合作网络，在分析政治发展时比其他方法更加全面，体现了政治发展方向等。这些优点在管理方法与技巧上使治理理论更适合现代社会，却难以保证这种模式的万能性。英国学者鲍勃·杰索普将治理理论的内在困境概括为四种两难选择：合作与竞争的矛盾、开放与封闭的矛盾、治理性与灵活性的矛盾、责任与效率的矛盾。他认为，"治理的要点在于目标定于谈判和反思过程之中，要通过谈判和反思加以调整。就这个意义而言，治理的失败可以理解成是由于有关各方对原定目标是否仍然有效而发生争议且未能重新界定目标所致"。①

伴随着治理的失效,我们不得不再次陷入尴尬的境地。在这种背景下,一些学者和国际组织纷纷提出了"元治理""综合的治理""有效治理"和"善治"等概念,其中"良好的治理"或"善治"的理论具有重要影响。

所谓的善治就是指以提高社会治理总体性绩效为目标,通过官员与民众之有序互动和互赖协商,借公共部门与私人部门之合作管理和伙伴关系,达到公共利益最大化之社会管理过程。简言之,善治就是使公共利益最大化的社会管理过程。善治的本质特征就在于它是政府与公民生活的合作管理,是政治国家与市民社会的一种新颖关系,是两者的最佳状态。善治实际上是国家的权力(不是权利)向社会的回归,善治的过程就是一个还政于民的过程,表示国家与社会或者说公民之间的良好合作。从全球范围来看,善治离不开政府,但更离不开公民。②

善治的基本要素如下:(1)合法性,即社会秩序和权威被自觉认可和服从的性质和状态;(2)法治,即法律是公共政治管理的最高准则,在法律面前人人平等;(3)透明性,指的是政治信息的公开性;(4)责任性,指的是管理者应当对自己的行为负责;(5)回应,它的基本含义是公共管理人员和管理机构必须对公民的要求做出及时的和负责的反应;(6)有效性,主要指管理高效有序;(7)参与,这里的参与首先是指公民的政治参与,此外还包括公民对其他社会生活的参与;(8)稳定性,指国内的和平、生活的有序、居民的安全、公民的团结、公共政策的连贯等;(9)廉洁,主要是指政府官员奉公守法,清明廉洁,不以权谋私,公职人员不以自己的职权寻租;(10)公正,指不同性别、阶层、种族、文化程度、宗教和政治信仰的公民在政治权利和经济权利上的平等。③

"善治"与"善政"不同,善政的四个要素是严明的法度、清廉的官员、很高的行政效率、良好的行政服务。善政与善治的区别主要体现如下。④

第一,管理主体不同。"善政"比较强调政治的作用,政府是唯一的社会管理主体;在善治模式中,政府则不再是唯一的社会管理主体,却是核心主体,非政府组织、营利性组织和社会公众都是非常重要的社会管理主体。

---

① 杰索普. 治理的兴起及其失败的风险:以经济发展为例的论述 [J]. 国际社会科学, 1999 (2).
② 俞可平. 治理与善治 [M]. 北京:社会科学文献出版社, 2000:8-9.
③ 黄卫平、汪永成. 当代中国政治研究报告 III [M]. 北京:社会科学文献出版社, 2005:16-17.
④ 参见俞可平. 论国家治理现代化 [M]. 北京:社会科学文献出版社, 2014.

第二，适用范围不同。善政的范围与政府的范围是一致的，而在现代社会中，许多领域是政府行为所不能干预的；善治则不受政府范围的限制，公司需要善治，社区需要善治，地区需要善治，国家需要善治，国际社会也需要善治。

第三，所依存政治制度不同。善政的政治制度基础是专制，是在专制制度下的理想状态，表达了人们对于这种政治制度下的一种美好愿望；善治依存的政治制度基础则是民主政治。

第四，对公民社会态度也不同。善政没有主张公民的积极参与，甚至会抑制公民参与；善治的一个重要特征是主张公民的积极参与，它意味着政府与公民社会的一种新颖关系，是一种良性合作关系。

善政与善治的界限在现实中的区分并不明显。善政与善治之间的联系如下：善政与善治是统一的整体，不能相互隔离而存在；纵向上看，要达到善治必须经过善政阶段，善治也是善政所追求的更高目标。

善治是政府与公民之间积极而有成效的合作，这种合作成功与否的关键是看公民是否拥有参与政治管理的权利。公民必须具有足够的政治权利参与选举、决策、管理和监督，才能促使政府形成公共权威和公共秩序。民主政治是保证公民享有充分自由和平等的政治权利的现实机制。

专制政治在其最佳状态下可以有善政，但不会有善治。善政的政治机制是开明专制，而善治的政治机制则是民主机制。善治只有在民主政治的条件下才能真正实现；没有民主，善治便不可能存在。善治的民主性体现在多元治理主体平等地参与社会治理，以及治理过程的公开和透明；善治能促进"增量民主"。[①]

第三节　治理的概念及层次

一、何为治理

治理是一个相对模糊和复杂的概念，鉴于关系概念的性质，很难被定义成一个具有普遍性的共识性概念。对治理概念的辨析可以从多个角度进行，比如我们可以从语源学视角对治理内涵进行分析，可以从历史主义视角考查

---

① 俞可平.增量民主与善治[M].北京：社会科学文献出版社，2005.

现代官僚制的成长与变革历程，可以从价值目标视角对治理所内蕴的秩序追求进行探讨，也可以从实践角度，对治理理论广泛应用于政府治理、社会治理领域中而形成的"新公共管理"理论以及"重塑政府"运动或"再造政府"运动的理论与实践发展浪潮进行系统梳理等。治理观念史有多种发展路径，其交汇点就是对权力机构的实用指导。20世纪和21世纪之交，不同的观察家都直觉地感受到了周围的世界在发生深刻的变化。基于世界的全新性、多中心性、不确定性和模糊性，我们需要把支离破碎的直觉转化成一个关于"治理"的整体概念。

1976年，在詹姆斯·马奇和约翰·奥尔森的《组织中的二重性与选择》中，有一篇文章的题目首次使用了治理这个词：大学治理。文章的内容涉及大学组织中的决策。直到20世纪90年代中期，治理才真正进入"第三次生命阶段"，并且进入公共政策分析领域。

"治理"一词出现于1989年世界银行对非洲情形的描述中。随着社会治理实践的不断丰富，治理在世界各国的政府与学术领域均得到了广泛的发展与运用。治理并不是由某个人提出的理念，也不是某个专门学科的理念，而是一种集体的产物，或多或少带有协商和混杂的特征。社会治理的内涵随着社会的发展而不断动态地变化。在"治理"概念的准确界定上，学界尚未达成共识。尽管如此，"治理"一词依然在无法准确定义的情况下被广泛使用。1995年，全球治理委员会将治理描述为一个使相互冲突或不同的利益得以调和并且采取联合行动的持续的过程。洛克斯将治理区分为三类：协同治理、网络治理与适应性治理，并对其相互关联进行了系统分析。

历史地看，"治理"是20世纪90年代开始在西方国家得到强调，在21世纪逐步成为引人注目的社会政策、公共管理研究领域的重要概念。当下我们论及的治理理论主要源于"多层次政治治理"和"公司治理"两大流派，世界范围治理实践的发展则离不开世界银行的影响。在西方从"新公共管理"到"新公共服务"，从"网络治理"到"元治理""去中心治理"的演进过程中，治理的理论定位逐渐明晰，理论内涵逐步得到科学界定，实践和政策意涵逐步得到认知。马克思和恩格斯的社会管理思想是社会治理的重要理论来源，中国在治理理论界定和实践探索方面为社会治理科学内涵发展做出了积极贡献。中国社会治理是一个历史的、动态的、发展的、与时代共同进步的探索历程，是通过不断的完善与变革，从传统的社会管理到现代社会治理的发展历程。

关于治理的概念，罗西瑙认为，治理是一种内涵更为丰富的现象，它既包括政府机制，同时也包含非正式、非政府的机制，随着治理范围的扩大，各类人和各类组织得以凭借这些机制满足各自的需要，并实现各自的愿望。他进一步列举了"治理"概念的六个维度：（1）作为最小国家的治理，它指的是削减国家的开支，缩小政府的规模，以取得更大的效益；（2）作为公司治理的治理，它指的是指导和控制组织的体制；（3）作为新公共管理的治理，它指的是把私人部门的管理手段引入公共部门，把激励机制引入公共服务中；（4）作为"善治"的治理，它指的是一种有效率的、开放的、负责的并且被审计监督的公共服务体系；（5）作为社会-控制论系统的治理，它指的是政府与社会、公共部门与自愿部门及私人部门之间的合作与互动；（6）作为自组织网络的治理，它指的是建立在信任与合作基础上的自主而且自我管理的网络。

以奥斯特罗姆为代表的制度分析学派提出了多中心治理理论。具体地说，单中心意味着政府作为唯一的主体对社会公共事务进行排他性管理，多中心则意味着在社会公共事务的管理过程中并非只有政府一个主体，而是存在着包括中央政府单位、地方政府单位、政府派生实体、非政府组织、私人机构以及公民个人在内的许多决策中心，它们在一定的规则约束下，以多种形式共同行使主体性权力。

在治理的各种定义中，全球治理委员会的表述具有代表性，该委员会于1995年对治理进行作出如下界定：治理是或公或私的个人和机构经营管理相同事务的诸多方式的总和。它是使相互冲突或不同的利益得以调和并且采取联合行动的持续的过程。它包括有权迫使人们服从的正式机构和规章制度，以及种种非正式安排。凡此种种均由人民和机构或者同意，或者认为符合他们的利益而授予其权力。

俞可平进一步总结了治理的四大特征：（1）治理不是一套规则条例，也不是一种活动，而是一个过程；（2）治理的建立不以支配为基础，而以调和为基础；（3）治理同时涉及公共部门和私人部门；（4）治理并不意味着一种正式制度，而确实有赖于持续的相互作用。

二、治理与集体行为困境的破解

如何协调集体理性与个体理性是治理领域的核心问题。霍布斯认为，人类能够通过概念工具和计算逻辑走出困境，从而实现社会的良性治理。古希腊亚里士多德很早前就意识到了集体行动的社会困境问题。诺贝尔奖获得者埃莉诺·奥斯特罗姆一直关注的理论话题就是人类社会面临最大挑战的集体行动和社会困境问题。

除非一个群体中人数相当少或者存在着强制性或其他某种特别的手段，否则理性的、寻求自身利益的个人将不会为实现共同的或集体利益而采取行动。一个人只要不被排斥在分享他人努力所带来的利益之外，就没有动力为共同的利益做出贡献，就会选择"搭便车"；如果所有的人都选择"搭便车"，那么就不会产生集体利益。现代博弈理论将这种困境称为"公地悲剧""囚徒困境""搭便车""集体行动的困境"等，这些术语都是对公共领域存在集体行动面临的挑战的总结。奥斯特罗姆一直关注的核心问题就是，一群面临着集体行动的委托者如何自组织起来，提供公共物品和服务，解决他们所面临的困境和难题。解决集体行动，并非只有通过霍布斯主张的"利维坦"，利用国家逻辑来解决，也并非通过斯密主张的"看不见的手"，利用市场逻辑来解决。作为一种重要的替代性选择，社群力量可以发挥重要作用，也就是说可以求助于人类自身，通过自主治理来解决他们所面临的集体行动难题，自治和多中心体制也是人类的可选择方案之一。公共池塘资源具有有限性，若过度使用，就将导致拥挤和退化，具有共同利益的个人会自愿地为促进他们的共同利益而行动。

在公共事务治理方面，以奥斯特罗姆为代表的制度分析学派提出了多中心治理理论。他认为，在一定条件下，人们能够为了集体利益而自发组织起来，并有效进行有关公共事务（或社会问题）的自主、自治。

奥尔森是较早讨论集体行为的学者之一。他认为，在一个集团范围内，集团利益具有公共性，集团中的每一个成员都能共同且均等地分享它，因此存在"搭便车"行为，使得理性的人都选择不为集团的共同利益而采取行动。为了实现集体的共同利益，小集团比大集团更容易组织集体行动，具有选择性的激励机制的集团比没有这种机制的集团更容易组织集体行动。

影响集体行动的不仅仅是集团规模和激励机制。集体行动与行动者所处网络结构密切相关。当行动者处于网络中心时，更容易感知到贡献水平；当行动者处于边缘地位时，对贡献水平的感知要困难很多。集体行动与网络规模、联系强弱以及精英影响力同样密切相关。如果网络结构和追随者的利益串通起来形成相反的权力基础，即使是很有影响力的精英的效率也可能直线下降。尽管公共领域（网络、公海、外太空、南极等）的集体行动具有风险和较高代价，通过小组内部的人际关系给予的奖励（团结、信任和尊重的感觉等）在克服集体行动问题中起着重要作用。形成集体身份对于发展和维持社会动员效果非常重要。成员公共特征（例如文化认同、身份认同、意识形态等）越多，越容易发展团结。

罗伯特·D.帕特南通过对意大利进行长达二十五年的地区试验研究，出版了《使民主运转起来》一书。帕特南的研究表明，公民的公共精神水平对地区政府绩效有重要影响，且二者呈正相关。在意大利，公共精神高的地区恰恰是那些地区政府民主制度好的北部地区。在公共精神高的地区，社会网络和政治网络组织方式是水平型的：居民相互信任、遵守法律，企业之间资金和技术往来频繁，政府乐于向企业提供必要的社会服务等。在公共精神低的地区，公共生活的组织方式是等级制的：参与动机是个人化的依附，腐败被认为是常态，公众往往无视法律。研究表明，公共精神水平高低对经济发展水平起着预测作用。

为什么意大利南方公民的公共精神水平较低的状况持续了千年之久却没有什么变化？帕特南引用了集体行动困境的理论来解释这个问题。在集体中，如果成员之间缺乏信任，那么每个人都只会考虑自身利益，而放弃共同利益，就会出现"搭便车"状况。而"搭便车"这种不合作行为往往会造成两败俱伤的局面。帕特南的基本观点可以概括为"强社会、强经济，强社会、强政治"，即表示如果社会成员公共精神水平高，社会资本存量丰富，则这个社会的经济发展水平及政府绩效就会随之上升。当然，帕特南同时意识到，一切单一原因论都是荒谬的，社会成员的公共精神水平和社会资本存量并不是经济发展水平和政府绩效上升的全部原因。

一个依赖普遍性互惠的社会比一个没有信任的社会更有效率。信任、惯例以及网络这样的社会资本存量有自我强化和积累的倾向。公民参与的网络促进社会信任的产生，有利于协调和交流，提高声誉，因而也有利于走出集体行动的困境。

三、治理的层次

治理主要具有如下特征：治理主体多元化，强调非政府组织和公民社会的作用，显示了国家作用的局限性；治理手段多样化，强调治理主体之间的协调合作；治理对象及其范围广泛性，已经超出了传统民族国家领土界限；治理是互动过程，而不仅仅是指正式的制度化规则；治理规则是破碎的、层叠的，而不是系统的、完整的。治理在地方、国家及全球层次上具有不同表现方式。"多层次治理"包括全球层次治理、区域层次治理、国家层次治理、地方层次治理等，是涵盖国际的、国家的、地方的治理过程，并以一种协议的方式联系在一起。有些问题的治理本身需要不同层次的行为主体参与，比如不同国家、国际组织、非政府组织等为了解决环境问题进行合作，导致了"多层次"环境治理的形成。环境治理不完全是国家中心模式的，因为以国家为主要磋商者和决策者来解决全球环境问题，往往难以达成对各国具有严格限制的全球性环境制度，在多层次的治理体系中，非政府组织提出环境问题，获得国际社会和各国政府的共同关注，并列入国际环境合作的议事日程；政府间组织和非政府组织共同参与到全球性环境制度谈判中，并发挥重要作用。从实践角度，我们可以把治理分为全球治理、区域治理、国家治理、地方治理等类型。

1. 全球治理

全球治理是顺应世界多极化趋势而提出的，旨在对全球事务进行共同管理的理论与实践。1995 年全球治理委员会发表了《天涯成比邻》的研究报告，系统阐述了全球治理的概念、价值以及全球治理同全球安全、经济全球化、改革联合国和加强全世界法治的关系。

全球治理主体主要有三类：各国政府、政府部门及其国家的政府当局；正式的国际组织，如联合国、世界银行、世界贸易组织、国际货币基金组织等；非正式的全球社会组织。全球治理客体指已经影响或者将要影响全人类的、很难依靠单个国家得以解决的跨国性问题，包括全球安全、生态环境、国际经济、跨国犯罪、网络空间等。全球治理的效果涉及对全球治理绩效的评估，集中体现为国际规制的有效性，具体包括国际规制的透明度、完善性、适应性、政府能力、权力分配、相互依存和知识基础等。

2. 区域治理

区域治理是治理理念在区域公共事务管理中的具体运用，具体指政府、非政府组织、私人部门、公民及其他利益相关者为实现区域公共利益最大化，通过谈判、协商、伙伴关系等方式对区域公共事务进行集体管理的行动过程。

区域治理的有效进行依赖于深厚的公众参与传统、发达的非政府组织体系以及公私合作与协商治理的文化。区域治理具有三个基本特点：一是多元主体形成的组织间网络或网络化治理，二是强调发挥非政府组织与公民参与的重要性，三是注重多元弹性的"协调"方式来解决区域问题。

3. 国家治理

国家治理在广义上涵盖对国家一切事务的治理，涵盖了纵向、横向、空间范围、时间维度等四个方面。在纵向上，国家治理涵盖从中央到地方，再到基层以及组织、个体层面的治理；在横向上，涵盖政府、市场、社会、网络空间等领域的治理；在空间范围上，涉及东、中、西等不同地区，不同省、市、县的协调与管理；在时间维度上，涉及从宏观上制定当下和未来的发展战略。当国家治理与地方治理、基层治理同时出现时，国家治理主要提供全国性公共产品和承担跨区域协调治理职能，全国性公共产品包括国防、外交、国家安全、货币、法治环境、宏观调控政策、基本公共服务等，这类公共产品为公众均等享有，且不具有排他性和竞争性。同时，由于区域之间是平级关系，跨区域治理或区域协调发展往往需要中央政府计划、指挥、协调、控制，这也是国家治理的应有之义。

4. 地方治理

十九届四中全会把构建基层社会治理新格局作为重要内容进行了部署，指出要完善群众参与基层社会治理的制度化渠道，健全自治、法治、德治相结合的城乡基层治理体系，健全社区管理和服务机制，推行网格化管理和服务，发挥群团组织、社会组织作用，发挥行业协会商会自律功能，实现政府治理和社会调节、居民自治良性互动。

地方政府与中央政府相对应，省级以下的政府都是地方政府，但实践中，地方政府以下还存在基层政府。一般意义上地方政府是指省、市、县三级政府，基层政府指乡镇一级政府；也有学者将县级政府归入基层政府，由此，地方政府指省、市两级政府。治理层级越高，治理目标应越侧重于公平性、合法性；

治理层级越低，治理目标应越侧重于社会效率。国家治理强调人人均等享有公共产品，以及实现地方治理、区域治理之间的协调，这决定了国家治理主要致力于提供统一体制机制和政策体系；基层社会治理要兼顾国家治理统一性，更重要的是强调"地方性"，即必须在特定社会背景下因地制宜地探索治理模式。

总之，从治理途径演变来看，治理研究的两种经典路径是国家中心论和社会中心论，并在此基础上形成了三种主要治理途径："网络治理""元治理"以及"去中心治理"。在国家中心论者看来，统治依赖自上而下的政府机构及其权力，治理则是把社会中其他行动者吸纳到公共事务的管理中来，在政府与其他行动者之间建立伙伴关系，强调政府权力在这种伙伴关系中的主导地位与规制作用。在社会中心论者看来，社会各行动者自主协商以实现治理，政府只是其中一个参与者，不应依靠权力来成为这种公私关系中的主导。网络治理理论认为治理靠的是自组织的跨组织网络，其特点是"相互依赖、资源交换、游戏规则以及明显独立于国家的自治"。由于网络治理强调自组织而反对国家的控制对治理的侵蚀，批评者试图呼唤国家的回归，元治理理论由此诞生。它是治理的治理，将政府带回讨论的中心，主要强调治理结构的安排，体现了网络治理中国家和政府的作用。去中心治理在批判前两种理论的基础上，放弃了对可重复模式的追求，转而关注治理相关的行动者的日常实践。

治理的层级如图 3-1 所示。

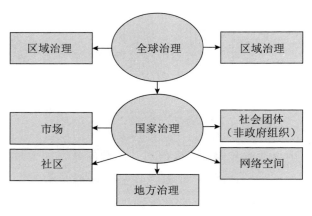

图 3-1 治理的层级

党的十八届三中全会提出了"推进国家治理体系和治理能力现代化"的战略目标，强调要创新社会治理，提高社会治理水平。国家治理体系是在党领导下管理国家的制度体系，包括经济、政治、文化、社会、生态文明和党的建设等各领域体制机制、法律法规安排，也就是一整套紧密相连、相互协调的国家制度。国家治理能力则是运用国家制度管理社会各方面事务的能力，包括改革发展稳定、内政外交国防、治党治国治军等各个方面。国家治理体系和治理能力是一个国家的制度完备程度和执行能力的集中体现。我们要更好发挥中国特色社会主义制度的优越性，必须从各个领域推进国家治理体系和治理能力现代化。作为社会建设重要组成部分，社会治理是中国特色社会主义现代化总体布局的重要内容。国家治理是总体治理，社会治理是国家治理的有机构成部分。在实现中华民族伟大复兴的历史进程中，提升社会治理水平，推进社会治理现代化，是推进国家治理体系和治理能力现代化的应有之义。在制度层面，国家治理和社会治理的目标都指向于，在坚持中国特色社会主义根本和基本制度的前提下，排除一切不适应生产力发展要求的体制机制，创新释放生产力和社会活力的体制机制，以完善和发展中国特色社会主义制度。

第四节　治理的结构

有关国家—市场—社会关系的既有文献，一般均把国家、市场和社会视为三类行动主体或三个部门，重点探究其行使各自职能的适当范围，尤其是政府在社会经济发展中的适当角色。① 实际上，国家—市场—社会的关系，既可以视为不同行动主体之间的关系，也可以视为不同治理机制之间的关系。对于包括创新在内的人类活动，具体的协调方式固然有很多，但可归类为三种，即行政机制、市场机制和社群机制。与之相对应则有三种治理方式，即行政治理、市场治理和社群治理。②

库伊曼在《将治理关系当作一种治理》提出三种治理的模式，包括"自我

---

① Tanzi, V. Government versus Markets: The Changing Economic Role of the State. New York: Cambridge University Press. 2011.

② Bowles, S. Microeconomics: Behavior, Institutions&Evolution. Princeton: Princeton University Press. 2004.

治理、合作式治理、层级节制治理"①，这些均可称得上当代治理的制度形态。库伊曼在《新治理——政府与社会互动》一书中指出："一种倾向社会中心的治理模式逐渐在欧盟兴起，这是一种社会政治的治理改造工程，而不仅止于政府结构与员额的整并与精简；它是一种涉及政府与民间社会互动关系的行为面、过程面、结构面的动态结合。"②

三种治理方式既具有一定的自主性，又具有相互嵌入性，即对于几乎所有私人和公共事务的治理，创新活动和过程也不例外，都离不开三种协调机制各自发挥的重要作用，也离不开其协同作用。三种机制分别独自发挥作用，以达成良好治理之态的情况并不能彻底排除，但在多数情况下，三种机制必须相互嵌入，方能达成相得益彰的协同之效。三种机制的组合或嵌入方式大有不同，导致公共治理体系有所不同，进而导致治理绩效呈现差异性。③

就具体层次而言，社会治理可以划分为三个层次：社会合作治理、社会协作治理、社会竞争治理。社会合作治理是基于公共利益的、政府主导的主体间共识的过程；社会协作治理是基于共同利益的、利益引导的主体间共赢的过程；社会竞争治理是基于自身利益的、法律规导的主体间竞争的过程。三种治理机制是共时性的互补关系。治理"隐秘的本质"是国家治理结构的多中心安排，多中心治理已经成为治理革命的元叙事，治理结构多中心化再造所涉及的政治问题不是一般意义上的体制转换或行为规范的调整，甚至不能简单等同于机械地重新配置治理权，而是不同治理主体之间相互尊重的法权关系如何构建的问题。④

一、科层制作为治理结构

马克斯·韦伯被称为"组织理论之父"，他于20世纪初提出了官僚制理论。在他看来，官僚制是指一种以分部—分层、集权—统一、指挥—服从等为特征

---

① Kooiman, J. Governing as Governance[M]. New Delhi: Sage, 2003: 79-131.
② Kooiman, J. Modern Governance: New Government-Society Interactions（2nd）[M].London: Sage, 1993: 9-10.
③ 顾昕. 治理嵌入性与创新政策的多样性：国家-市场-社会关系的再认识[J]. 公共行政评论, 2017（6）: 6-32, 209.
④ 孔繁斌. 多中心治理诠释：基于承认政治的视角[J]. 南京大学学报, 2007（6）: 31-37.

的组织形态，是现代社会实施合法统治的行政组织制度。韦伯认为组织的合法权威有三种来源：习俗惯例、个人魅力、法规理性。法理权威的最适宜的组织形式是官僚制。"官僚"指专门化的职业管理人员，并不含有一般语境中使用"官僚"一词的贬义。为了避免误解，有些学者把韦伯所说的官僚组织改称科层组织。韦伯认为，在近代以来的资本主义社会中，官僚组织是对大规模社会群体进行有效管理的基本形态。

科层制作为一种理性的和有效率的管理体制极大地推动了近代资本主义的工业化进程。一方面，科层制满足了工业大生产的生产模式和管理复杂化的需要；另一方面，其非人格化、制度化的特征也得到科学理性时代文化的高度认同。

自19世纪末以来，西方资本主义国家工业化进程加快，科层制结构渐渐成为西方国家经济社会生活领域的主要组织模式。进入20世纪，科层制几乎已经成为所有国家政府在治理过程中的最佳选择，成为西方现代性的重要标志。相对于传统社会的治理结构，科层制的进步主要表现在：能够克服感情因素，保证组织高效系统理性运行；组织关系有序化；高扬科学精神，抛弃经验管理等。长期以来，科层制以其独有的专业化的优势，良好地适应了工业社会及行政管理的复杂化的需要，同时也促进了政府管理由人治到法治、由经验管理到科学管理的历史性转变。①

在理想化的科层制治理结构中，国家被视为集体利益代表，从社会中抽离出来，通过税收及其他管制方式统治社会。然而进入20世纪后期，随着全球化进程的深入，西方国家对经济上的控制力有所降低，国家内部也出现了利益分歧，国家利益和目标达成难度增加，部分城市和地区的自主权也极大增强。在这种背景下，科层制的困境越来越凸显出来：决策权威集中化造成管理的恶性循环，专业分工原则的扭曲，科层价值与民主价值的冲突，科层价值与人格成长的冲突，防卫型的官僚人格等。②进入21世纪以后，伴随着新公共管理运动的兴起，科层制更是面临着极大挑战，过分强调层级体制会忽视下级人员的主动性和积极性，过分强调组织利益和组织效率会导致难以应付多样化社会需求，过分强调专业分工的划分会导致本位主义等。③

---

① 陶冶. 彼得斯的治理思想研究 [J]. 现代交际, 2018（16）：224, 225.
② 张成福, 党秀云. 公共管理学：修订第2版 [M]. 北京：中国人民大学出版社, 2007.
③ 周毅之. 从韦伯关于官僚制的苦恼议及治理理论：以非人格秩序神话背后的真实故事为观察点 [J]. 江海学刊, 2007（5）：82-88, 238, 239.

埃莉诺·奥斯特罗姆在其《公共事务的治理之道》中指出，大型官僚制对各种需求不加鉴别将导致社会成本增加，不能适当地满足需求；无法阻止浪费公共物品，导致公共物品受到侵蚀，无法实现承诺的目标；补救措施会进一步恶化需要解决的问题。① 治理的科层结构可能会由于"太过于庞大，以至无法解决生活中的小问题；太过微小，以至难于处理大问题"。在这样的背景下，西方各国对政府治理模式进行了革新，世界范围内出现了新型公共组织范式，被称为后官僚制。

B.盖伊·彼得斯 1996 年所著的《政府未来的治理模式》是研究各国政府改革与治理的代表性著作，在该书中彼得斯系统地评价了席卷全球的行政改革运动，提出了对于政府改革与治理的看法，以帮助人们全面认识政府改革与治理模式，进而把握政府未来治理方向。彼得斯把政府改革与治理模式概括为市场式政府、参与式政府、弹性式政府和解制式政府四个模式，见表 3-3。②

表 3-3　四种新型治理模式③

	市场式政府	参与式政府	弹性式政府	解制式政府
协调	看不见的手	自下而上	改变组织	管理者的自我利益
错误的发现和改正	市场信号	政治信号	错误无法制度化	接受更多的错误
公务员制度	以市场机制取而代之	减少层级节制	采用临时任用制度	解除管制
指责	通过市场	通过顾客的抱怨	没有明确的建议	通过前后控制

治理理论最显著的特征主要有两个：一个是通过回应的方式，推动民众广泛参与公共事务的决策、执行、监督与评估过程；另一个是通过民营化的方式，推动公共服务的市场化与社会化进程，全面提高福利和服务生产与提供，以及政府治理的绩效。在将企业家精神应用到"政府再造"过程中，可能出现偏离

---

① 张克中.公共治理之道：埃莉诺·奥斯特罗姆理论述评[J].政治学研究，2009（6）：83-93.
埃莉诺·奥斯特罗姆.公共事务的治理之道[M].余逊达，陈旭东，译.上海：上海译文出版社，2012.
② 参见 B.盖伊·彼得斯.政府未来的治理模式[M].吴爱明，夏宏图，译.北京：中国人民大学出版社，2013.李红梅.我国政府未来的治理模式——基于盖伊·彼得斯四种模式的解析[J].领导科学，2015（3z）：25-27.韩静茹.彼得斯的治理模式思想[J].知识经济，2019（14）：11-12.
③ B.盖伊·彼得斯.政府未来的治理模式[M].吴爱明，夏宏图，译.北京：中国人民大学出版社，2013：34.

政府组织应有的公平、正义之倾向，注意不能简单地把政府提供服务的对象当作顾客，而应将其当作具有参与感、使命感的公民来看待。

二、市场作为治理结构

20世纪70年代以来，随着第三次科技革命的深化发展，以信息技术为代表的高科技渗入社会中，对社会关系进行了新一轮调整，新公共管理理论的兴起使得对政府绩效责任的高度关注成为一种目标追求和发展趋势。政府治理模式的变革试图在政府与社会之间寻求更为有效且可以提升国家竞争力的创新型组织和制度安排，以促使政府组织变得更富有生机与活力。[1] 市场被认为是最有效率并且有效用的分配机制，市场作为治理结构，倾向于以市场化方式来协调公共行动。公共部门与私人部门没有明显区别，私人部门的管理方法可以用于公共部门。

在市场治理结构中，通过引进一种准市场情境，允许顾客直接选择其所需的服务；国家将依此制定政策，决定应该提供哪种服务，以及在多少成本下提供服务。在公共利益方面，市场式政府主张将公民定位成消费者和纳税人，政府应将选择权交还到公民手中，由公民自主对于市场释放的信号作出判断，最终以公共服务成本高低来评价政府工作的好坏。[2]

不难理解，充分运用市场治理机构及其模式，能够使组织和个人不断受到激励，从而大大提高公共部门的竞争效率。当然，我们也要清醒地认识到，在社会整体运行中，市场对于运行其中的制度、体制只能提出要求，而要求的实现还要依赖于国家及政府。以市场作为治理结构时，工作人员必须懂得政府部门的基本价值观念，否则以市场为导向的改革将面临贪污行为合理化和越权行为得到公然支持的危机。[3] 最后，市场模式给予公民的实践选择权并不多，应当寻求一个政治性更强、更民主、更集体性的机制来向政府传达信号，而这正是参与式政府改革的主要内容。

---

[1] 邓剑伟. 后官僚制时代政府的改革与治理：评盖伊·彼得斯《政府未来的治理模式》一书 [J]. 理论导刊，2013（5）：94-97.

[2] B. 盖伊·彼得斯. 政府未来的治理模式 [M]. 吴爱明，夏宏图，译. 北京：中国人民大学出版社，2013.

[3] 杨庆育. 政府新治理模式：设计与比较 [J]. 重庆社会科学，2015（10）：34-41.

三、网络作为治理结构

尽管世界各国政府的实践表明其具有行动的独立性和权威的可靠性,但也意识到若缺乏足够的资源整合,政府无法在缺乏其他支持条件下实施和制定政策,同时政府、企业、非政府组织和民间社会之间的相互依存度也越来越高。因此各国政府逐步试图塑造各种联盟关系与合作模式,以面对公共领域的复杂问题。[1]

在政策制定过程中,参与式国家治理模式倾向于由下而上的政策制定程序,认为针对不同类型的活动参与者应该构建差别化的组织结构,而在对待单一目标时也应构建新结构,以弥补传统政府治理模式中存在的缺陷。信息化时代的公共决策应当朝着更有利于政策沟通和公众参与的方向发展,在此趋势下,网络治理和社群治理作为重要的治理结构日益被重视。网络治理和社群治理强调互动和参与,试图从以科层制为主的垂直分析范式走向水平型、网络化的横向分析范式。

作为网络治理的重要方法,互动治理由爱德兰博首次提出,意味着利益相关者通过参与决策过程的不同阶段,在复杂项目的规划、执行和操作过程中发挥比以往更大的作用,互动治理方法使决策过程变得更加具有可融入性和强参与度。[2] 互动治理在早期亦被称为参与式治理,意指不同地区各级公共部门、私人部门和志愿部门之间关系的变化,强调公共部门间的多重参与。[3] 互动治理与传统的、层级制的科层制治理结构形成鲜明对比,其要求政府官员顺应公民参与,而非阻挠,通过更直接的政治参与,将普通公民身份进一步转化为较为积极的选民或监督者,减小政策后期执行阻力。[4]

在国家治理实践中,一方面需要通过网络引入社会上众多行动者参与政策方案;另一方面,政府也不可避免地受到这些网络干预政策的影响。在网络治理结构中,政府不再是唯一的公共服务和公共产品提供者,而更多地转向为社

---

[1] 臧雷振. 治理类型的多样性演化与比较:求索国家治理逻辑 [J]. 公共管理学报,2011(4)40-49,124.

[2] Jurian Edelenbos. Institutional Implications of Interactive Governance: Insights from Dutch Practice[J]. Governance,2004,18(1):111-134.

[3] Baiocchi G.,Emergent Public Spheres:Talking Politics in Participatory Governance,American Sociological Review,2003,68(1):52-74.

[4] 同[1].

会主体活力的持续释放提供制度保障。治理概念下的网络根据参与的行动者偏好来管制和调节政策阵线，而不是处处顾及政府政策。政府政策将会被网络中以自我利益为考量的多元行动者所塑造；国家变更政策方案时，行动者网络会加以干预。

政策网络是网络作为治理结构的典型治理形态。网络是由广泛多样的行动者组成的政策阵线，网络将关系密切的政策社群连接成特定议题的联盟。网络整合社会各种部门的利益，使得公共政策的执行更加有效。对于结构方面的变革，网络赋能参与式政府模式的拓展，主张实行减少组织层级的扁平化结构，希望更多基层人民参与到活动中。网络作为治理结构，其治理机制"既包括政府机制，同时也包含非正式、非政府的机制"，在这些复合机制的作用下，"随着治理范围的扩大，各色人等和各类组织得以借助这些机制满足各自的需要，并实现各自的愿望"。[①]

四、社群作为治理结构

社群治理建立在社群的共同意识和社群成员积极投入集体事务的基础之上。国家被认为太过于庞大和官僚化，无法处理好社群问题。社群主义主张培养积极的公民精神，认为解决问题的方式是由非政府部门来治理，而无需政府。

对于何为社群，明茨伯格指出，"社会由三个重要的部分组成，而不是两个。那个人们最缺乏了解的部门被冠以一系列不恰当的名称，包括'非营利组织''第三部门'和'市民社会'，而将之称为'社群领域'能帮助它与公共部门和私人部门并驾齐驱，同时表明该领域是由一系列广泛的人的社团组成的"[②]。明茨伯格还指出，"福山用经济性眼光审视世界，而我们应该睁大眼睛用社会性视角去审视我们所处的世界到底发生了什么，不管是好的还是坏的，然后，用我们人类的智谋去规避我们历史终结的可能性"[③]。

明茨伯格在阐述"社会再平衡"的社会治理思想时，反复强调社群领域的重要性，认为社会平衡的关键在于确保政府部门、私人部门及社群领域三者力

---

① 詹姆斯·罗西瑙. 没有政府的治理[M]. 张胜军, 刘小林, 等译. 南昌: 江西人民出版社, 2001: 5.
② Henry MintzbergRebalancingsoczety[M]. Berrea—KoenlerPublishers, Inc. 2015: Px-xi
③ Henry Mintzberg. The end of the thinking?[J]. https://www.huffingtonpost.corn.html

量的相互合作与均衡，要重构社会平衡，要提升社群领域的力量。

在传统的劳动分工中，发达国家主要是把发展中国家作为原材料产地和成品销售市场；在经济全球化所塑造的新劳动分工格局下，发达国家不断地把传统的劳动密集型、低附加值、低技术的产业转移到发展中国家，跨国公司在发展中国家获取原材料，并且在当地生产。生产出来的商品不但在发展中国家销售，有的还再返销到发达国家。

社群领域随着分工的发展而渴望自愿合作和自我管理，无疑得益于市场和国家的发展。市场化促进了社会结构的多样化，加强了个人的经济独立性，使人无须依附于政治权利而谋取生活，而经济生活水平的提高又使人有更多时间从事非经济活动和公共活动。国家赋予公民法律上的平等权利则为公民参与社会活动提供了制度保障。

社群领域具有以下功能：填补了国家和市场无法达到的领域，如志愿活动等；充当了公共权利与私人领域的过渡带，减少了公共权利对私人生活的干预，同时也把私人领域形成的共识传达给公共权利；减少市场对社会的过度侵入，如发动诸如以实现社会公正、环境保护为目的的社会运动，是对利润至上的资本主义价值观的抵制。

社群治理的基本特征是"认诺与遵守"，即相互密切关联的个体基于对某些共同价值与规范的认诺与遵守，以协调其活动。① 社群治理既可以出现在各类正式民间组织及其组成的非营利部门之中，也可以出现在包括家族、联盟、社会关系在内的非正式社会网络之中，因此，有的时候也被称为网络治理②

私人部门、公共部门与社群领域各有分工：私人部门可以提供商品和服务，公共部门可以提供社会保障和基础设施服务，社群领域可以提供专业服务、高等教育和医疗保健类服务。"在一个健康的社会中，三个部门应该相互合作并且相互制衡，若其中任何一个部门居于主导地位，社会都会出现不同类别的不平衡：权力过度集中在政府部门将导致专制，公职官员将限制私人部门的自由；

---

① Bowles，S. Microeconomics：Behavior，Institutions&Evolution. Princeton：Princeton University Press. 2004.
② Goldsmith，S. &Eggers，W. D. （2004）. Governing by Network：The New Shape of the Public Sector. Washington，D. C.：The Brookings Institution. Ehrmann，T.，Windsperger，J.，Cliquet，G. &Hendrikse，G. Eds. Network Governance：Alliances，Cooperatives and Franchise Chains，Berlin and Heidelberg：Physica—Verlag Heidelberg. （2013）.

不受约束的私人部门将导致收入差距拉大和企业社会责任的缺失；权力过度集中在社群领域将导致极端民粹主义。目前很多国家尝试通过协调私人部门和公共部门的合作，以平衡社会，但实际效果差强人意。明茨伯格认为，根本性的措施还要把社群领域置于私人部门和公共部门的同等地位，因为社群领域不仅有助于维持社会平衡的现状，还能够在社会再平衡过程中发挥积极作用。"

在信息技术时代，与传统社会管理模式的稳定和刚性相比，多元社会治理模式具有动态和权变的特点，在不同国家，其实现路径不同。现代社会面对的外部环境是多变和模糊的，各种信息的不确定性必将增加公共决策过程的模糊性。社会成员是流动的，具有多样化的需求。现代社会面临的社会环境和社会成员本身的动态性要求社会治理必须遵循权变原则，也就是"因地施治"原则，注重环境因素和偶然因素。①

---

① 孙晓莉. 多元社会治理模式探析 [J]. 理论导刊，2005（5）：7-9.

第四章

中国传统社会的现代转型与社会治理现代化

　　中国传统的社会治理是一种国家权力与社会自治在农村融合的体现。在中华人民共和国成立至今七十多年的历程中，我国的社会治理经历了从管制到治理的发展进程。中国的社会治理变革一直和改革开放同行，经过多年的探索与实践，逐步走出一条中国特色社会主义社会治理道路。总体来看，东西方治理的生成背景、理论内涵、现实逻辑等都具有明显差异。应当说，西方的"治理"是在资本主义市场经济高度发展的基础上，对政府失灵和市场失灵的一种反思和校正，带有明显的"去中心化"特点；中国的"治理"则是在坚持和加强党的全面领导前提下，对政府行为模式和市场机制的一种发展和完善，中国的社会治理是社会治理主体运用党建、法律、道德、心理、科技、乡规民约等社会规制手段开展的一种社会行动，在此过程中要充分发挥政治引领作用、法治保障作用、德治教化作用、自治基础作用、智治支撑作用，加快提升社会治理的社会化、法治化、智能化、专业化水平。在我国，治理理论研究从20世纪90年代兴起，经历了学习推介、议题拓展、内容深化等不同阶段。随着中国特色社会主义制度的完善和发展，推进国家治理体系和治理能力现代化成为全面深化改革的总目标，越来越多的学者参与到治理研究中，对我国国家和社会治理的实践经验进行提炼总结和升华。治理理论研究在实践中不断创新发展，同时也为不同领域的治理实践提供了学理支撑。[①]

---

① 任勇. 治理理论研究为治理现代化提供学理支撑 [N]. 人民日报，2019.

第一节 踏上发展的列车：中国传统社会的现代转型

各出所学，各尽所知，使国家富强不受外侮，足以自立于地球之上。

——詹天佑

人类社会从传统社会向现代社会的转变是一个质的飞跃。广义的现代化主要指工业革命以来现代生产力导致社会生产方式变革，引起世界经济加速发展和社会适应性变化的大趋势，具体说就是以现代工业、科学和技术革命为推动力，实现从传统的农业社会向现代工业社会的大转变，使工业主义渗透到经济、政治、文化、思想各个领域并引起社会组织与社会行为深刻变革的过程。本节将从"现代化"视角，对中国走向现代世界所经历社会剧变进行历史性反思，主要包括中国现代化探索进程、中国现代化面临的机遇与挑战等。

一、近代中国的落后与现代化的探索历程

1. 自强："睁眼看世界"与"师夷长技以制夷"

现代化不是一个单向的、线性的历史过程，不仅仅是欠发达国家对自诩为"先进文明"典范的西方挑战进行的简单的区域式回应，更是外部挑战与内部回应相互交融的复杂互动过程。

以清道光二十年到二十二年（1840—1842年）的鸦片战争为标志，中国历史进入半殖民地半封建社会时代。中国现代化运动始于两次鸦片战争之后由洋务派发动的自强运动。

在中国近现代史上，林则徐是一位得到过诸多赞誉的政治家。维新派认为林则徐开启了学习西方"长技"之先河，著名历史学家范文澜认为林则徐是中国近代"睁眼看世界的第一人！"。林则徐禁烟前，中国封建王朝仍以"天朝君临万国"的妄自尊大心态紧闭大门，国人对外部世界知道得非常有限，认为英国人吃的是牛羊肉磨成的粉，食之不化，离开中国的茶叶、大黄就会"大便不通而死"。林则徐非常善于学习，在与外部世界的接触中，他逐步发现和承

认西方有许多长处值得中国学习借鉴。林则徐注意"采访夷情",组织翻译了英国人所著的《世界地理大全》,命名为《四洲志》,成为近代中国第一部系统介绍世界自然地理、社会历史状况的译著。①

1841年,林则徐被流放途经扬州时,遇到魏源,便把《四洲志》等有关资料交给魏源。魏源随后编出《海国图志》,书中概括的"师夷长技以制夷"的著名思想正是源自林则徐学习西方先进技术以求富强来抵抗西方侵略的独立的爱国主义主张。魏源认为,"善师四夷者,能制四夷;不善师外夷者,外夷制之",他把学习西方的"长技"提高到关系国家民族安危的高度来认识,针对当时封建顽固派把西方先进的工艺技术看作"奇技淫巧"的愚昧无知,他指出,"有用之物,即奇技而非淫巧",必须认真加以学习,而不能盲目自大。魏源倡议"立译馆翻夷书",并主张"于闽粤二省武试,增设水师一科,有能造西洋战舰、火轮舟、飞炮火箭、水雷奇器者,为科甲出身",以奖励科学发明。他认为这样做可以"尽得西洋之长技为中国之长技",逐步改变中国的落后面貌,从而达到"制夷"之目的。他相信,若干年后,必然"风气日开,智慧日出,方见东海之民,犹西海之民"。②

鸦片战争后中国的民族危机日益严重,封建统治危机步步加深,先进的中国人开始思考要通过何种道路来挽救中国的问题。林则徐、魏源等主张"向西方学习",发出了"师夷长技以制夷"的呼声,成为学习西方的先声,但是他们的思想由于受到种种限制,并没有付诸实践,而洋务派则将"向西方学习"的思想付诸了行动。

2. 洋务运动:中国现代化探索的器物层面③

从13世纪开始,西方资本主义开始萌芽,随着新航路开辟、文艺复兴、宗教改革运动的完成,在资产阶级革命、产业革命推动下,资本主义世界体系已初步完成,人类进入了一个以整体化和现代化为特征的新时期,分散、落后的国家不可避免地被卷入现代化运动。

从一定意义上说,现代化就是落后的不发达国家赶超先进发达国家的过程,19世纪60—90年代的洋务运动,在"中学为体,西学为用"的思想指导下,

---

① 萧致治. 从《四洲志》的编译看林则徐眼中的世界 [J]. 福建论坛:人文社会科学版,1999(4):51-55.
② 王彦. 论魏源《海国图志》早期现代化思想 [J]. 华章,2012(21):5,7.
③ 姜铎. 洋务运动研究的回顾 [J]. 历史研究,1997(2):113-127.

主要学习西方先进的科学技术，希望以此达到"自强""求富"的目的，洋务运动在一定意义上就是中国早期的近代化运动，中国的现代化是一个被动的过程。

洋务运动是中国近代史上的一次工业革命，洋务派中央代表人物为爱新觉罗·奕䜣，地方代表人物有李鸿章、张之洞、曾国藩、左宗棠等人。他们提倡兴"西学""洋务"，办军工厂，建新式军队，达到"自强"目的。洋务运动以创办机器大工业工厂为主要内容，是19世纪世界经济近代化潮流的一个组成部分，洋务运动加快了中国封建社会向新社会体制转变的过程，让中国社会向近现代社会发展迈出了可贵一步。

洋务运动陆续兴办了19个近代军用工业和近40个近代民用工矿交通企业，至1894年为止，这批洋务企业的资本达263443元，占当时近代企业资本总额的45.22%。工人总数达34110～40810人，占当时近代企业全部工人数的37.33%～41.62%。然而，洋务运动最终没能使中国经济走向近代化。据统计，1913年，中国近代产业资本总额为1472百万元，其中外国在华资本占83%；同年以前，中国工厂总数698家，产业工人27017人，仅占4亿总人口的0.1%；新式产业的产值总额，在国民生产总值中估计不到4%，其中96%以上是小农业和小手工业产值。①

甲午中日战争中，北洋海军全军覆没，标志着清朝海军实力的完全丧失，也标志着35年的洋务运动宣告破产。作为中国现代化运动启动的开端，洋务运动仍然是在传统儒学框架内进行的，从"御夷图强"到"变法图强"，其核心价值都是图强，洋务运动开启了中国近代化进程，但是，甲午战争的惨败表明靠洋务运动并不能救中国。洋务运动针对如何图强的具体问题提出了一些改革方案，但并未形成完整理论体系；进行了一些理论宣传，但很少从事实际的政治活动，因此具有很大局限性。在现代化进程中，中国不仅要学习西方先进的物质技术，还要借鉴学习物质载体背后的西方文明及其制度。②

中国的现代化是世界现代化进程的重要组成部分，是中国由农耕社会向现

---

① 虞和平. 洋务运动时期中外贸易状况变化的几个问题[C]// 首届"晚清国家与社会"国际学术讨论会论文集, 2006: 526-541.
② 菊池秀明, 马晓娟. 末代王朝与近代中国：清末中华民国[M]. 桂林：广西师范大学出版社, 2014.

代工业社会转变的过程。以"中体西用"为指导思想的洋务运动是中国现代化链条中不可分割的最初一环，对中国现代化进程有重要影响。①

第一，以"西用"固"中体"，延误了中国现代化历史进程。"中体西用"是洋务派的思想纲领，主张"中学其体也，西学其末也，主以中学，辅以西学"，这种思想的实质在于以西方的先进技术来巩固中国的封建专制体制。

第二，以"西学"解"中体"，促进了中国现代化的进程。洋务运动的主观目的并不是使中国走向现代化，而是以器卫道，捍卫封建传统。但历史进程的按钮一经启动，就会按照历史自身的逻辑向前运行。洋务派充当了不自觉地推动历史前进的工具，为中国的政治现代化准备了多方面条件。

中国要走上独立富强的现代化发展道路，就要将革新从物质技术层面扩展到文化、政治、社会、制度等层面，吸收外域文明的一切先进元素为我所用。如果不具备学习西方现代化制度的意识，就无法完成中国救亡图存的历史性任务。维新派认为，中国真正要学习的是西方先进的政治制度。

3. 戊戌维新与辛亥革命：中国现代化探索的制度层面

近代以来，民族危机空前严重，救亡图存的紧迫感、责任感，催促着爱国的中国人、社会集团和阶层积极投入改造中国的运动。19世纪末，中国工业的基础还很薄弱，中国民族资产阶级也尚处于形成过程中，时代紧迫感呼唤着这个阶级的代表人物的出现，进行维新、变革和图存。戊戌维新不仅是中国近代史上变革社会制度的运动，而且是近百年来一系列改造和变革社会的伟大开端。维新派在改革政治体制方面提出如下主张。②

（1）广开政治言路：光绪皇帝下诏，允许报纸"指陈利弊""中外时事，均许据实昌言，不必意存忌讳"。

（2）精简政府机构：撤销詹事府（主管皇后、太子家事）、通政司（主管内外章奏）等六个衙门，各省做相应精简。

（3）任用新人：维新派杨锐、刘光第、谭嗣同都被光绪任命为"军机衙门章京上行走"（秘书），参与新政。

（4）筹建新议事机构：在紫禁城内开"懋勤殿"，使之实际上成为皇帝与维新派讨论制度改革的机构（未能实行）。

---

① 丁伟志. "中体西用"论在洋务运动时期的形成与发展 [J]. 中国社会科学，1994（1）：101-118.
② 马洪林. 戊戌维新与中国近代化 [J]. 上海师范大学学报：哲学社会科学版，1989（1）：75-82.

在近代的民族苦难中，中国人已经深深体会到了"优胜劣败、适者生存"的社会法则。在维新运动中，西方的社会进化论开始输入中国，给了中国知识界重新认识世界和观察世界的思想武器。① 维新派思想家梁启超接受了达尔文、孟德斯鸠、亚当·斯密等人的社会政治学说，与康有为的保教尊孔思想逐渐分道扬镳，梁启超曾致信康有为"孔学之不适应新世界者多矣，而更提倡保之，是北行南辕也"②。

在19世纪末20世纪初，中国历史已面临大的社会变革，从戊戌维新到辛亥革命，都是要以资产阶级民主制代替半殖民地半封建的君主专制制度，确立资产阶级在中国的统治。辛亥革命是发生于中国农历辛亥年（即1911—1912年初），旨在推翻清朝专制帝制、建立共和政体的全国性革命。辛亥革命以反对君主专制制度、建立资产阶级共和国为目标，是一次比较完全意义上的资产阶级民主革命。正如毛泽东指出的："中国反帝反封建的资产阶级民主革命，正规地说起来，是从孙中山开始的。"

辛亥革命的领导者意识到：要救国必须革命，要救亡图存，只能是推翻封建皇权。辛亥革命促进了社会习俗的除旧布新，政治体制的革故鼎新带来了民国初年的中国社会的崭新面貌，打开了中国真正通向现代化的大门。应当说，辛亥革命是中国现代化道路探索中的一个重要环节，不论从规模、成就，抑或从历史意义上看都远远超过戊戌维新。辛亥革命推翻了专制皇权，共和代替了帝制，突破了传统儒学的框架，接受了西方输入的各种改革思潮，学习和建设西方式的文明成为中国变革的主要方向。当然，对于中国究竟应当实行什么样的"西化"模式和道路，如何处理传统和现代的关系存在诸多讨论，并无统一和明确的认知。③

二、中华人民共和国的成立与现代化建设进程

社会主义现代化道路在中国的确立，既是历史发展必然结果，也是中国共产党领导全国人民经过长期抉择得以实现的。中华人民共和国的成立使中国社

---

① 陈蕴茜. 论戊戌维新知识分子群体的转型[J]. 江海学刊, 1997（6）：124-129.
② 马洪林. 梁启超选集[M]. 上海：上海人民出版社, 1984：323.
③ 徐江虹. 论近代中国的政治制度演变与政治文明的演进[J]. 学术论坛, 2005（4）：40-43.

会的发展进入了新阶段，为进行现代化建设开辟了道路。现代化是一个复杂的系统工程，它不仅涵盖经济方面，还包括政治、社会、文化等各个方面。对于刚从半殖民地半封建社会中走过来的中华人民共和国来说，一个现代工业仅占10%的落后农业国要实现从传统社会向现代社会的转变，必将是一个漫长征程，我们把中华人民共和国的现代化建设总结为如下三个发展阶段。

1. 1949年10月至20世纪50年代末："由落后的农业国转变为先进的工业国"

1949年，在中国共产党的领导下，中国人民推翻了帝国主义、封建主义和官僚资本主义的统治，随即进行社会主义革命和社会主义建设。中国革命的胜利和西方势力在中国大陆的全面败退转而对新中国的全面围堵，使中国社会变革的价值观又发生了一次大转变。新的社会发展理论以"阶级斗争为纲"，对西方资本主义的体制予以全面否定，将苏联模式作为未来蓝图和方向，"要进行伟大的国家建设""我们的经验是不够的"，因此，我们"要认真学习苏联的先进经验"。①

这段时期，中国经济形态需要实现两大转变：由半殖民地半封建社会向新民主主义经济形态转变，由新民主主义经济形态向社会主义经济形态转变。早在中华人民共和国成立前夕，中国共产党就认识到，没有工业，便没有巩固的国防，便没有国家富强。毛泽东在党的七届二中全会报告等文中明确提出，革命胜利以后，必须把由落后的农业国转变为先进的工业国作为首要任务。1953年9月，周恩来在全国政协扩大会议上强调"重工业是国家工业化的基础"。中国共产党在制定过渡时期总路线时把"基本上实现国家工业化"作为总任务之一。② 国家必须加强国民经济的计划性，从1953年起，中国便进入了以实现国家工业化为基本任务的第一个五年计划时期，"一五"期间，中国的工业化获得高速度发展，工业在工农业总产值中的比重由1952年的43%提高到57%。③

中华人民共和国初期，处于国民经济的恢复和发展时期，工业化程度不高，

---

① 毛泽东.在政协一届四次会议上的讲话[N].人民日报，1953.
② 史真.第一个五年计划制定中的周恩来[J].党史文汇，2019（1）.
③ 李占才.20世纪50年代中国对社会主义建设道路的初步探索[J].中国经济史研究，2006（3）：29-35.

环境保护主要靠乡规民约来实现。人民群众对"环境保护"的认识也主要停留在城市卫生、清理垃圾、植树造林、清除"四害"等方面。1953 年，在"苏联发展模式"的影响下，我国通过"一化三改"和人民公社化运动，逐渐形成了工业化初期阶段高污染的产业结构。"大跃进"时期及"文革"期间，为了早日实现"赶超"目标，工业优先发展战略全面展开，逐步形成"重工业、轻环保"的发展理念。

2. 20 世纪 50 年代末到 70 年代末："向四个现代化进军"

在"一五"计划实施期间，中国共产党开始认识到，把实现"工业化"作为唯一建设目标是不够的。1957 年 3 月 12 日，毛泽东在中国共产党全国宣传工作会议上的讲话中明确地提出将中国建设成为"一个具有现代工业、现代农业、现代科学文化的社会主义国家"，首次将科学文化纳入国家现代化的战略目标。1964 年 12 月，根据毛泽东的建议，在第三届全国人大一次会议上，周恩来正式向全国完整地提出要"把我国建设成为一个具有现代农业、现代工业、现代国防和现代科学技术的社会主义强国"的"四个现代化"的战略目标。1965 年 9 月，中共中央在《关于第三个五年计划安排情况的汇报提纲（草稿）》中提出，实现工业、农业、国防、科学技术的现代化，是长期的持续的奋斗过程，四个现代化是相互联系、相互促进、交叉进行的。①

从 20 世纪 50 年代末一直到 70 年代末，中国受到种种政治运动干扰，尤其是"文化大革命"的破坏。"文化大革命"时期，"四人帮"攻击四个现代化是"西方化""资本主义化"，把发展生产、繁荣经济、改善群众物质文化生活的措施攻击为"修正主义"或"资本主义"，使中国社会发展偏离了现代化建设主题，现代化事业遭受损失，经济建设出现曲折，产业结构趋于畸形化，"四个现代化"的目标经历了曲折。1975 年 1 月，周恩来在四届全国人大一次会议上重申"四个现代化"的宏伟目标。②

3. 20 世纪 70 年代末之后："建设社会主义现代化强国"

十一届三中全会的主要任务是确定把党的工作重点转移到社会主义现代化

---

① 中共中央文献研究室. 建国以来重要文献选编：第 20 册 [M]. 北京：中央文献出版社，1998：440.

② 岳从欣. 中国共产党关于"四个现代化"提法之历史考察 [J]. 北京：思想理论教育导刊，2010（5）：50-53.

建设上来，会议指出：实现四个现代化，要求大幅度提高生产力，也就必然要求多方面改变同生产力发展不适应的生产关系和上层建筑，改变一切不适应的管理方式、活动方式和思想方式，因而是一场广泛、深刻的革命，并反复强调"把我国建成现代化的伟大的社会主义强国"①。

十一届三中全会"是建国以来我党历史上具有深远意义的伟大转折"②。习近平总书记指出："1978年12月18日，在中华民族历史上，在中国共产党历史上，在中华人民共和国历史上，都必将是载入史册的重要日子。这一天，我们党召开十一届三中全会，实现中华人民共和国成立以来党的历史上具有深远意义的伟大转折，开启了改革开放和社会主义现代化的伟大征程"③。

在中国近代历史上发生过三次革命。第一次是1911年爆发的辛亥革命，推翻了中国长达几千年的封建王朝统治。第二次是建立了新中国，实现了社会主义制度确立的重大飞跃。第三次就是十一届三中全会开启的改革开放，这次会议使党的工作实现了重大转移。④ 这段时期，我国实现了从"以阶级斗争为纲"到以经济建设为中心、从封闭和半封闭到改革开放、从计划经济到市场经济的深刻转变。中国共产党执政经验日趋丰富，开始认识到现代化具有丰富内涵，既包括物质范畴，也包括精神范畴，既包括管理现代化，也包括人的现代化。

改革开放以来，中国现代化建设在物质文明和精神文明两方面均迈出了新步伐，工业、农业、科技、教育、文化、卫生、体育等各项事业取得了显著成绩。改革开放给中国的现代化注入了强大动力，中国获得突飞猛进的发展，在生命科学、核物理、天文、同步辐射等基础科学研究方面以及面向产业的材料、纳米技术、微电子与光电子、化工药物、医疗设备、资源环保、农业及通信技术等高技术方面均取得了举世瞩目的成就。现代化建设所取得的伟大成就极大增强了中国的综合国力和民族自信心。

---

① 中共中央文献研究室.邓小平论十一届三中全会[M].中央文献出版社，1998.
② 中共中央文献研究室.三中全会以来重要文献选编：下[M].北京：人民出版社，1982：281.
③ 习近平.在庆祝改革开放40周年大会上的讲话[N].人民日报，2018-12-19（2）.
④ 丁晓强.深刻认识党的十一届三中全会的历史意义[J].思想理论教育导刊，2019（4）：16-19.

第二节 世界现代化模式中的"东方智慧"[①]

十八大以来,中国经济逐渐适应了发展新常态,实现中高速增长,迈向中高端水平,不仅高于同期世界2.5%左右的年均增速,在世界主要经济体中也名列前茅,产业结构进一步优化,服务业成为中国经济新引擎;务实、全面的治国理政体系和强大、崭新的政治文明制度整体正在完善;"十二五"规划胜利收官,"十三五"规划顺利开局。十八大以来中国取得诸多超出公众预期的成就,为我们提供了一个进行历史性反思的机会。对经验和机制进行系统总结无疑将成为我们未来进一步前进的基石。

人类社会从传统社会向现代社会的转变是一个质的飞跃,自近代中国"睁眼看世界"开启现代性以来,传统与现代、中国与西方的二分法一直是中国现代历史的主题,在一定意义上也构成中国现代历史叙事的基本框架。伟大的实践孕育着伟大的理论,我们应当以中国特色社会主义建设的伟大实践为根基,完成对传统与现代、中国与西方的二分思维及其叙事模式的超越,对十八大以来中国取得的诸多成就不能孤立地进行静态审视,我们既要具备"历史全景的高度",又要关注"历史深层的流向";既要突出特定时期的"历史面相",又要进行系统的综合分析。

一、洞悉大局与顺势而为

对世情、国情、党情的深刻认识和准确把握是取得历史性成就的重要前提。我们应当站在世界文明史视角审视中国的现代化历程和成就,特别是十八大以来中国的社会经济发展。当前,全球秩序和世界经济面临诸多挑战,全球金融危机的深层次影响尚未消除,世界经济仍在深度调整中曲折复苏。美国经济基本面呈现向好趋势但存在较大不确定性,欧洲经济弱势复苏,日本经济下行压力较大,新兴经济体经济增长持续放缓。全球经济正面临总需求不足和总供给提升的矛盾,经济发展的不确定性显著增强,人类正处于十字路口,全球协调必要性再次凸显。

[①] 张成岗.世界现代化道路上的"中国方案"[J].人民论坛,2017(11):36-38.

尽管改革带来的经济快速增长使得中国经济总量极大增加，成为世界第二大经济体，但新常态下中国经济面临困难叠加、风险隐忧交织的诸多挑战，产能过剩与有效供给不足、去产能去库存与稳增长、融资难融资贵与财政金融风险上升、"走出去"与国际市场萎缩等问题明显增多。

中国的现代化实践是人类历史上的宏大进程，在人类发展史上，从未有过一个如此大体量的国家能成功跨越"中等收入陷阱"。党的十八大以来，基于对世情、国情、党情变化的深刻把握，以习近平同志为核心的党中央励精图治、奋发有为、勇于实践，善于创新，不断深化对经济社会发展规律的认识，以新思想引领新常态，以新理念指导新实践，以新战略谋求新发展，为我国经济社会发展再上新台阶打下了坚实基础。

二、顶层设计与亲力亲为

党中央的坚强领导是新时代推进中国特色社会主义事业的根本保证。新一届党中央坚持顶层设计和具体实践相结合，完善中国特色社会主义制度，推进国家治理体系和治理能力现代化，发展社会主义民主，坚持和维护人民主体地位，为小康社会的全面建成和中华民族的伟大复兴提出了一系列新理念、新思想、新战略，奠定了许多根本性基础性框架。中央的顶层设计意蕴深远，既有利于破解发展难题，又有利于激发发展潜能，为新的历史条件下全面深化改革开放、加快推进社会主义现代化提供了理论指导和行动指南。

十八大以来，以习近平同志为核心的党中央提出了"四个全面"战略布局，确立了新形势下党和国家各项工作的战略目标和战略举措。"四个全面"战略布局中，全面建成小康社会是战略目标，全面深化改革、全面依法治国、全面从严治党是战略举措。

改革必须从全局着眼，习近平总书记在十八届三中全会上明确指出，我们不是推进一个领域改革，也不是推进几个领域改革，而是推进所有领域改革；"全面从严治党"事关强国征程成败，"全面依法治国"奠定国家富强根基。作为强国征程上的领导力量，党的队伍强弱、境界高低、能力大小直接关系征程成败。习近平总书记指出，办好中国的事情，关键在党，关键在坚持党要管党、全面从严治党。运用法治思维和法治方式深化改革、推动发展，是我国长期探索形成的治国方略，党的十八届四中全会决定对依法治国的重大理论和实践问题作出思考和安排，针对诸多现实问题提出富有改革创新精神的新观点新举措，为国家富强奠定了法律层面的框架基础。①

改革越向纵深推进，遇到的硬骨头越多，习近平总书记在中央全面深化改革委员会第三十二次会议上进一步强调，党政主要负责同志是抓改革的关键，要亲力亲为抓改革扑下身子抓落实，抓关键问题，抓实质内容，抓管用举措，要勇于挑最重的担子，啃最硬的骨头。以习近平同志为核心的党中央的坚强领导是新时代经济社会发展的根本保证。

三、高屋建瓴与全面反思

科学对接中国现代化进程的逻辑演进，为中国的社会转型找准历史坐标。人类社会从传统农业社会向现代工业社会演变的过程，就是从简单的、单维的、功能普泛化的社会向复杂的、多元结构的、功能专一而又高度整合的开放社会转变的过程。在传统和现代交汇及渗透过程中，特定社会的现代化动力和目标在不同阶段有着不同的呈现方式；在从传统社会向现代社会演进的进程中，各国现代化走过的道路也多种多样。

近代史上，中国人对近代工业文明的最初认识来自西方列强的坚船利炮，为了"屹立于世界民族之林"，有志之士认识到"善师四夷者，能制四夷；不善师外夷者，外夷制之"，他们期望经过努力，中华民族"风气日开，智慧日出，方见东海之民，犹西海之民"。

为了实现"站起来"的目标，在争取民族独立的道路上，中国共产党人经过艰辛探索，找到了新民主主义革命的正确道路，并在新民主主义革命胜利后适时进行社会主义革命，积极探索适合中国国情的社会主义建设道路，创立和发展了毛泽东思想，开启和推动了马克思主义中国化的历史进程。

党的十一届三中全会决定工作重点转移到社会主义现代化建设上来，随着改革开放战略的确定，"富民"思想被明确提出来，解决温饱，进入小康，达到中等发达国家生活水平的"三步走"的现代化战略意味着中国现代化首要目标向"富起来"的转变。

---

① 习近平. 习近平谈治国理政 [M]. 北京：中央文献研究室，2014.

现代化不只是物质经济的现代化，而是包括经济、政治、文化和人的素质在内的整体性社会变革；经济发展具有多重效应，不能仅以 GDP 增长而应当以经济发展的可持续性和平等程度来衡量经济发展的成功。十八大报告强调：全面落实经济建设、政治建设、文化建设、社会建设、生态文明建设"五位一体"总体布局，促进现代化建设各方面相协调，促进生产关系与生产力、上层建筑与经济基础相协调，不断开拓生产发展、生活富裕、生态良好的文明发展道路。①"五位一体"战略布局的提出是中国共产党针对改革发展进程中的突出矛盾作出的部署，体现了谋求科学发展、促进社会发展布局生态化转向的内在要求。

"五位一体"总体布局反映了党对社会主义建设规律认识的深化，是马克思主义基本原理与中国具体实践相结合的重要突破，十八大以来的十几年是中国人在站立起来、解决温饱后追求全面小康、追求富强起来的一个重要时段。

现代化不是一个单向的历史过程，后发达国家会根据其自身的文明特征和历史经验对原生现代性所蕴含的文化方案和制度模式进行重构，进而超越西方社会的最初模型，形成并发展出现代性新的文化、政治方案和制度模式。

十八大以来，以习近平同志为核心党中央带领全国人民在强国路上开拓进取，取得了新的举世瞩目的成绩，不论是"四个全面"战略的推进，还是"五位一体"社会主义现代化建设总体布局的全面展开，都是在进一步推进让中国富强起来的宏伟大业。现代化目标的重新定位和经济社会发展战略的调整，为中国现代化进程发掘出了新时代的动力之源，开创了发展的崭新格局。

四、"创新驱动"为中国发展注入新动能，"中国力量"改变世界发展新格局

人类文明的进步都是建立在摆脱传统、冲破偏见的基础之上，通过一系列改革在政治、经济、文化、社会、生态等各个领域取得重要成就。无论是哪个民族在其发展的重要关头都会面临抱残守缺、墨守成规还是开拓进取、与时俱进的选择，这种选择将决定一个民族的命运。一个国家的地理位置和自然资源

---

① 胡锦涛. 坚定不移沿着中国特色社会主义道路前进，为全面建成小康社会而奋斗 [M]. 北京：人民出版社，2012.

固然重要，但这些不是最重要的，因为地理位置和自然资源无法选择，一个民族是否有开拓创新的精神则取决于这个民族自身。

当今世界正处在大变革大调整之中。全球经济增长放缓，提升全要素生产率以获得新的增长点，已成为世界各国寻求实现新一轮经济繁荣的战略选择。以绿色、智能、可持续为特征的新一轮科技革命和产业变革蓄势待发，颠覆性技术不断涌现，重塑了全球经济和产业格局。

以习近平同志为核心的党中央瞄准经济运行中的突出问题，聚焦实现更高质量、更有效率、更加公平、更可持续发展，提出了创新、协调、绿色、开放、共享五大发展理念。

创新是引领发展的第一动力。我国处于创新驱动转型发展的关键时期，经济发展进入新常态，迫切需要发展新技术、新产业、新模式，为经济增长注入新动力；新旧动力能否顺利转换，取决于新要素的培育、新产业的崛起、新模式的创造和新市场的开辟，归根结底取决于创新。

党中央把创新摆在国家发展全局的核心位置，奋力推进"大众创业、万众创新"，大力实施"互联网+"和"中国制造 2025"，创新对经济社会发展的支撑和引领作用日益凸显；新能源汽车、人工智能、光电子器件等高新技术产品高速增长，新产业、新业态、新商业模式正在兴起。

中国始终以全球视野谋划和推动科技创新，把握科技发展趋势，找准新产业革命的方向和重点，并取得了一系列成就。美国发布的《科学与工程指标 2016》显示，中国已成为仅次于美国的世界第二研发大国，2016 年中国的研究与试验发展经费支出已经达到 15440 亿元，占 GDP 比重达 2.1%，占全球研发支出的 20% 以上。经过长期积累和努力，中国科技已经实现由跟跑向并行乃至在一些领域领跑的重大转变，取得了一大批有国际影响的重大成就，载人航天、深海探测、超级计算、煤化工、人工智能等持续突破，带动了相关科学、技术和工程领域的发展。

党的十八大以来，我国科技实力和创新能力大幅提升，实现了历史性、整体性、格局性变化。全社会研发经费从 2012 年的 1 万亿元增加到 2022 年的 3.09 万亿元，研发投入强度从 1.91% 提升到 2.55%。基础研究投入从 2012 年的 499 亿元提高到 2022 年约 1951 亿元，占全社会研发经费比重由 4.8% 提升至 6.3%。研发人员总量从 2012 年的 325 万人年提高到 2022 年超过 600 万人年。

我国的国内发明专利授权量连续多年位居世界首位，PCT（专利合作条约）国际专利申请量跃居世界首位，国际科技论文数量和高被引论文数量均居世界第二位，成为全球科技创新的重要贡献者。

社会的可持续增长不能建立在只能短期内"自我维持"模式之上，这样的模式最终会导致整个模式的崩溃；经济增长不能持久地依赖房价上涨的财富效应，尽管房价上涨具备实现财富转移的功能，但无法从根本上造就新的经济增长动力。当前，科技创新已成为支撑国家发展、保障国家安全的关键力量和锐利武器，扮演着实现"两个一百年"奋斗目标发动机的角色，中国已经逐步成为世界科技创新不可或缺的力量，"创新驱动发展"所汇聚的"中国合力"正在改变世界经济新格局。

五、"一带一路"合作倡议：打造对外合作新格局，开启现代化建设新空间

自新航路开辟拉开全球化帷幕至今，纵观世界历史发展，几乎所有主要大国的发展和兴盛均受惠于对外开放、积极参与生产要素的全球配置。从历史传统来看，中国自秦汉以来，直到明代郑和下西洋都是相当开放的，开放、互动、交流的格局极大地丰富了中华文明。近代中国闭关锁国，造成"落后就要挨打"的局面；在中华人民共和国成立后较长时期里，中国实际上是在一个较封闭的条件下自力更生搞建设；从20世纪70年代后期起，随着全党全国工作重点的转移，中国共产党领导中国人民开始了改革开放建设现代化的伟大实践；改革开放40多年来中国日益融入全球市场，对外开放广度和深度不断拓展，越来越成为全方位开放型经济体。

在实行对外开放的过程中，需要解放思想，抛弃制约发展的传统观念和思维方式，最大限度地激发和释放社会活力。改革开放以来，中国以经济特区为中心，依次带动沿海开放城市、沿海开放带、长江流域直至全国的全方位开放。全面开放使中国社会主义现代化发展获得了必要的外部条件和巨大牵引力；外资引进改善了中国资金不足的状况；先进科技的引进加速了中国技术进步，推动了产业结构和产品结构调整；中国社会的政治、经济和文化价值观念发生了巨大变化，中国现代化进程与世界现代化进程有机统一起来。

十八大以来，中国加快构建开放型经济新体制，不断拓展国际市场。如果说产业结构的调整意味着中国国内经济的框架式改造，"一带一路"合作倡议的实施则意味着国际经济共同体的构设。

"一带一路"是中国首倡、各国共同受益的国际公共产品，它不是中国一家的"独奏曲"，而是各国共同参与的"交响乐"。"一带一路"沿线国家大多是新兴经济体和发展中国家，处于经济发展的上升期，这些国家要素禀赋各异，发展水平不一，互补性很强，合作潜力巨大。中国现代化的发展是一个不断开拓创新和寻求突破的过程，从沿海地区向西部内陆不断推进，"一带一路"建设为全面深化改革和持续发展创造了前提条件，成为在区域合作新格局中的未来发展着力点和突破口，开启了现代化建设的新空间。在国家保护主义抬头、"逆全球化"思潮暗流涌动的情形下，中国以"一带一路"为标志的全球化有望打造升级版全球化，在世界和地区经济复苏和开放中发挥"稳定器"和"推进器"作用，为世界现代化进程贡献"东方智慧"。

六、在世界文明汇流中讲好"中国故事"："四个自信"与"新型全球化"

14世纪开始至麦哲伦环球航行结束的地理大发现对欧洲的影响极为深刻，使得封闭于西方一隅的欧洲走向了世界，极大地开阔了视野，丰富了认知，尤其是世界多样性的认知。地理大发现增加了各种文明相互摩擦、碰撞、借鉴、交流和融合的机会，开启了持续到今天的全球化进程。① 国际交流与互动日趋密切和频繁，一个国家所处的世界环境与国际关系变得空前复杂，不同的世界性因素的涌入也不可避免地催生经济社会生活的改变与多元化。毋庸置疑，全球化为发展中国家进入全球分工，利用后发优势，发展民族经济，提升产业结构，实现现代化提供了历史机遇。

全球化在一定程度上也导致了全球范围两极分化以及生态、环境等诸多问题。近年来，伴随着现行的全球治理机制在应对全球困境能力上日益表现出的力不从心，以英国脱欧、美国宣布退出 TPP 协议等"黑天鹅"事件为标志，去全球化、贸易保护主义、民粹主义等思潮正在全球范围内特别是西方国家兴起，

---

① 张海. 欧洲发展史新释 [M]. 广州：广东人民出版社，2002.

经济民族主义趋势呈蔓延之势。

全球化是必须面对的现实，而不是对抗的对象。中国的发展离不开世界，世界的发展也需要中国。十八大以来，中国积极参与和引领国际话语权、规则制定权和议程设定权，倡导新型全球化，为世界困境贡献中国智慧。当今世界，中国不可能独善其身，只有世界好，中国才能好，在应对全球挑战中，中国都没有缺席。习近平主席在 2017 年达沃斯论坛讲话提出，让全球化进程更加"有活力、包容、可持续"，即"实现经济全球化进程再平衡；结合国情正确选择融入经济全球化的路径和节奏；注重公平；让不同国家、不同阶层、不同人群共享经济全球化的好处"等。①

当代中国的现代化实践是世界史上前所未有的宏大进程，让十几亿人实现共同富裕是人类历史上从未有过的伟大构想和实践，是一项极为艰巨、复杂、繁重的任务。随着中国的快速发展，其实践和场景早已超出历史和西方国家的理论、范例和经验的解释范围。在过去 40 多年中，中国的改革开放积累了丰富的实践经验，为社会科学研究提供了一个空间巨大的"实验场"，沿用西方理论解释中国问题的惯性模式已经"捉襟见肘"，中国知识界有责任提供完整的理论框架去解释中国经验，将中国经验理论化，并在国际舞台上讲好中国故事、传播好中国声音。中国的改革开放已经站在了新的历史起点上，在理论创新和实践创新的良性互动中构建新时代中国特色社会主义的任务，比以往任何时候都更加迫切。

中国仅用几十年时间就走完西方国家一二百年才走完的发展历程，这充分印证了中国特色社会主义的优越性。十八大以来，中国道路的探索更是取得了举世瞩目的成绩。中国特色社会主义道路、理论体系、制度是党和人民 100 多年奋斗、创造所取得的根本成就，必须加倍珍惜、始终坚持、不断发展。

现代性是一个双重和双向的过程，既是传统与现代的互动，也是全球化和地方化之间的平衡。中国独特的文化传统、独特的历史命运和独特的民情、国情决定了中国自己的道路选择，决定了中国未来的方向。在探索适合自己的发展道路上，中国已经取得了决定性成功，中国绝大多数人对前途的乐观态度等都展现了中国道路和制度建设的巨大成就。中国成功的根本原因是中国共产党的坚强领导，我们需要具备道路自信、制度自信和理论自信；中国的成功与中

---

① 习近平. 共担时代责任共促全球发展 [N]. 人民日报，2017.

国的历史经验和文化传统有着深厚的联系,我们需要拥有文化自信。

历史昭示我们:在文明的演进中,话语权事关文明的存亡;在多元的话语体系中只有占据理论制高点,才能控制话语流向;是否能站住制高点,就看是否具备文化的自信。文化自信是一个国家、一个民族以及一个政党对自身文化价值的充分肯定和积极践行。目前中国处于文化发展的关键时期,中国能不能在传统基础上,在世界大格局中,开辟文化发展的独特道路,是摆在我们面前的一个严峻问题。十八大以来,习近平总书记在多个场合谈到自己对传统文化、传统思想价值体系的认同与尊崇,增强文化自觉和文化自信是坚定道路自信、理论自信、制度自信的题中应有之义。[①]

在中国的现代化探索中,由于历史遗留的一系列难题和失误,使一个14亿人口的大国进行改革和发展面临着非常苛刻的条件。中国现代化事业已经取得了巨大成就,在参与全球化进程的时候,我们要保持冷静的头脑,理性地看到中国存在的差距以及中国在国际竞争中所处的劣势。中国在总体上还未完成从农业社会向工业社会的转型,产业结构还不够合理,科技创新能力还不够强,地区发展还不平衡,市场经济体制亦不完善,所有这一切都要靠中国人民运用自己的智慧和力量,进一步改革和完善经济、政治、文化、社会、生态体制,利用自己已经具备的有利条件,化相对劣势为相对优势,承担历史重任,迎接时代挑战。

最后,我们不能用静态的眼光去看待一个不断完善不断创新的动态过程,不能将经验模式"定式化",不存在"固化的"中国模式,中国的发展道路处在不断创新完善的过程中。新常态下,我国发展仍处于可以大有作为的重要战略机遇期,中国的创新强国之路前景光明,但是任重道远!

第三节　多元现代性与中国现代化的内在特征

一、中国现代化道路探索的历史演进逻辑

中国无疑属于现代化进程中的后来者,其现代化从一开始就是传统与现代、

[①] 中共中央文献研究室. 习近平关于社会主义文化建设论述摘编[M]. 北京:中央文献出版社,2017.

世界与中国、全球性与地方性相互交融的产物，既是世界现代化进程的一部分，又突出了中国自身民族特色，我们可以将中国现代化进程的特点归纳如下。

1. 道路选择：实现"全球性"与"地方性"的有机融合

在从传统社会向现代社会演进的进程中，各国现代化走过的道路多种多样，按其基本形态大致可以归纳为三种发展类型：资本主义类型、社会主义类型、混合类型。每一种类型都有多种发展模式，没有两个国家的发展类型完全相同，众多经济、政治和社会的变量模式在特定条件下聚合成某种发展类型的制度结构。在现代化过程中，我们要把反对现代化与反对西方模式的现代化区分开来。

中国的现代化进程始终与探索社会主义建设道路结合在一起，体现了全球性与民族性的有机融合。社会主义制度建立之后，要实现现代化，就必须不断地解放和发展生产力。在中国建设社会主义现代化的起始阶段中，只有苏联一种模式可以借鉴，但照搬照抄未必能成功，因此必须探索一条符合中国国情的现代化发展道路。

在现代化探索过程中，中国取得很多宝贵经验，也有不少深刻教训。自1957年起，中国的现代化探索不断受到"左"的错误干扰，特别是受到"文化大革命"的破坏，直到1978年12月召开十一届三中全会，才重新确定把党和国家的工作重点转移到以经济建设为中心的社会主义现代化建设上来。1982年9月，在总结历史经验基础上，十二大提出要建设有中国特色的社会主义道路，邓小平在大会开幕式中说："我们的现代化建设，必须从中国的实际出发。无论是革命还是建设，都要注意学习和借鉴外国经验。但是，照抄照搬别国经验、别国模式，从来不能得到成功。这方面我们有过不少教训。把马克思主义的普遍真理同我国的具体实际结合起来，走自己的道路，建设有中国特色的社会主义，这就是我们总结长期历史经验得出的基本结论。"[①]

1984年10月，十二届三中全会通过了《关于经济体制改革的决定》，明确提出社会主义经济是在公有制基础上有计划的商品经济，突破了把计划经济与商品经济对立起来的传统观念。1987年10月，十三大比较系统地论述了中国社会主义初级阶段的理论，明确概括和全面阐发了党的"一个中心，两个基本点"的基本路线。

---

① 邓小平. 中国共产党第十二次全国代表大会开幕词[N]. 人民日报，1982.

中国现代化进程与探索社会主义建设道路的过程结合在一起，其目标具有一致性；中国改革开放和现代化建设取得的成功，突破了传统的社会主义模式，并在新的时代条件下增强了社会主义生命力。如果我们坚持理论自信、道路自信、制度自信和文化自信，沿着现代化道路走下去，实现经济、政治、文化、社会、生态的协调发展和全面进步，那么我们就能够以中国特色社会主义事业的成功，显示社会主义制度的巨大优越性。

2. 空间想象：从"关起门来搞建设"到"一带一路"合作倡议

中华人民共和国成立后，西方资本主义势力对中国在政治上孤立、军事上包围的同时，在经济上对中国实行严密的封锁禁运政策。中国在政治外交上采取"一边倒"方针，在经济上仅得到苏联的有限援助，在中华人民共和国成立后的较长时期里，中国实际上是在一个较封闭的条件下自力更生发展现代化建设的。

从20世纪70年代后期起，随着全党全国工作重点的转移，以及国际形势的转变，中国共产党领导中国人民开始了改革开放建设现代化的伟大实践。邓小平在总结历史经验时明确指出：关起门来搞建设是不能成功的，中国的发展离不开世界。

2001年中国加入世贸组织，为加速中国的现代化进程带来了机遇和挑战，既为现代化拓展了前进道路，又使中国的现代化融入了全球化的经济竞争之中。

中国现代化的发展是一个不断开拓创新和寻求突破的过程，从沿海地区向西部内陆不断推进。2013年9月和10月习近平总书记分别提出了建设"新丝绸之路经济带"和"21世纪海上丝绸之路"的合作倡议，"一带一路"建设将为全面深化改革和持续发展创造前提条件，在区域合作新格局中寻找未来发展的着力点和突破口。

历史上，陆上丝绸之路和海上丝绸之路就是中国同中亚、东南亚、南亚、西亚、东非、欧洲经贸和文化交流的大通道，"一带一路"是对古丝绸之路的传承和提升，贯穿欧亚大陆，东边连接亚太经济圈，西边进入欧洲经济圈。依靠中国与有关国家既有的双多边机制，借助既有的、行之有效的区域合作平台，"一带一路"旨在借用古代"丝绸之路"的历史符号，主动发展与沿线国家的经济合作伙伴关系，共同打造政治互信、经济融合、文化包容的利益共同体、命运共同体和责任共同体。①

中国将一以贯之地坚持对外开放的基本国策，构建全方位开放新格局，深度融入世界经济体系。"一带一路"符合国际社会的根本利益，彰显了人类社会的共同理想和美好追求，是国际合作以及全球治理新模式的积极探索，将为世界和平发展增添新的正能量。

3. 目标演变：从"求强"到"富民"②

在中华人民共和国成立初期，基于战略与资本严重不足的资源条件束缚，中国的工业化实施了特殊战略，即国防工业和作为其基础的重工业优先发展的不平衡发展战略，以高度集权的方式在全社会范围内最大限度地动员一切可用资源，实现超常规的资本积累。

社会主义建设实践证明：什么时候坚持了以经济建设为中心，致力于解放和发展生产力，什么时候社会主义现代化事业就兴旺发达，否则就会停滞不前，甚至遭到严重破坏。1978年以后，中国现代化进程进入了新的历史阶段，党的十一届三中全会废止了"以阶级斗争为纲"的口号，决定把工作重点转移到社会主义现代化建设上来。

随着改革开放战略的确定，富民思想被明确提出来，解决温饱、进入小康、达到中等发达国家生活水平的"三步走"的现代化战略意味着中国现代化首要目标的重新定位，即由求强向富民转变，当然，富民并不意味着放弃求强的目标，而是要进一步为国家强盛培植深厚根基。

富民目标的确立决定了经济发展战略的转变，中国的现代化战略开始由国防工业和重工业的片面突进转变为结构均衡的整体经济发展，工业结构变革带来了中国经济的空前繁荣，极大改善了人民生活，全面提升了中国的现代化水平，推动了社会进步、长期被抑制的民生工业得到蓬勃发展，劳动密集型产业显著增长，第三产业迅速成长。

现代化目标的重新定位和经济发展战略的调整，必然要求经济发展主体的多元化，形成以公有制为主、多种所有制经济共同发展的新格局，为中国的现代化进程发掘出最有活力的源泉，使中国的现代化事业获得来自民间和社会的

---

① 何茂春，张冀兵. 新丝绸之路经济带的国家战略分析——中国的历史机遇、潜在挑战与应对策略 [J]. 人民论坛·学术前沿，2013（23）：6-13.
② 徐行. 现代化建设的新阶段、新目标与时代内涵 [J]. 学习与实践，2017（11）：5-10.

强力支持。

4. 立体画卷：从经济现代化到"五位一体"总体布局①

经济现代化是现代化的基础和支柱，但现代化不只是物质经济的现代化，而是一个包括经济、政治、文化和人的素质在内的整体性社会变革。

20世纪60年代，中国用"四个现代化"代替"工业化"，体现了以毛泽东为代表的中国共产党人对现代化内涵的理解更趋丰富。党的十二大把国家发展的目标确定为"逐步实现工业、农业、国防和科学技术现代化，把我国建设成为高度文明、高度民主的社会主义国家"。到了十三大，则进一步提出"把我国建设成为富强、民主、文明的社会主义现代化国家"。

20世纪80年代以后，邓小平为现代化注入了精神文明的内容，多次反复强调物质文明要与精神文明协调发展。20世纪90年代以后，中国更是把社会全面进步放在重要战略地位。1995年党的十四届五中全会通过的《中共中央关于制定国民经济和社会发展"九五"计划和2010年远景目标的建议》是中国社会主义市场经济条件下的第一个中长期计划，其中特别提出"促进国民经济持续、快速、健康发展和社会全面进步"。

在富民目标驱动下的现代化进程带来了人民生活水平的极大提高，2000年实现了人均国民生产总值比1980年翻两番，基本消除了贫困现象，人民生活达到了小康水平。鉴于发达国家在工业化、现代化过程中所引发出的人与自然、人与社会的分离和对立造成的自然生态和社会生态的双重危机，党的十五大在经济发展同人口、资源、环境的关系层面上提出了"在现代化建设中必须实施可持续发展战略"。

生态文明建设是回应经济全球化与中国现代化生态难题的需要，自十七大首提"生态文明"命题，到十八大将生态文明建设纳入"五位一体"总布局，明确了生态文明建设的任务，标志着中国生态文明意识的觉醒和生态战略框架的构建，表明生态性已经成为现代化的重要元素。"生态文明""美丽中国"的目标进一步带来中国经济发展与整个现代化模式的全面转换，对中国现代化进程具有重大战略意义。

---

① 张金才. 中华人民共和国社会主义现代化建设奋斗目标的历史演进 [J]. 党的文献，2019（6）：97-101.

二、多元现代性与中国式现代化的内在特征

1. 多元现代性与东亚现代性

20世纪60年代，现代化理论开始在美国出现和流行，世界范围内的现代化进程被界定为工业化、都市化及西方化；现代化进程被一些学者看作是一个不可避免的同质化过程，比如将英语作为一种通用语言在国际活动中的显著性存在，麦当劳等快餐的传播、美国式的娱乐、青年文化以及福音基督教都被看作是现代化从中心向边缘传播的明显特征。

在现代化进程中，贸易、资本、投资、金融、旅游、移民、信息和知识等领域史无前例的流动性引起并推动世界成为相互联系、相互契合的动力场，并且进而连接为一个地球村。现代化始源于西欧，现代化的"全球化"使西方的现代化文明模式在世界范围内扩散，因此，全球化的"文明标准"是"西方现代性"的全球扩张。

现代性在世界范围内的扩张与经济、政治和意识形态的扩张结合，带来普遍的、世界范围的制度与象征框架体系的发展。这种框架体系在向外扩张时，"原生的"现代性规划即构成世界不同社会与国家现代化进程的重要出发点和参照点。后发达国家会根据其自身的文明特征和历史经验对原生现代性所蕴含的文化方案和制度模式进行重构，进而超越西方社会的最初模型，形成并发展出现代性新的文化、政治方案和制度模式。即使在西方社会内部，也会开始产生新的话语，对工具理性的弱化以及对"征服"或控制自然的观念的祛除，使现代性的最初模型在西方社会也得到突破，削弱了具有霸权和同质化图景的现代社会的最初设想。现代性在向世界大部分地区蔓延的过程中并没有构成单一的文明形式或完全相同的制度模式，而是发展出了具有共同本质特征，但表现各不相同的多样化的意识形态和制度模式，形成多元化发展的态势，在更深层面上展现了现代社会的特点以及个性化方案。①

在现代化过程中，由于传统的历史文化差异和现实特征，东亚国家没有也不可能完全照搬西方的现代性模式，不同的文化传统与价值观正是不同类型的现代化相区别的标准。东亚传统虽然由于现代化而启动和重构，但仍然从不同

---

① S.N. 艾森斯塔特. 反思现代性 [M]. 旷新年，王爱松，译. 北京：三联书店，2006.

方向塑造着现代性并以实质性的方式规定着什么是"现代"。

20世纪80年代以来，东亚现代化进程的推进与经济的崛起创造了"东亚奇迹"，与之相应，学界产生了以西方现代性为参照系的"东亚现代性"之提法，并引起了广泛争论。有的学者提出，在非西方国家还未步入工业化道路之时，现代性的确为西方特有的社会理念，但是不能因为西方的现代化及其现代性的出现比非西方国家早，就此定论现代性就是一元的和绝对的，并提出"可选择的现代性""多重现代性""另类现代性"的说法。"亚洲价值""儒家资本主义"以及"亚太世纪"甚至被提升为西方现代主义的替代选择。

在儒家传统影响下，工业东亚的"现代性"体现出与西方不同的轨迹，东亚现代社会有如下特征：强调自我是各种关系中的中心、义务感、自我约束，取得一致意见和合作，高度重视教育和礼仪，注重信用社区和政府的领导等，杜维明把这些总称为"新儒家伦理"或"东亚的现代性"，并承认这些"东亚的现代性"的社会理想还没有完全实现。①

现代化过程则是任何走向现代文明的国家所不可避免的、充满悖论的过程，各个后发达国家都在试图达到现代社会的发展高度而又避免现代分裂的深度。现代性在中国的命运也经历了得而复失、失而复得的历程，究其原因：中国的精英群体一方面基于救亡图存和民族自强的压力而渴求现代性，又基于对西方社会已经凸显出来的负面效应的忧虑而对现代性充满疑惧。东亚现代性的提出意味着从工业东亚的经验出发，对已有的民族精神、制度模式、行为方式的重新评价，意味着现代性理解角度的不断拓展、视野的日益扩大、内容的逐渐丰富。它不只是一种认同的焦虑，实际上是以西方现代性为镜鉴的文化特点的认识的深化，是更有把握地深入矛盾和寻找出路的有益尝试。②

2. 中国的现代化探索要处理好四类关系

从洋务运动开始，经过戊戌变法、辛亥革命、五四运动，现代性被引入中国。从洋务运动到五四运动期间，现代性与民族主义虽有抵触，但大体相容。为了富国强兵而师法西方，学习、引进工业技术、政治制度和精神文化，现代性成了救国的手段。"五四"以后，由于现代性与现代民族国家的冲突，建立

---

① 杜维明. 多元现代性中的儒家传统 [J]. 文化纵横，2010（2）：38-43.
② 陈振声. 东亚现代性的世界性涵义——杜维明教授对全球化、现代化与多元化理解和认识问题 [J]. 西南民族学院学报（哲学社会科学版），2000（10）：73-76，158.

现代民族国家的任务压倒实现现代性的任务，中国走上了反帝反封建并建立现代民族民主国家的道路。在20世纪80年代的改革开放中，现代性被重新提及，20世纪90年代又出现了反现代性思潮。

（1）民族主义与现代性的关系

在整个现代化进程中，中国知识分子一直怀有对失去民族特性的恐惧，民族主义成为现代性的第一个陷阱。现代性与世界主义相联系，建立现代民族国家需要民族主义，二者之间持续存在张力。

（2）民粹主义与现代性关系

对新民粹主义如果处理不当，或会对现代化进程造成影响。

（3）国家主义与个人主义的关系

个体本位价值观内含在现代性中，并以不同形式积极推动了现代化进程。中国知识分子不是从个人主义出发接受现代性，而是从国家主义出发接受现代性，并进一步推动了现代社会个体性成长。

（4）道德理想主义与世俗性的关系

以儒学为代表的中国文化是"天人合一"，信仰与道德理性混沌不分，因而具有道德理想主义性质。西方现代性是一个世俗化的过程，中国知识分子接受现代性，必然面临着世俗精神与道德理想主义的冲突。现代东亚的最大优势在于其自身的知识分子以及将精神性自我界定为一种学习型文明，这些都可以很好地成为儒家人文主义最宝贵的财富。如果没有学习的意识，而宁可为公共决定性的自我意识所引导，那么，社会将不可避免地变为一潭死水。东亚文明是一种成长型和学习型的文明，孔子《论语》中的第一特征是"学"，学而成人是个人永不停歇的自我实现过程，知识分子在坚持学习西方的同时又不失掉民族建设的坚定方向，实现全球性与地方性的结合。中国现代性历程迂回曲折，留下了深刻的历史经验，如何走出历史的循环，实现现代性，有赖于中国知识分子克服现代性焦虑，越过现代性陷阱，以健全的心态接受现代性，唯有如此，美丽中国建设才有希望。

3. 中国现代化的探索历程与中国式现代化的特征

反思中国现代化的进程，不难发现，如果中国的改革仅停留在经济层面，并不能给中国带来真正进步，中国的改革如果仅仅将西方之"用"嫁接到中国之"体"上，也不能解决中国的根本问题。现代化进程意味着传统社会结构的解体和新的社会运行机制或社会形态再造，中国真正意义上的现代化进程是在中国共产党领导中国人民建立中华人民共和国，走上社会主义建设道路之后才开始的。中国的现代化进程呈现出以下特点。

特点1：在启动阶段始终从文化层次来探讨中国出路问题，冲淡了对中国工业化、现代化问题的研究和探索，反映了社会经济生活的落后性和停滞性。

特点2：经历了一个从被动适应世界现代化挑战到主动迎接挑战的过程。

特点3：传统与现代性的矛盾是现代化运动中不可避免的冲突；"背弃了传统的现代化是殖民地或半殖民地化，背向现代化的传统则是自取灭亡的传统"，仅靠历史的经验不能应付全新的挑战。

对中国式现代化的认知不能进行孤立的审视，而要系统地研究和分析。自中国现代性开启以来，作为中国现代历史叙事的基础框架，传统与现代、中国与西方的二分一直是中国现代历史的主题。当今世界全球化趋势不断加强，开放进取、兼容并蓄成为各种文化取得长足发展的根本出路。尽管存在多元解释，现代社会成长过程以全球化作为其动力机制却是事实。全球化趋势是现代性方案不断重释、多元现代性不断建构、各种团体及运动试图用新术语重新界定现代性话语的过程。从现代性扩张伊始，多元现代性就开始了，多元现代性是以不同方式在不同历史环境中不断阐明现代性悖论和矛盾的过程。在非西欧社会，对最初西方现代文明的不同主题和制度模式的挪用是一个不断选择、重释和重构过程，此过程导致了现代性新的文化、政治方案的不断形成及新制度模式的发展；在西方社会内部产生的新话语，同样大大改变了现代性最初模型，削弱了霸权和同质化图景的现代社会和工业社会最初图景。

中国现代性的逻辑必须建立在历史连续性和文化主体性之上，在传统与现代之间保持张力均衡。现代化是第二次世界大战结束以来世界各国发展的共同趋向，是涉及诸多领域的革命性、全球性、长期性和整体性的发展与变迁过程。现代化进程意味着传统社会结构的解体和新的社会运行机制或社会形态再造，与英法美等发达国家实现现代化的模式不同，中国现代化的模式是"后发外生型现代化"。由于各国国情千差万别，现代化道路、模式也应该有所不同。中国属于现代化中的后来者，其现代化进程从一开始就是传统和现代、世界和中国、全球性和地方性相互交融的产物，既是世界现代化进程的一部分，又突出了中国自身的民族特色。中国式现代化是中国共产党领导的社会主义现代化，既有各国现代化的共同特征，又有基于自己国情的中国特色。中国式现代化是人口规模巨大的现代化，是全体人民共同富裕的现代化，是物质文明和精神文明相协调的现代化，是人与自然和谐共生的现代化，是走和平发展道路的现代化。中国的现代化历程显示了开创性、继承性、连续性以及在全球性现代化进程中的创新性、独特性。

4. 现代化进程与国家治理现代化

党的十八届三中全会提出，全面深化改革的总目标是完善和发展中国特色社会主义制度，推进国家治理体系和治理能力现代化。[①]2016年10月，习近平总书记就加强和创新社会治理作出重要指示，强调要继续加强和创新社会治理，完善中国特色社会主义社会治理体系，努力建设更高水平的平安中国，进一步增强人民群众安全感。[②]

我国对社会治理理论与实践的认识处于不断演变与提升过程中。十八届三中全会标志着我国进入了"社会治理"阶段；十九大报告明确提出打造"共建共治共享"的社会治理格局，强调推动社会治理重心向基层下移。我国对社会治理体系的认识在十九届四中全会进入新阶段，在十九大提出的社会治理体制基础上增加"民主协商"和"科技支撑"，进一步形成党委领导、政府负责、民主协商、社会协同、公众参与、法治保障、科技支撑"七位一体"社会治理体系，"科技支撑"正式成为社会治理体系的核心要义之一。同时，将"共建共治共享"从社会治理格局上升到制度层面，强调要健全基层党组织领导的基层群众自治机制，着力推进基层直接民主制度化、规范化、程序化，充分体现了"公众参与"作为社会治理体系重要构成的重要性。

社会治理现代化是国家治理现代化的重要组成。十九届四中全会提出的社会治理体系进一步明确了社会治理主体及主体间的关系与功能定位。其中，"党委领导"是社会治理体系中稳局定向的根基；"政府负责"是社会治理体系中决策部署具体执行者；"民主协商"是社会治理体系的具体实践形式；"社会协同"是社会治理体系中多元主体复合产生治理合力的体现；"公众参与"是社会治理体系的关键所在和本质要求，在社会治理体系中具有基础性作用；"法

---

① 中国共产党第十八届中央委员会第三次全体会议公报[M].北京：人民出版社，2013.
② 中共中央文献研究室.习近平关于社会主义社会建设论述摘编[M].北京：中央文献出版社，2017.

治保障"是实现社会治理目标的必要保障;"科技支撑"是推进社会治理现代化的主题,是社会治理体系的重要维度和手段。

第四节　中国的社会治理现代化:历史演进及当代发展

一、我国社会治理的发展历程

1. 古代到近代的社会治理[①]

"治理"一词在我国最早出现在春秋战国时期,诸子百家通过"治理"一词抒发治国、理政、平天下的抱负。《孟子》记载,"君施教以治理之",将"施教"视为治理的方式。《荀子·君道》记载:"明分职,序事业,材技官能,莫不治理,则公道达而私门塞矣,公义明而私事息矣。"将社会分工、各司其职、政府效能视为治理,将明公义、达公道作为治理的良性结果和价值追求。《老子注·五章》指出:"天地任自然,无为无造,万物自相治理。"将"无为而治""道法自然"作为最好的治理状态。《韩非子》记载:"其法通乎人情,关乎治理也。""夫治法之至明者,任数不任人。是以有术之国,不用誉则毋适,境内必治,任数也。"将"法"与"术"作为治理的路径。唐朝已经有关于法与"国家治理"关系的论述,将律令视为国家治理的基本方式,并且出现了财政治理。宋朝《宋史》:"未治有四:曰边疆,曰河事,曰役法,曰内外官政。"将政治、安全、民生、法治视为治理的重要组成。《元史》将《治典》内容单独成篇,并通过改革币制、治理黄河等一系列举措,展开了中国古代治理实践的有益探索。在明朝,"治理"成为考核举荐人才的科目,并出现了论述"治理"的专著,如徐广的《谈治录》。《清史稿》从治理方略出发对各国政体进行了比较综述,我国古代的"治理"强调的是"治国理政"及其术道,强调律法、安邦和安民。[②]

我国传统的社会治理是一种国家权力与社会自治在农村融合的体现。传统社会治理呈现的是一种中央集权下的大一统统治,也是一种"官督绅办"。随着社会的发展,传统的社会治理呈现多元化趋势,国家权力通过经济组织、社

---

① 高斌. 中国传统文化中社会治理思想的梳理与启示 [J]. 知与行,2019(3):65-69.
② 李龙,任颖."治理"一词在中国的使用 [N]. 北京日报,2017-11-20.

会组织等深入社会底层，且随着商品经济的发展，商人社群也在农村社会治理中形成社会影响力。在中央与地方关系上，官僚制度形成地方治理网络，中央皇权统一支配地方精英。①

在地方上，地方精英在国家权力的渗透下进行广范围、广深度的管理。国家组织科举考试，选拔地方精英，授权精英处理地方事务，如收税、办学、调解纠纷等。在我国的传统农村治理中，"长老统治"是一个长久的文化存在，费孝通通过对中国土地的研究分析出中国传统基层社会的特征。农村社会治理在差序格局下形成关系裙带，长老统治位居中心，长老在维护地方稳定方面发挥重要作用。

对于传统农村的社会治理，文化因素发挥着重要作用。"天下一统"和"君主至上"的儒家政治文化为社会治理打造了文化氛围。儒家文化发挥着强大的道德规范作用，"尚贤论""德行论"在行政上规范政治官员，"三纲五常"从民众角度形成一种大众核心价值观，为国家社会治理的社会秩序维护提供了重要的思想文化基础。

古代以儒家德治进行社会治理，形成了以亲属关系为核心的社会关系结构来构造社会秩序的传统。马克斯·韦伯认为，中国古代受到儒家文化影响，以人际关系为核心的伦理体系，与货币、赋役、家产官僚制等其他社会制度形成了有别于西方社会的独特特征。"仁政"或是"德政"是中国古代社会治理思想的核心。儒家思想通过引领导向重塑了中国古代社会治理结构。西周时期，宗法分封制度建立，在宗教基础上的"孝道"兴起。随着社会、经济以及政治的不断变革，夏商周三代以来的传统意识模式出现动荡，宗法性宗教瓦解，维系人际关系的"孝道"开始崩坏。在变革时期，孔子将孝道的方式从"追孝"转变为"敬孝"，并建立起完整的儒家人伦思想及理解体系，从而重塑了中国社会形态和社会治理结构。②

尽管中国古代是礼治社会，提倡"德治"和"人治"，但随着管理制度的完善与更替，"法治"被逐渐重视且作为维护统治的重要工具。早在先秦时期，法家就提出了"依法治国"的主张，到秦朝后，更是将"法治"作为治国的基本方略。《唐律疏议》在提出"德礼为政教之本"的同时，也提出"刑罚为政

---

① 鲁西奇.父老：中国古代乡村的"长老"及其权力[J].北京大学学报，2022（3）：89-101.
② 安会茹.儒家的德治思想与古代社会治理[J].哈尔滨工业大学学报，2020（6）：71-78.

教之用"的立法思想与法治原则。中国古代司法审判中基于"天理、国法、人情"相结合的观念的同时也强调了法治的重要性。明太祖朱元璋对于预防犯罪与法制宣传十分重视，早在洪武元年（1368）即令人将律令中与民间生活息息相关的部分内容单独辑出，加之解释，形成《律令直解》一书，并挨家挨户下发此书，将律令法规普及到百姓中去，让百姓知法懂法，从而减少犯法，预防犯罪。同时，在家法族规、乡约乡治中的关于乡村自治、德治的基础上遵守国法的内容，强调了国法的权威性与平等性。①

我国历史上的最后一个王朝——清朝，除了具有传统社会治理的特征外，还具备少数民族政权的统治经验。清朝在总结历史上多民族发展的统治经验，继承中国儒家传统文化，培养了一种多民族国家观念，实现从民族认同到国家认同的转变。到了近代，清王朝衰败瓦解，西方列强对中国瓜分，使中国陷入内忧外患的境地，帝国政治的统治体制瓦解，半殖民统治及军阀混战乱象形成，传统社会相对稳定的环境被破坏，儒家文化的"民为邦本"被瓦解，群众社会利益无法保障，社会治理成为空谈。

中华人民共和国成立至改革开放之前，伴随一系列社会主义改造和建设的完成，所实行的是国家全面控制社会的管理模式。随着经济体制转轨和社会发展转型双重变迁，原有的国家管理模式弊端凸显，亟须加强对社会管理工作的重心调整。十一届三中全会开始，政府逐渐开始小范围的放权让利。十四大报告作出进行行政管理体制和机构改革，推进政府职能转变的决定；十五大报告明确提出要加强社会治安综合治理，创造良好的社会治安环境；十六大报告主张构建经济建设、政治建设、文化建设相结合的"三位一体"的中国特色社会主义事业的总体布局，指出要完善政府的经济调节、市场监管、社会管理和公共服务的职能，"社会管理"作为政府的四项主要职能之一被明确提出。但这一时期"重经济建设、轻社会管理"的倾向明显，"大政府、弱社会"的管理格局依然存在。

2. 中华人民共和国成立到改革开放以前的社会治理

通常认为，从中华人民共和国成立至今70多年的历程中，我国社会治理经历了从管制到治理的发展进程。有学者以1978年改革开放、1992年提出建

---

① 郭鑫鑫.中国传统法律文化中"德法共治"思想及其当代启示[J].文化学刊，2022（6）：96-99.

立市场经济体制和 2002 年党的十六大强调政府社会管理和公共服务职能为时间节点，将我国社会治理体制变迁划分为"一元化社会管理体制形成和巩固阶段""传统社会管理体制有所延续但日趋解体阶段""现代社会治理体制奠基阶段"和"现代社会治理体制自觉建构阶段"四个阶段[①]。也有学者以 1978 年和 2002 年为时间节点将中华人民共和国社会治理模式演变划分为"全能型政府"管制期、"经济导向型政府"管理期和"公共服务型政府"治理期三个阶段。[②] 还有一些学者从农村社会管理体制变迁[③]、中国现代法制变迁[④]等方面讨论了从中华人民共和国成立至今的中国社会治理发展脉络。1949—1978 年，我国仍"以阶级斗争为纲"[⑤]，国家与社会高度一致，国家管控着社会方方面面，主要以政治手段动员社会力量。这一时期的治理体现为国家管制。在资源匮乏、西方封锁的情况下，我国采取了集中配置资源的体制，实现"国家—单位—个人"一体化的纵向社会治理模式，国家政府处于绝对主导地位，实行自上而下的管制，具有鲜明的"苏联色彩"。

1956 年，我国完成了农村集体化和城市工商业社会主义改造战略部署，社会治理进入社会高度组织化状态。在这个阶段中，社会治理在经济上建立了以资源高度集中为基础的计划经济体系，在制度逻辑上建立了以单位制、街居制、人民公社制为主的社会治理体系（1958 年）。

单位制与街居制是当时社会治理方式的重要媒介，分别从纵向和横向上对接国家的资源控制和分配。纵向来看，在这一阶段我国基本形成了"国家—单位—个人"的社会调控体系，单位制与城市居民的生活、就业、社会保障与社会福利等相连，沟通了国家与个人。横向来看，国家在地域上设立街居制，即街道办事处和居民委员会，将国家权力与政府权力以基层治理方式延伸到生活日常区域。

---

① 孙涛．从传统社会管理到现代社会治理转型——中国社会治理体制变迁的历史进程及演进路线 [J]．中共青岛市委党校．青岛行政学院学报，2015（3）：43-46．
② 李盛梅．中华人民共和国社会治理模式的演变及启示 [J]．中共云南省委党校学报，2017，18（2）：148-152．
③ 邵书龙．中国农村社会管理体制的由来、发展及变迁逻辑 [J]．江汉论坛，2010（9）：5-10．
④ 郭星华．石任昊．从社会管制、社会管理到社会治理——改革开放以来中国现代法治建设的变迁 [J]．黑龙江社会科学，2014（6）：76-82．
⑤ 江必新．以党的十九大精神为指导 加强和创新社会治理 [J]．国家行政学院学报，2018（1）：23-29，148．

同时，国家开展的政治"运动"成为社会治理的重要方式。在以毛泽东同志为核心的党的第一代中央领导集体的治理下，我国先后发动了"大跃进"、人民公社化运动、"四清"运动及"文化大革命"等"全民运动"，大众化、群众化使"国家权力和政治力量深刻而透彻地嵌入普通民众的日常生活之中"①。这一时期，浙江省诸暨市枫桥镇形成了矛盾调解领域的"党政动手，依靠群众，预防纠纷，化解矛盾，维护稳定，促进发展"的治理经验——"枫桥经验"②，但其本质上仍是一种由党和政府主导的自上而下的管制。

总的来说，从中华人民共和国成立到改革开放期间的社会治理，国家发挥着决定性作用。国家通过资源整合与配置，推动了社会经济重建，为社会治理打下坚实基础。在制度调整上，国家也通过单位制社会建立了具有时代特色的社会治理格局，社会政治运动也在一定程度上发挥了人民群众作用。从另一个角度来看，这一阶段的社会治理模式具有极强的社会意识形态色彩，社会治理在国家强权与群众主体力量的萌芽中发展。

3. 改革开放 40 多年来的社会治理

改革开放 40 多年以来，我国的社会治理变革积累了宝贵经验，完成了从"管控"到"管理"再到"治理"的转型。社会治理变革一直和改革开放同行，经过党的领导与探索，逐步走出一条中国特色社会主义社会治理之路。

1978—2002 年是我国社会治理的"管控"阶段。1978 年 12 月 18 日，党的十一届三中全会胜利召开，开启了中国改革开放的历史新篇章，实现了党和国家重心从以阶级斗争为纲向以经济建设为中心的战略转移。改革开放引发了经济体制的改革，导致了一系列社会利益分化，促成了我国社会治理的孕育与成长。在这一阶段，我国社会基层自治治理模式经历了从初步建立到稳步发展的过程。人民公社制度的瓦解催生了以村民委员会和居民委员会为代表的基层群众自治制度的诞生。国家在战略与法律上支持基层社会自治发展，1982 年《中华人民共和国宪法》规定基层群众自治，1987 年《村民委员会组织法（试行）》和 1989 年《城市居民委员会组织法》的颁布使基层群众自治不断走向规范化与法治化。1992 年，邓小平发表"南方讲话"和党的十四大胜利召开，共同推动社会治理领域改革创新。基层社会组织发展，社会管理形式从"单位制"向"社

---

① 张虎祥，仇立平. 中国社会治理的转型及其三大逻辑 [J]. 探索与争鸣 2016（10）：57-63.
② 吴锦良."枫桥经验"演进与基层治理创新 [J]. 浙江社会科学 2010（7）：43-49，126.

区制"转型。1999年民政部发布的《全国社区建设实验区工作方案》中明确提出了"社区自治、议行分设",探索建立了城市社区建设体制,社会组织力量得到发展。从1988年民政部设立"社会团体管理司"起,标志着社会组织发展不断走向规范;1998年国务院机构改革,民政部将"社会团体管理司"改名为"民间组织管理局",增加基金会、民办非企业单位等组织,推动民间社会组织多样化、规制化。这一阶段的社会治理形式体现为社会治理权力纳入国家治理之中,社会治理还没有整体进入改革的重点领域,只是在国家的调控下对局部关系与体制进行调整。

2002—2013年是我国的"社会管理"阶段,改革开放从经济领域深入社会领域。2004年党的十六届四中全会提出"党委领导、政府负责、社会协同、公众参与"的社会管理基本格局,并以此为起点,创造性地提出要"加强社会建设和管理,推进社会管理体制创新"的重大举措。2006年十六届六中全会完整提出"构建社会主义和谐社会"的宏伟目标,进一步明确了社会管理体制改革的基本方向。2007年党的十七大报告进一步强调"完善社会管理,维护社会安定团结",提出建立健全党委领导、政府负责、社会协同、公众参与的社会管理格局,健全基层社会管理体制,倡导从"三位一体"向推进包括社会主义经济建设、政治建设、文化建设和社会建设为核心内容的"四位一体"的总体布局转变,社会管理作为社会建设的一个重要方面被纳入更完备的体系性框架之中。

2010年,国家颁布《全国社会管理创新综合试点指导意见》,在实践中总结社会管理创新经验,并在实践中不断发展,社会管理于是从社会管理创新上升为国家重大战略。2011年2月,胡锦涛同志在省部级主要领导干部社会管理及其创新专题研究班开班式上提出了"建设中国特色社会主义社会管理体系"的战略目标,"大政府、弱社会"的格局开始逐步改变。2011年7月,《中共中央国务院关于加强和创新社会管理的意见》颁布,推动社会管理进入新阶段。这一阶段的社会治理的思想更多地强调"社会建设",社会治理在全球化潮流中发展,国家在推动社会治理走向规范化和法治化方面发挥着重要作用。但是国家在应对社会各种问题与挑战时,还存在一定的困难,这就需要在新时代下转变治理思路。

从2012年开始,社会管理创新进一步深入推进。十八大报告指出"要围绕构建中国特色社会主义管理体系，加快形成党委领导、政府负责、社会协同、公众参与、法治保障的社会管理体制"，实现了从"四位一体"到"五位一体"的总体布局转变。

2013年至今，我国进入"社会治理"阶段。党的十八大三中全会通过的《中共中央关于全面深化改革若干重大问题的决定》，提出"创新社会治理体制"，明确把"社会管理"提升为"社会治理"，是我国社会治理发展过程中的标志性事件，一字变化代表着政治思路的创新与深度变革。中国社会治理逐步实现从"社会管理"到"社会治理"的转变，推进社会治理体系与社会治理能力现代化成为这一阶段的重要目标。以"网格化治理"为例，城市治理的"网格化模式"是在社会管理阶段发展起来，并在社会治理阶段进一步升级的一种先进治理模式。"网格化治理"脱胎于"网格化管理"，即"运用数字化、信息化手段，以街道、社区、网格为区域范围，以城市部件、事件为管理内容，以处置单位为责任人，通过城市网格化管理信息平台，实现市区联动、资源共享的一种城市管理新模式"。①

2015年以来，国家实施的"脱贫攻坚战""精准扶贫""精准脱贫"取得了决定性进展；从基层社会治理来看，社区治理得到更好的发展。2015年中办、国办发布《关于加强城乡社区协商的意见》、2017年中共中央国务院发布《关于加强和完善城乡社区治理的意见》等，从顶层设计与专项机制上推动社区治理。2017年10月党的十九大召开，习近平总书记在党的十九大报告中明确提出加强社会治理制度建设，完善党委领导、政府负责、社会协同、公众参与、法治保障的社会治理体制，提高社会治理社会化、法治化、智能化、专业化水平，打造"共建共治共享的社会治理格局"。由此，社会治理进入新时代。这一阶段，凭借大数据等高新技术，精细化治理成为重要趋势。

2019年党的十九届四中全会提出，必须加强和创新社会治理，完善党委领导、政府负责、民主协商、社会协同、公众参与、法治保障、科技支撑的社会治理体系，建设人人有责、人人尽责、人人享有的社会治理共同体，确保人民安居乐业，社会安定有序，建设更高水平的平安中国。要完善正确处理新形势下人民内部矛盾的有效机制，完善社会治安防控体系，健全公共安全体制机制，

---

① 井西晓.挑战与变革：从网格化管理到网格化治理——基于城市基层社会管理的变革[J].理论探索，2013（1）：102-105.

构建基层社会治理新格局，完善国家安全体系。

总之，改革开放 40 多年以来，我国的社会变化实现从"农业社会"向"工业社会"转型，从"农村社会"向"城市社会"转型，从"短缺社会"向"丰裕社会"转型；社会治理也在时代的发展下发生转变，治理理念从"管理"到"治理"转变，治理主体从"一元"到"多元"转变，治理方式从"粗放"到"精细"转变。社会治理在新的时代下，朝向社会治理体系与社会治理能力现代化的过程转变。

二、社会治理体系和治理能力现代化的科学内涵

党的十八大以来，习近平总书记从党和国家事业发展全局和战略的高度，就推进国家治理体系和治理能力现代化提出一系列新理念、新思想、新战略，并在中央政法工作会议上鲜明提出，"加快推进社会治理现代化，努力建设更高水平的平安中国"。理解社会治理体系和治理能力现代化，除了要溯源社会治理理论，理解社会治理的科学内涵，更重要的是结合我国在不同时期对社会治理的决策部署和实践经验，深刻理解国家社会治理体系和治理能力现代化的含义及理论发展过程，全面把握社会治理现代化的构成及内涵、本质特征及内在要求和实现路径。

作为国家治理现代化的重要支撑，社会治理现代化既包括社会治理主体的现代化，又包括社会治理客体和社会治理环境的现代化；既包括社会治理硬件的现代化，又包括社会治理软件的现代化；既包括社会治理体系的现代化，又包括社会治理能力的现代化。① 若要了解社会治理体系与治理能力现代化的发展，必须明确社会治理体系与国家治理体系的关系、社会治理体系与治理能力的关系。

1. 社会治理现代化：构成及内涵

社会治理体系和治理能力现代化是社会治理现代化的两个方面。从治理体系与治理能力的关系上来看，社会治理体系和治理能力是一个有机整体，相辅相成。有了科学的社会治理体系，才能孕育高水平的治理能力，而不断提高社会治理能力，才能充分发挥社会治理体系的效能。② 所谓社会治理体系和治理

---

① 殷昭举. 中国社会治理的现代化 [J]. 社会学评论，2014（3）：30-40.
② 江必新. 推进国家治理体系和治理能力现代化 [N]. 光明日报，2013-11-15.

能力的现代化，就是使"社会治理体系制度化、科学化、规范化、程序化、精细化，使社会治理者善于运用法治思维、法治方法、法律制度治理社会，把中国特色社会主义各方面的制度优势转化为治理社会的效能"①。因此，社会治理现代化的主要内容就是社会治理体系和治理能力的现代化内容。

目前学界对社会治理现代化的主要内容观点不一，但本质上大多是关于社会主体与法律关系的探讨。比如，殷昭举从宏观社会机制部署上认为中国社会治理现代化的主要内容包括创新社会管理机制、完善社会自治机制、夯实社会基础工作三个方面。②他的观点在内容上很好地体现了社会治理现代化"纵向治理"与"横向治理"的结合。徐猛则从党的十八届三中全会关于国家治理现代化的要求入手，从中观层面分析社会治理现代化，认为社会治理现代化的内容包括改进社会治理方式、激发社会组织活力、创新有效预防和化解社会矛盾体制、健全公共安全体系等四个方面。③王华杰等人从具体层面探讨社会治理现代化的内容，认为社会治理现代化内容主要是治理主体多元化、治理方式科学化、治理过程法治化、治理机制规范化，认为实现社会治理现代化也是实现全面建成小康社会宏伟目标的关键。④

2. 社会治理现代化：本质特征及内在要求

随着时代发展，社会治理现代化在新时代提出新的要求。习近平总书记在党的十九大报告中明确提出要"提高保障和改善民生水平，加强和创新社会治理"；提高社会治理的"四化"水平，为打造共建共治共享的社会治理格局提供了重要的理论参考和实践导向，也为实现社会治理体系与治理能力现代化提出了新要求。提高社会治理的"四化"水平是一项系统工程，必须强化社会主体的整合作用、加强法治保障、技术支撑与队伍建设等各方面的整体性联动，充分发挥社会合力的强大推动作用。在责任主体上以开放共治为原则，在运行机制上以民主法治为保障，在新生动力上以科技创新为驱动，在队伍建设上以专业人才为保障。这一系列新要求要切实遵循社会治理的内在要求。

社会治理现代化要遵循社会发展的规律。我国处于社会全面发展转型的关

---

① 徐猛. 社会治理现代化的科学内涵、价值取向及实现路径[J]. 学术探索，2014（5）：9-17.
② 江必新. 推进国家治理体系和治理能力现代化[N]. 光明日报，2013-11-15.
③ 同②.
④ 王华杰，薛忠义. 社会治理现代化：内涵、问题与出路[J]. 中州学刊，2015（4）：67-72.

键时期，社会治理现代化应在国家的宏观统筹及地方特色相结合的前提下发展。2015年中国共产党第十八届中央委员会第五次全体会议通过《中共中央关于制定国民经济和社会发展第十三个五年规划的建议》，要求深化对共产党执政规律、社会主义建设规律、人类社会发展规律的认识。社会治理现代化的发展也应在三大规律指导下运行发展。

社会治理现代化要遵循工具理性与价值相统一。实现社会治理现代化是实现国家治理现代化的重要途径，对维护社会稳定和社会秩序具有重要作用，在社会治理的过程中应重视效率的运用，使用较小投入获得最大产出。同时，社会治理不能一味地追寻效率工具而失掉公平正义。社会治理必须以促进社会公平正义、增进人民福祉为出发点和落脚点为价值导向。社会治理现代化要努力营造公平的社会环境，保证人民平等参与、平等发展的权利。

3. 社会治理现代化：实现路径

社会治理现代化的实现路径实际上就是社会治理体系和治理能力现代化的实现方法，这需要在社会治理现代化的新要求和内在要求的指导下发展。

首先，要坚持发挥党的领导和引导作用，整合社会治理的主体，引导多主体参与社会治理，但在根本上仍要发挥各级党委在社会治理中总揽全局、协调各方领导的核心作用。

其次，要发挥人民群众的参与力量。马克思的历史唯物主义观点认为人民是历史的创造者，人民是社会治理的力量源泉。社会治理要时时以人民群众的问题为导向，最大化地健全公众参与的社会激励机制，在全社会营造一种包容、有活力的社会氛围，发挥社会组织能动性，在基层社区治理上运用新技术实现精细化治理。

最后，要实现法治化引领。提升社会治理现代化水平，必须实现各项社会体制机制的法治化。社会治理的理念创新要在有法可依、有法必依、执法必严、违法必究的法治国家理念下进行，要学会运用法治思维和理念治理社会事务，实现"法治"与"德治"的统一。

我国社会治理的理想状态是在党的领导下，实现"自上而下"的社会管理与"自下而上"的社会自治"纵向有机结合"，"自外而内"的法治与"自内而外"的德治"横向有机结合"，以及"纵向治理"与"横向治理"的结合，最大限度地激发社会活力与创造力，增强社会凝聚力与亲和力。①实现社会治理体系和治理能力的现代化是一项政治性、系统性、整体性、专业性都很强的系统工程。为了确保社会治理现代化的有效进行，必须对社会治理现代化的基本理论、发展规律和地方发展经验进行总结和梳理。

当代中国，以西方"新公共管理"理论与"政府再造"运动为重要学术背景参照所进行的治理研究与探索实践不能仅仅停留在"纸上屠龙术"的研讨层面，而是应当转化成指导当代中国政府治理实践的理论体系，转化为各级政府治理创新的实践活动。应当说，当代中国所进行的治理创新实践已经在地方层面中的某些领域率先开展，其当下的运行逻辑已经转化为作为执政党和政府的自上而下式整齐划一的治理意志。我们不应该仅仅是把治理当作一种技术来对待，而应当将其上升为一种思想，转化为治理国家和社会的有效方略，应当对政府治理理念、治理结构、治理机制、治理环境进行革命性变革和整体性设计。

第五节　科技支撑社会治理现代化：内涵、挑战与机遇②

作为社会建设重要组成部分，社会治理是国家治理重要方面，是中国特色社会主义现代化总体布局的重要内容。科技在社会治理领域的应用是加快推进社会治理现代化的重要渠道。新一轮科技革命的持续深入带来科技创新及其社会应用的勃兴，为社会治理现代化提供科技支撑，弥补了社会治理制度化渠道的短板，为社会治理现代化提供高效率、高参与、高质量的解决方案。面对科技发挥支撑作用时亟待解决的问题和风险挑战，要努力实现科技与社会的良性互构，培养科学的认知，建立健全合作机制，搭建形成实践闭环，坚持负责任的创新，兼顾基层下沉与领域细化。

社会治理是中国特色社会主义现代化总体布局的重要内容。党的十八届三中全会提出了"推进国家治理体系和治理能力现代化"的战略目标，全会《决定》

---

① 殷昭举.中国社会治理的现代化[J].社会学评论，2014（3）：30-40.
② 张成岗，李佩.科技支撑社会合理现代化：内涵、挑战及机遇[J].科技导报，2020（14）：134-144.

特别强调要创新社会治理，提高社会治理水平。在实现中华民族伟大复兴的历史进程中，提升社会治理水平，推进社会治理现代化，是推进国家治理体系和治理能力现代化的应有之义。党的十九大报告明确提出从 2020 年到 2035 年，要基本形成"现代社会治理格局"的战略目标，对加强和创新社会治理作了更加系统的部署，将社会治理的认识提到了新高度，形成了全面深化改革整体框架下关于社会治理现代化的系统观点和相对完整的思想体系。十九届四中全会进一步提出要坚持和完善共建共治共享的社会治理制度建设的命题，明确要加强和创新社会治理，完善党委领导、政府负责、民主协商、社会协同、公众参与、法治保障、科技支撑"七位一体"的社会治理体系，确保人民安居乐业、社会安定有序，建设更高水平的平安中国。

对社会治理的认知是一个不断探索和深化的过程，对社会治理体系的研究也从以往静态社会治理体系研究进入动态适应性社会治理体系关注的过程。党的十八大以来，习近平总书记从统筹推进"五位一体"总体布局和协调推进"四个全面"战略布局高度，对社会治理提出了许多新理念，阐明了一系列带有方向性的重大根本性问题，深化了对社会治理规律的认识。科技创新进入社会治理领域是对加快推进社会治理体系和社会治理能力现代化的技术回应，立足科技发展演化与新科技革命的时代背景，充分挖掘和发挥科技创新作为重要的非制度性因素对促进社会治理体系和社会治理能力现代化的支撑作用具有重要意义。

一、科技创新支撑社会治理现代化的内涵

科技推动社会发展，科技革命构成了社会变革的现实、变革了社会物质生产方式，是调整社会中各种关系的基础与动力。每一次社会结构变革，都缘起于科技发展的需求与推动，也都创造出下一次科技变革的社会基础。科技革命提供了社会转型的契机，每一次科技中心转移，在一定意义上也都标志着新的世界中心的诞生。在新全球化背景下，中国要成长为全球发展的一个增长极，从而在全球治理格局重构中发挥更大作用，需要加大科技投入，加强科技创新，促进科技治理现代化，提升科技竞争力。科技革命提供了国家、社会转型的框架、机制与结构，也加速了转型发展的完成。科技革命提供未来发展方向，未来人类社会是深度科技化的，而科技发展的方向标注了人类发展进程，原有学科的

创新以及新学科的建立都提供了一窥未来社会形态的途径。

全球新一轮科技革命和产业变革持续深入，其中信息技术是全球技术创新的竞争高地，成为引领新一轮变革的主导力量。区块链、人工智能、大数据、物联网技术的创新发展和社会应用都突飞猛进，对我国社会治理格局和方式带来创新性变革。我国正处于新全球化、第四次工业革命与社会转型"三重叠加"的历史交汇期[①]，社会治理对科技的需求具有历史必然性。工信部出台的《中国区块链技术与应用发展白皮书》将区块链定位为提升社会治理水平的有效技术手段。在加强和创新社会治理过程中，科技创新与社会治理的关联一直得到中央的密切关注。

随着科技创新的不断成熟和技术应用体系的不断完善，科技已经广泛应用于社会服务、社区建设、公共安全、教育和就业等领域，有助于优化社会公共服务流程，降低人力成本，提高协同效率，缩短公众需求应对周期，进而为社会治理能力的提升提供系统性支撑。科技对社会治理的支撑作用主要体现为五重维度。

1. 科技创新为社会治理体系现代化提供支撑

科技创新可以有效促进经济发展和社会发育，使人民生活不断改善，保持社会大局稳定，最终为社会治理体系的不断完善奠定基础。民生是社会治理的基础内容，就业是最大的民生，科技创新在促进新增就业、缓解失业问题方面起到关键作用。从技术发展的历史来看，技术创新和新技术在生产领域的应用虽然会对就业结构带来冲击，但整体上能够创造新的就业机会，改善就业环境，提高就业质量。中国特色社会主义社会治理体系由组织体系、制度体系、运行体系、评价体系和保障体系构成[②]。科技创新及其应用有助于建设高效的社会治理组织体系、有序的制度体系、高质量的运行体系、科学的评价体系和精准的保障体系。

2. 科技创新为社会治理能力现代化提供支撑

随着"互联网+"和"智能+"时代的发展，信息化和智能化的技术手段为提升社会治理能力提供了技术支撑。首先，在民生和公共服务领域，科技创新提高了公共服务的均等化、可及性和精准化水平。科技创新，尤其大数据和

---

① 张成岗.人工智能时代：技术发展、风险挑战与秩序重构[J].南京社会科学，2018（5）：42-52.

② 杨述明.现代社会治理体系的五种基本构成[J].江汉论坛，2015（2）：57-63.

人工智能在教育、医疗、养老、公共服务、环境保护、城市运行、司法服务等领域广泛应用，将极大提高公共服务精准化水平。其次，在公共安全、应急管理和风险预警领域，以人工智能为代表的智能信息技术及其设备可准确感知、预测、预警社会安全运行的重大态势，及时把握群体认知及心理变化，主动决策反应，对有效维护社会稳定具有不可替代的作用。再次，在政府和公众沟通渠道方面，信息技术的应用有助于在公共和行政系统中建立双向的信息通信网络①，有助于畅通和规范群众诉求表达、利益协调和权益保障通道。最后，在基层社会治理领域，基层社会治理格局的构建迫切需要通过科技手段应对人力短缺的短板。科技手段的介入扩大了公众参与社会治理的可能性，巩固了公众参与的可行性，既响应了共建共治共享的社会治理制度，又逐步减轻了原来基层社会治理自上而下的政府导向导致的人力压力。

3. 科技创新为基层社会自治提供有效支撑

新科技革命开启了全新的"智理"时代，科技不仅"赋权"公众，开启公众参与的全新话语时代，还"赋能"公众，扩大公众的参与渠道、开发和提升了公众的参与能力。社区层面公众参与的高级形式是社区自治。自治、法治、德治相结合是新时代我国基层社会治理的基本模式，社会治理强调多方参与，强调社会自我调节和自愈的能力②。近年来区块链技术和人工智能等技术突飞猛进，其中"区块链技术的'自治性'将引发社会治理模式创新"③，工信部出台的《中国区块链技术与应用发展白皮书》所主张的区块链3.0"可编程社会"的构想逐步实现。科技为公众参与社会治理提供途径和平台，每个社会行动者都可以凭借技术手段有机参与公共事务的讨论与协商，并在一定程度上影响决策。公众参与的前提是社会治理环境的公开、透明、高效和可参与，科技发展能够塑造一个开放而透明的社会环境，并有效提高政府公信力。此外，科技支撑打破了社会治理主体互动的时空限制，降低了互动成本④，也为更好地促进公众参与基层社会自治提供了新的可能性。

---

① Pardhasaradhi Y. Information technology for governance and efficiency[J]. Indian Journal of Public Administration，2004，50（1）：269-276.

② 李强. 怎样理解"创新社会治理体制"[J]. 毛泽东邓小平理论研究，2014（7）：43-48+91-92.

③ 张成岗. 区块链时代：技术发展、社会变革及风险挑战[J]. 人民论坛·学术前沿，2018（12）：33-43.

④ 郁建兴. 社会治理共同体及其建设路径[J]. 公共管理评论，2019，（3）：59-65.

4. 科技创新推动社会治理智能化建设

社会治理智能化是实现社会治理体系和治理能力现代化的重要组成部分。科技创新为社会治理智能化提供技术路径，科技不仅为社会治理智能化提供技术工具，其所蕴含的科学精神和创新思维也塑造着公众的气质和改变着社会治理的实现方式。目前各地都在积极响应和探索社会治理智能化的实现方式，科技创新及其产品的应用是社会治理智能化建设的技术基础，其中发展相对成熟的是智能政务、公共安全和智慧城市建设领域。在智能政务上，适用于政府公共服务与决策的信息化和智能化平台逐渐普及。科技在复杂社会问题研判、政策评估、风险预警、应急处置等重大战略决策方面推广应用。在公共安全领域，科技极大地推动了构建公共安全智能化监测预警与控制体系，研发集成多种智能安防与警用产品，比如探测传感技术、视频图像信息采集和分析识别技术、生物特征识别技术，以及建立智能化监测平台并将其广泛应用于社会综合治理、新型犯罪侦查、反腐和反恐等领域。在智慧城市建设方面，可以通过科技嵌入实现城市规划、建设、管理、运营的"全生命周期智能化"。首先从宏观的市政基础设施的智能化改造升级开始，建立有城市大数据平台和信息化的城市运行管理体系，再在微观层面上建设社区公共服务信息系统和打造居民智能家居系统，整体提高社会治理智能化水平，促进社会运行更加安全高效。

5. 科技创新能有效弥补社会治理制度化渠道短板

随着我国社会治理理论和实践的逐步推进，科技应用很大程度上弥补了社会治理制度化渠道的短板。社会治理制度化渠道的实施对人力资源依赖性很强，科技创新及其应用有助于补齐社会治理人力资源短缺的短板。基层社会治理人力资源短缺问题一直是困扰基层社会治理效率和质量的重要因素。发现问题、回应公众需求、解决问题的周期因社会治理一线的人力资源短缺而被拉大。我国大部分地区的智慧城市建设和基层社区的社会治理都依托于网格化管理体系，但在网格化管理的实际运行中，部分地区网格员数量不够，只能由社区干部承担网格员职能，加重了社会治理基层人员工作。科技创新可以有效应对这一现实困境：一方面，技术平台的建设和使用为广大公众实质性参与社会治理提供技术可能性，有效促进社区自治；另一方面，智能技术在社区层面的应用可以有效实现社区安全监测，进而科学预测问题，及时发现问题，精准解决问题。此外，制度化渠道潜在地内含着自上而下的单向社会治理方式，科技应用能够有效促进形成扁平化、网络化的社会治理主体形态，能够有效应对单一的制度化渠道所显露出来的弊端，在激发社会活力、激发公众的参与积极性方面发挥积极作用。

二、全面认识科技支撑社会治理现代化面临的挑战

每一次科技革命都会带来新的社会政策逻辑。科技与社会经济现在已经在社会发展指数体系中实现结合，共同用来说明发展概念。[①] 目前关于科技创新对社会治理的影响备受关注，社会治理领域对技术创新及其应用给予较高的期待，但以社会治理的信息化和智能化为显著特征的科技创新在社会治理中的应用，在经济发展水平和社会发育程度相对较低的地区明显较为吃力。因此，既要充分认识到科技创新对社会治理方式的积极作用，也需要认真研究二者的耦合过程中面临的现实困境以及可能引发的新的社会治理问题，以充分挖掘和发挥科技创新对社会治理的支撑作用，促进全面实现社会治理现代化。

第一，科技支撑离不开人的支撑，要坚持"以人为中心"。社会治理一线基层人力资源不足的问题是基层社会治理痛点的关键。虽然网格化管理基本覆盖基层，但"缺人"的问题仍然存在于经济发展水平相对落后的地区。社会治理本质上就是做群众工作[②]。十九届四中全会再次强调社会治理中要努力将矛盾化解在基层，将社会治理重心落实到基层，因此如何实现科技与人的结合是基层社会治理需要思考的问题。在社会治理实践中要充分避免技术具有的"超个人主义"（hyperindividualism）[③]特质，也就是避免在治理实践中将人"原子化"和"抽象化"，要充分考虑每一位参与个体的独特性以及参与情境的丰富性。要充分认识到，社会治理本质上还是要依托于社会公众，要最终服务于广大人民群众，让广大人民群众切实受益。基层社会治理可以凭借科技辅助预测、发现、分析和追踪问题，但最优的排解和疏导还要依靠人。

[①] Ganegodage K R, Rambaldi A N, Rao D S P, et al. A new multidimensional measure of development: the role of technology and institutions[J]. Social Indicators Research, 2017, 131（1）: 65-92.

[②] 魏礼群. 习近平社会治理思想研究 [J]. 中国高校社会科学, 2018（04）: 4-13, 157.

[③] Lake R W. Big data, urban governance, and the ontological politics of hyperindividualism[J]. Big Data & Society, 2017（6）: 1-10.

第二，科技支撑离不开经济支撑，要激励和调动多元主体参与。以社会治理智能化为例。智能化建设对资金投入存在巨大需求。但目前真正能够实现社会治理信息化和智能化的省市并不多，包括 GDP 及人均 GDP 排名领先全国的上海、北京、浙江、广东在内的经济相对发达、社会发育程度相对较高的省市也都处于社会治理智能化试点阶段。对于社会治理智能化而言，处于基础层面的技术投入、运营、维护都需要大量的资金支持。目前大部分地区的社会治理智能化建设资金基本依靠财政支持，社会资本的加入非常少。因此，如何有效地调动、激励和维持可持续的资本支撑对于社会治理的智能化建设至关重要，也是充分发挥科技支撑作用的前提。在积极调动政府之外的多元主体参与社会治理的过程中，与其他社会力量合作治理是社会治理主体多元化的现实要求①。

第三，科技支撑系统离不开相适应的社会规范系统，要与社会系统协同推进。数据始终是社会治理智能化和充分发挥科技支撑作用面临的核心问题，这个问题不单纯是技术问题，而是一个如何采集、使用和保护数据的机制问题。数据壁垒和数据安全问题始终是社会治理智能化和信息化道路上的两座关口。目前，各个部门之间还未形成数据共享的制度和机制，导致在数据采集阶段重复采集的问题、数据使用上的权限设置问题、数据安全上的隐私保护和信息安全问题一直是社会治理现代化过程中亟待解决的难题。

第四，科技支撑社会治理要因地制宜，积极探索"地方性经验"。在具体社会治理实践中，各地社会治理所面对的实际环境并不一样，强弱项各异，各个区域应针对当地具体问题、具体环境、具体形势而有不同的资源投入比例和创新特色。但在实际社会治理操作中，社会治理创新方面存在一些低水平重复性投入和不尽合理的社会治理资源配置。这不利于社会治理经验的差异性发展，各地难以有效应对社会治理的实际处境和难以走出一条当地特色的社会治理路径。目前在社会治理的顶层设计方面并没有统一划定严格量化的标准，我国幅员辽阔，区域发展差异大，客观上不可能存在放之四海而皆准的模型，这在本质上为各个地区的社会治理创新提供了更多的空间和可能性。因此如何避免过多的趋同性，让每个地方找准并探索出适合本地社会治理的"地方性经验"也显得尤为重要。

---

① 张康之.论主体多元化条件下的社会治理[J].中国人民大学学报，2014（2）：2-13.

三、面向未来的科技支撑社会治理现代化建设

从技术发展和应用脉络来看，技术天然地被赋予"失控"的可能性和"风险"的标签，技术应用于社会治理时也应关注可能导致的相应问题，尤其随着人工智能技术的发展，技术的自主性更加彰显。在社会治理现代化建设的过程中，可扩展性、伦理和安全、开源项目不够成熟等问题是科技在发挥其社会治理支撑作用时存在的共性问题。在智能化和数据化时代，科技嵌入社会治理并作为支撑力量存在的过程中，必须基于技术的本质特征，综合考虑、认识、预测、评估和防范科技风险，是社会治理走向现代化的必然要求。

第一，要避免对科技嵌入社会治理产生认识误区和盲区。对科技与社会治理关系上的认识误区表现在认为技术可以在社会治理工作中完全取代人力，而出现工作懈怠、逃避责任、减少与群众的沟通交流等问题。社会治理在根本上是关于人的治理，科技可以提供辅助方案，用技术手段预测问题、及时发现问题和高效处理问题，但科技在处理社会治理问题的过程中替代不了人的作用。对科技与社会治理关系上的认识盲区体现在对技术的判断过分保守，看不到或预测不到技术创新对社会治理带来的好处，而错过科技与社会治理相融合的最佳时期。总之，信息化或智能化不是万能的，社会治理现代化的真正实现需要多元渠道和多元方式的有机结合，最终落实到"以人为本"，满足人民日益增长的美好生活需要。

第二，要建立健全科技创新和社会治理的合作机制。科技支撑社会治理体系建设中要搭建科技创新、产业发展、学术研究、社会工作、社会治理一线的横向交流平台，并构建进展追踪、调查反馈、科学评估、合理改进、可持续性的环形运行体系。在科技支撑中，要从源头上培养和巩固技术可靠性、资源分配过程公平性、技术应用规范性，通过机制建设实现科技创新、社会应用、政策扶持、资本助力、社会协同的美好愿景，在政策制定上要充分而全面地均衡供给面政策、环境面政策和需求面政策的合理比重和配置。

第三，形成社会治理科技支撑的实践闭环。科技支撑社会治理的探索和实现过程中，需要建立一个政策引领、技术支撑、人才支持、资金投入、组织保障、评估反馈的有机闭环，以有效减少社会治理科技支撑体系构建过程中的弯路，避免资源浪费，还要适当考虑政策的弹性，使其能够嵌入基层社会治理实际，

最大程度发挥出价值。另外，要注意社会治理评估体系建设，基于科学调研，设定合理的量化指标，合理设置阈值，并根据实践反馈进行科学调整。科学的评估指标体系有助于社会治理在智能化建设中有标准可依，有阈值规范，还可以在很大程度上调动基层工作人员的积极性。

第四，负责任创新，构建科技与社会治理的良性互构。科技风险的可控性和科技社会效应的最大化首先源自创新设计阶段，负责任创新是应对科技风险、增强科技支撑作用的基础。2016年发布的《"十三五"国家科技创新规划》中明确提出"倡导负责任的研究与创新"。负责任创新要求推动社会治理发展的同时降低科技创新的负面影响，推动科技支撑作用真正实现，并反映社会需求，反射社会价值，符合公众美好生活的意愿。社会治理中科技的支撑作用贯穿在治理规划、技术预测、政策执行、实践运行、监督反馈、社会治理与发展评估等环节。因此，立足当下、面向未来的技术创新应当着力构建技术与社会治理的良性互构，以有效应对技术安全和数据鸿沟等问题。基于我国社会治理的具体情况，积极与国际接轨，加强学术、社会、企业、法律规范等领域的协商共治，在数据安全和共享机制的探索及建设上取得实质性进展。

第五，科技支撑风险治理能力现代化要成为社会治理能力建设的重要板块。社会治理现代化既要做到"基层下沉"，又要关注"领域细化"。将矛盾化解在基层，将社会治理重心落实到基层，是社会治理现代化进程中的重要趋向。当前社会正面临着不确定、复杂性、多样性和风险性的挑战，给社会治理带来一系列新情况、新问题、新挑战。社会治理亟待加强"领域细化"，进一步将风险治理纳入社会治理研究，对具体领域社会治理做好"靶向治疗"和"精细化方案"应对，充分发挥科技支撑在疫情防控与风险治理能力现代化中的作用，弥补突发公共卫生事件中社会治理交叠领域的理论赤字。加强科技在当下疫情防控相关工作中的积极应用，促进精准化、精细化的风险研判和防控，加强风险研究与社会治理领域的交叉研究，完善相应的制度建设和有实质性公众参与的行动化的社会治理方案。

总之，科技是社会治理体系的重要元素，科技创新为社会治理现代化提供了重要支撑。作为一种变革性力量，科技是推动社会发展的关键动力，面向未来，人类要利用科技致力于从整体上改变治理现实，而不仅仅修补今天治理面临的难题和困境。虽然人类社会中的治理面临一些根本性、长期性难题，但很多社会生活中曾经极大限制人类发展的困难都被科技发展的现实改变所克服。更重要的是，今天谈科技支撑也是面对发展的问题与未来的问题时所采取的科技方案，本质上也是一种风险思维。社会治理的科技方案本身就是在应对科技发展所带来的社会问题，防范与化解风险的治理理念也必须依靠科技支撑来解决，面向未来的治理本身就是面向不确定性与风险的治理，面向未来社会治理的科技支撑，也是面向不确定性的科技风险治理，这应当成为科技与治理现代化的重要契合点。疫情防控的过程也见证了社会治理与风险研究领域走向深度融合的过程。

第五章
人工智能时代：技术发展、社会进步与风险挑战①

目前人工智能已经从科学实验阶段进入商业应用阶段，人工智能发展迎来爆发的临界点。以现代性为基础构架的技术社会中的主奴、不均衡性、目的与工具的三重逻辑悖逆持续延展到信息社会中。同时，当代中国进入的人工智能社会面临着新全球化、新工业革命、社会转型三重叠加的挑战。在历史上的三重悖逆和当代三重挑战面前，人类正在面临又一场技术海啸和秩序重构，人工智能社会需要"不合时宜"的思想者。人工智能是人类社会的重要技术发明，同时存在潜在的社会风险。人工智能使现代技术在"可控"与"失控"两极之间进一步向"失控"偏移；人工智能的认知方面尚未解决算法逻辑基础本身的不确定性问题；人工智能的数据基础面临不可解读及不可追溯性挑战；在伦理规范上面临责任主体缺失及隐私的群体化泄露风险；在人工智能社会应用上，需要应对社会监管挑战，需要应对人工智能替代人类劳动导致的就业冲击。发展人工智能要防止概念炒作和伪人工智能创新，面向未来应当倡导负责任的伦理研究，走向人工智能社会的秩序重构——"善治"与"善智"的相互建构。

从历史上看，人类社会发展的不同阶段具有功能优先性的制度领域有一个演变过程（诸如亲缘、政治以及经济系统等）。技术系统无疑已经成为社会转型期的现代化过程的优先性领域之一。然而，不能忽视的是，作为个体的人有时会被自己的情绪、各种外部诱惑及刺激所影响；人类的认知和实践也均承载着时代和历史烙印，具有种群和进化意义上的局限性。因此，虽然我们不需要

---

① 张成岗．"人工智能时代：技术发展、风险挑战及秩序重构"[J]. 南京社会科学，2018（5）：42-52.

过于杞人忧天地担忧偶然因素对人工智能发展的影响，但我们必须承认这种情形存在的可能性并尽早将其纳入考虑范围。面对未来构建"好的人工智能社会"的挑战，全面认识和评估人工智能兴起及其带给社会秩序、伦理规范等的变革与挑战无疑具有重要意义。

第一节 技术时代需要"不合时宜"的思想者

在当代社会，技术不仅呈现为物质元素系统，而是演化成了赋予人们生活以价值和意义的整体性"座架"，技术深刻影响着人们的思考习惯、动机、个性及行为。作为一种整体性现象，技术正在超越个人与社会；工业社会对人的程序化行为有强烈需求，现代人置身其中的信息社会对多任务处理和快速处理有强烈需求。技术并不仅仅是一种物质手段，更是一种文化现象，是控制事物和人的理性方法。按照兰登·温纳的总结，当代技术具有如下特点：自主性、合理性、人工性、自动性、自增性、统一性、普遍性。其中自主性是技术最根本的特性，技术自主性意味着技术摆脱了社会控制，正在形成一种难以抑制的力量，人类自由将受到威胁；"技术系统"按其自身规律，沿着自己的道路向前发展，"现代技术已经发展到新的规模和组织，我断定技术以系统状态存在，即整体上的组织化"[1]。

在信息社会，由计算机所中介的人类实践变得越来越多，面对面交流进行的人类实践变得越来越少；我们见证了人与人之间相互联系的逐步解体、传统社会交流的消失和一种新人类生活模式的凸显；在这种新模式中，个体与计算机终端而不是与人一起工作和生活。[2] 在《技术、时间与现代性的会谈》中，辛普森指出，信息社会中的主体已经沦落为"交流网络中的接线员，接线员没有主体性、没有内在性，只是接受、转换和传输信号"。我们思想的基础从早期现代性的"我思故我在"转换成了信息社会的现代性"我传输和接收故我在"；

---

[1] 兰登·温纳. 自主性技术：作为政治思想主题的失控技术[M]. 杨海燕, 译. 北京：北京大学出版社，2014：238-252.
[2] 张成岗. 技术与现代性研究：技术哲学发展的"相互建构论"诠释[M]. 北京：中国社会科学出版社，132-147.

马克思的"人"的概念也演变为后现代社会作为"信息回路中的集结点"的个体概念。后现代语境中,技术尤其信息技术带给人类全方位冲击,传统的很多概念都需要进行重新定位和反思。比如,我们可以"组织和使用经验",经验也变成了可以储存在计算机文件中的东西;再如,不是将主体看作使人类的体验成为可能之场所,赛博空间将主体视作监狱,这就是虚拟现实中的"主体之死";还有,过去和现在可以拥有同样的地位并可以被共同体验,时间也成为一种可以"被捕获""被控制""被驯服"的时间。①

如果行为动机不再依靠需要加以证明的规范,如果人格系统不必再到确保认同的解释系统中去寻找自身的统一性,那么,不假思索地接受决定就会变成一种无须责备的机械习惯。②在技术社会中,绝对服从的意愿会达到随意的程度,"技术社会不需要理解,最重要的是执行"。埃吕尔指出,如果技术将潜在地导致灾难,知识分子的立场应当是警示、谴责和批判,进而找出通向未来之路。

技术一直被视作将人类置于世界新起点的解放性力量,技术创新与社会变革之间的复杂性促进了相关理论的兴盛。然而,在过分注重"理性算计"的技术文化中,技术批评者的声音并不容易得到认可和传播,即便在切尔诺贝利和福岛核事故之后,技术批评论调也经常被弱化和消解。

目前,互联网和远程通信已成为休闲和娱乐最重要的领域,就像休闲一样,文化成为一个技术逻辑领域。在埃吕尔看来,尽管技术极大地改进了人类生存和生活境况,技术与政治、经济等的结合也在创造出诸多危害,将这种情况说出来非常重要,尽管这可能是"不合时宜的"!

所谓"不合时宜"不是脱离当代社会面临的问题,而是要批判一般性假定(比如进步、增长与创新等);思想家进行技术批判与反思的目标不是获得实用主义意义上令人满意的答案,而是要将问题尖锐地呈现出来。技术对非技术领域比如文化领域等的入侵需要得到关注。在信息膨胀的网络空间,有关信息技术、人工智能和大数据等的批判性话语应当得到真实的叙述与呈现。当代社会的诸多似乎合理的流行价值观和生活常识,进行"不合时宜"的审视和检讨。③

---

① Simpson L C. Technology, Time, and the Conversations of Modernity[M]. New York: Routledge, 1994: 138-150.
② 尤尔根·哈贝马斯.合法化危机[M].刘北成,曹卫东,译.上海:上海人民出版社,2019.
③ Alonso A. An Unseasonable Thinker: How Ellul Engages Cybercultural Criticism. Jacques Ellul and the Technological Society in the 21st Century[M]. Springer Netherlands, 2013.

首先,"效率主义"应当得到反思。效率原则是技术社会构建的基石,但经由词语魔法,"以效率之名"似乎具有了不可抗拒的社会号召力,很多活动之所以被接受和执行是因为其具有效率。我们必须追问的是效率是不是技术的专有价值,问题的关键在于"到底是谁的效率?"。经济效益并不是唯一的工作激励因素。对于许多工程师、程序员和媒体艺术家来说,其主要目的是生产出令人兴奋的新的人工制品或将想象力运用在工作过程中。历史上,黑奴制对于美国经济曾经是很有效率的体制,但美国社会似乎也没有接受黑奴制。实际上,目的应当成为正当性的来源,而非让效率成为正当性,换句话说,效率具有非充分决定性。

其次,在一个日益加速的技术社会中,更应该考虑如何"控制速度"。在思想史上,反思速度一直是理解和批判技术发展的经典路径。当代社会个人越来越被迫适应加速生活节奏和社会期望,时间似乎成为最稀缺资源。技术节奏应当是"错误的",至少是"令人困扰的"东西。① 在网络组织的社会中,信息技术变得普遍并正在入侵所有的人类生活,网络生产的装配线正在直接剥削认知范畴的情感能量。实际上,对技术变革速度的话语应当既包括对如何加速技术变革的关注(比如,"我们需要更多的创新"),也要包括对如何限制技术变革的关注(比如,"所有都进行得似乎太快")。②

最后,"发展"现象需要重估、"新发展观"亟须重建。提出"去增长论"的学者拉图什曾经指出,应该反对自由经济的口号,因为自由经济把国民生产总值年增长量视为幸福和投资的唯一衡量手段,而不是去努力保护已经是最稀缺的资源,比如丰富的自然世界和友谊所带来的平静的快乐。③ 经过几十年的发展,"解构发展"运动已经导致"发展"被重新定义和进行限定性描述,发展的内涵和意义已经发生了重大变化,唯 GDP 主义受到批判,重新使用、循环利用、节约资源的生态发展受到关注。新发展观强调要更加注重人们的幸福指

---

① Hart I. Deschooling and the web: ivan illich 30 years on[J]. Educational Media International, 38(2-3), 2001: 69-76.
② Gabbard D A, Illich I. Postmodernism, and the eco‐crisis: reintroducing a "wild" discourse[J]. Educational Theory, 2010, 44(2): 173-187.
③ Latouche S. Degrowth[J]. Journal of Cleaner Production, 2010, 18(6): 519-522.

数、人们的社交和友谊，关注人们的获得感，而不仅仅考虑金钱问题。①

笔者认为，从法兰克福学派的技术批判理论到埃鲁尔的技术社会理论，从温纳的"自主性技术"理论和"技术漂移"学说到玻斯曼的"媒介三部曲"，当代社会的核心问题已经被触及，批判性话语与网络空间及人工智能的结合有望成长出"主体理性社会的交往理性空间"。

第二节 "技术海啸"、风险与不确定性

历史地看，文明演进的每一阶段都在释放新问题，提出新困难。在工业文明的高歌猛进中，人们通常持有"一切问题都是技术问题"的观念，每种技术都被设想用来解决某类问题，这被看作是社会中的技术进步。通过技术发展，我们日益成功地克服困难、解决难题；然而，这种问题解决往往仅是在又遇到另一个问题意义上的解决。

2011年3月11日，日本东部近海发生里氏9级地震，引发大海啸并直接导致福岛核电站发生严重事故。事故发生在经济发达、技术先进且拥有较长核电站运营历史的国家，更是令人震惊。应当说，福岛核事故所带来的不仅仅是诸如日、德、瑞、法等国关于是否"废核"的政策反思，也不仅仅是科学界对电力或能源领域何去何从的茫然，更为重要的是其动摇了人们关于科技能够保护人类免遭灾难、保障社会秩序安全运行的深层信念。现代社会的巨型官僚机器与工业技术的巨大增长的结合所带来的威力已然超出了人类的理解范围，使人们陷入了无意识的境地。日本学者三岛宪一评论指出，福岛核事故是"对工业技术的民主控制的失败"，在地震多发区建设核电是"合法的犯罪"和"威胁公民的有组织恐怖主义"。②

现代技术的巨大成就及其给人类社会带来的诸多福祉也容易滋生技术乐观主义思潮。人们认为，只有以数学和统计方法为基础的科学技术才是可靠的，借此人类可以驯服概率和不确定性，从而控制自然和风险，这种信念在一定意

---

① Parajuli P. The Development Dictionary: A Guide to Knowledge as Power. WOLFGANG SACHS, ed[J]. American Ethnologist, 1996, 23（3）: 641-642.
② Garcia J L, Jerónimo H M. Fukushima: A Tsunami of Technological Order.[J]. Springer Netherlands, 2013.

义上构成了技术秩序的基础。贬低不确定性、相信风险能够被永远根除是西方文明傲慢的结果；事实上，西方式的傲慢有时会变成风险以其他形式再次出现的基础。技术社会所信赖的数学和统计方法也许更适应于封闭系统，其中难以量化和模式化的元素常常会被忽略，而风险是一个整体性事件。

技术发展后果往往具有不可预料性，技术后果在总体上可以被分为"不可预测但在意料之中的"和"不可预测且在意料之外的"，不可预测性是技术过程的显著标志和内在特征且并不能被纠正，原因如下：首先，人们可以想象技术发展的后果，却想不到其后的联合效应；其次，技术思想本身并不能思考技术，不能通过它来处理其功能障碍或不利影响，它仅仅提供已经存在的技术思想的扩展或改进，除非通过技术文化来思考；最后，不可预测性源于技术系统所产生风险数量的不成比例增长。①

从事技术批判的思想家带给我们的启示是：在讨论现代世界的技术背景时，首先应当探究我们是否失去了调节技术系统的复杂性的能力，并且承认我们自己的无知和不确定性所带来的挑战。我们不仅不能消除不确定性，而且技术秩序实际上给我们带来了类似于或甚至大于自然力产生的旧的不确定性的偶然性，因此，应当更加重视不确定性，从而将其作为调节技术时重要的预防原则。

实际上，早在工业革命初期，曼德维尔就指出，在个体主观行动之上，存在着客观的"涌现的"社会规律，但社会行为常常受制于非预期的结果，个人行为和社会效应是由两套完全不同的规律支配的。马克思的技术社会学一直被称作技术社会学的两大流派之一，在《技术社会学：后学术社会科学的根基》中，杰伊·韦恩斯坦指出，19世纪中后期，马克思已经深刻论证了技术评估的必要性和重要意义，马克思不仅在关注技术创新，更要关注谁在进行技术创新，是为谁的利益进行创新，为何目的而进行技术创新，在此意义上马克思被看作历史上的第一个进行技术评估的人。②

数字主义者将计算机想象成人类的最终命运，人工智能之父马文·明斯克曾经将人类的大脑描述为"肉类计算机"，扭转了关于计算机是"机械脑"的

---

① Garcia J L, Jerónimo H M. Fukushima： A Tsunami of Technological Order.[J]. Springer Netherlands，2013.

② Weinstein J，Brunswick N. Sociology/Technology： Foundations of Postacademic Social Science[M]. N.J. Transaction Books，1982：24-38.

隐喻。① 这种隐喻图景的变换在一定程度上反映了人工智能的快速发展及其革命性影响。哲学家休伯特·德雷福斯指出，人工智能的历史充满了"第一步的谬误"，类似于声称"爬上树的第一只猴子正朝着月球着陆"②。欧洲认知系统协会主席文森特·穆勒认为，对待人工智能的风险问题，应该保持一个谨慎的心态，"如果人工系统的智能超过人类，那么人类将会面临风险"；反思人工智能风险之目的就是要"确保人工智能系统对人类有益"；他指出，"以前关注的是与认知科学相关的人工智能哲学和理论方面的问题，而现在越来越多的关注点集中在风险和伦理问题上"③。

一般而言，与人工智能发展中乐观主义相伴生的是新技术发展的风险恐惧，成因如下：首先，大众认为一种新型超智能机器会毫无疑问地对人类构成生存威胁；其次，大众认为对未知事物的恐惧符合人类认知的常识，人类很难事先精确知道一种新的超级智慧生物是什么以及它将如何看待人类；最后，大众认为人工智能出现是一个缓慢但相当稳定的进化过程，我们可以理解，但无法阻止其进程，就像大陆漂移过程一样④。

人工智能风险具有如下特征：（1）"技术与社会共生的复杂性"。人工智能时代的风险是一种复杂的总体性风险，与海啸、地震等自然灾害不同，这种风险既可以是人类正在研发的新技术所产生的风险，也可能是技术嵌合于其中的制度本身所隐含的风险，这两种风险共生于人类社会。（2）"当代与未来贯通的长期性"。人工智能时代的风险不仅现实存在，而且伴随着未来的不可预测性，贯穿于技术社会尤其是信息社会以来的整个历史进程。（3）"全球性与区域性结合的跨界性"。工业革命经历了肇始欧洲，逐渐扩展到北美、东亚等的缓慢过程，与以往不同，在新全球化、新工业革命交织下的人工智能风险既具有地域特色，又具有全球特征，还具有跨界性，超越了自然地理和社会文化边界，在技术上塑造着人类命运共同体，因此，全球应该及早形成共识、协同行动，

---

① Alonso A. An Unseasonable Thinker: How Ellul Engages Cybercultural Criticism[M]// Jacques Ellul and the Technological Society in the 21st Century. Springer Netherlands，2013.
② Müller V C. Risks Of Artificial Intelligence[J]. University of Oxford，UK and American College of Thessaloniki/Anatolia College，Greece，2016：92.
③ 同①。
④ Müller V C. Risks Of Artificial Intelligence[J]. University of Oxford，UK and American College of Thessaloniki/Anatolia College，Greece，2016：180.

在积极发展人工智能技术的同时，更要警惕其潜在社会风险，避免"近视症"①。

第三节 人工智能时代的风险挑战及其社会治理

在新科技革命背景下，机器人与人工智能已经成为下一个产业新风口和产业转型升级新机遇。目前人工智能进入生产领域，由此导致的人与机器在生产领域的矛盾不能被忽视。人工智能进入人类的日常生活，改变着人们生活方式，大数据和人工智能在重塑人类现实的同时，人类更加需要加强相应的社会规范和社会治理，真正享受到科技发展给生活带来的福利。

一方面，人工智能是新兴科技重大革新的结果；

另一方面，作为革新的基础，人工智能发展又在世界各地推进更大程度、更大范围的现代化。发展科学技术是近代以来中国建设现代国家努力的重要组成部分，大力发展人工智能技术是当代中国创新型国家建设的重要组成部分，人工智能的快速发展要求我们对其风险及其挑战有全面和系统认知。

一、技术自主性与人工智能的失控风险

人工智能在带来生产方式、生活方式以及思维方式的重大变革的同时，也给当代社会带来了哲学和伦理挑战，其中最大莫过于技术失控和责任主体模糊问题。技术一旦失控，就会对人类的生存和生活带来巨大的威胁。新兴科技在改变人类的生存方式，也在改变人与自然和人与人之间的关系。随着人工智能等新兴科技的发展，人与物的关系问题会转变成人与"人造物"的关系问题。

西方人对于技术与人类之间关系的认知通常建立在以下观念基础之上：人类最了解他们的制造物；人造之物处于人的牢固控制之中；技术在本质上是中性的，是达成目标的手段，其利弊取决于人类如何使用。温纳认为，自主性技

---

① 张成岗.人工智能与人类未来：发展人工智能应避免"近视症"[J].人民论坛（2），2018（2）：12-14.

术观念则"通过表明控制在实践中行不通，从而开始拆穿这一梦想"①。技术的"自主"意味着技术相对于人类的"失控"。技术发明的完成往往意味着技术自身的终结，被创造者对创造者的反抗也贯穿着技术发展的历史。基于对人类未来命运的担忧，雅斯贝尔斯等也早有警示：机械作为人类与自然斗争的工具正在支配人类，人类有可能成为机械的奴隶。

以色列历史学家 Y.N. 赫拉利描述了人工智能的三个不同阶段：弱人工智能、强人工智能和超人工智能。他预测超人工智能阶段将在21世纪40—60年代出现，整个社会将裂变为两大阶层，大部分人属于"无用阶层"，极少一部分人是社会精英阶层。建立在生物科学、信息技术、大数据技术快速发展基础上的人工智能有可能导致人工智能社会的出现，在智能社会中，机器智能递归式自我改善能力的获得可能导致最终的"智能爆炸"。在未来，人类整体将具有价值，但个体将没有价值；系统将在一些个体身上发现价值，但他们也许会成为一个超人的新物种。

计算机是迄今为止人类发明的最重要的机器，"这不仅因为它深刻地改变了我们的生活，带来生产力的革命，影响到社会生活的每个角落，更因为它直接指向人类的本质特征——智慧"②。对于人工智能的未来发展，2018年过世的物理学家斯蒂芬·霍金曾指出，人工智能日益强大的威力使机器人能够复制自己，并提高智能的速度，从而导致机器人可以学习智能，导致转折点或"技术奇点"。马克·毕晓普认为，霍金的警告本质上是正确的，但人工智能对人类而言也可以成为一种善的力量。③马克·毕晓普相信电脑永远无法复制所有的人类认知能力和权利，人工智能和人类之间存在着"人性差距"：计算机缺乏主体性意识，电脑缺乏真正的理解，计算机缺乏对创造性的洞察力。尽管原始的计算机能力和随之而来的人工智能软件将会继续改进，但与未来人工智能一起工作的人类思维的组合仍将比未来的人工智能系统自身更强大，奇点将永

---

① 兰登·温纳. 自主性技术：作为政治思想主题的失控技术 [M]. 杨海燕，译. 北京：北京大学出版社. 2014：21.
② 玛格丽特·博登. 人工智能哲学 [M]. 刘西瑞，王汉琦，译. 上海：上海译文出版社，2006.
③ Müller V C. Risks Of Artificial Intelligence[J]. University of Oxford, UK and American College of Thessaloniki/Anatolia College，Greece，2016：267-268.

远不会出现。①

实际上，在技术发展中一直贯穿着"技术控"抑或"技术失控"的二维逻辑主线。人工智能则把技术思想史中的技术失控问题推向了一个新高度。由于样本空间大小限制，人类的经验认知容易收敛于局部最优，大数据科学的发展及机器学习能力的跃升有可能突破人类认知的局限性。能否和如何保持对人工智能的控制无疑是人工智能研究中的基础性问题，人类在高度发展的人工智能面前可能也没有反复试错的机会。技术作为物的特性要求被不断量化以达到不断完善，而人类美德（文明）却恰恰属于不可量化的质的领域。正如温纳所警示的，技术确实有时并不能服务于人类，有时技术会失去控制，甚至会导致灾难。从技术史的演化来看，技术失控是一个持续的、日常的事物，在我们日常生活或高技术领域里都有这类事物；失控不是技术本身的错，而是人们想象力或勇气的缺失。②

二、新技术决定论形态中的算法及数据挑战

人工智能的发展使技术思潮中技术决定论呈现出新形态——"算法决定论""数据决定论"，但人工智能算法的逻辑基础本身蕴含着不确定性，人工智能数据基础隐藏着不可追溯性的挑战。

人工智能算法的逻辑基础具有不确定性。人工智能发展建立在算法基础之上，算法使用的学习方法类似于人类学习过程，即利用相关性关系经验性地总结出结论或模型，再由该结论或者模型对更多现象进行演绎分析。因果关系必须具有状态描述与状态之间的必要联系，而从相关性到因果性的逻辑链条并不完备，相关性具有不确定性。归纳问题是一个棘手的问题，因为"主观概率和信仰定位的理论并未在思考的平衡状态保持稳定""这个执行者相信的只是关于它知识范围中的所有经验事物。"③ 人工智能专家的过度自信可能会使专家用于判断所基于的模型优于专家判断本身，而模型的逻辑基础本身具有不确定

---

① Müller V C. Risks Of Artificial Intelligence[J]. University of Oxford，UK and American College of Thessaloniki/Anatolia College，Greece，2016：267-268.
② 兰登·温纳. 自主性技术：作为政治思想主题的失控技术 [M]. 杨海燕，译. 北京：北京大学出版社，2014：238-252.
③ 玛格丽特·博登. 人工智能哲学 [M]. 刘西瑞，王汉琦，译. 上海：上海译文出版社，2006.

性。推理和演绎是人类完成世界认知的重要逻辑工具，人类对自我知识和认知有主体责任，但人工智能算法并不具有责任承担的主体性。基于大数据和强大算法的人工智能系统影响甚至替代人类的决策过程，如果算法本身具有非因果性和不确定性，在追求确定性的社会生活领域，我们应当考虑对人工智能决策权的相对限制。实际上，国际上已经出现一些限制性规范，比如《欧盟通用数据保护条例》第二十二条规定，数据主体有权利不接受由人工智能自动处理得出的结论并可以要求提供解释。

人工智能数据存在不可追溯性挑战。传统意义上的产品质量应当被监控和动态检测，以确保问题产品能够得到及时解决。随着人工智能产品兴盛，新产品安全问题逐渐成为新兴风险。训练人工智能的数学模型的大数据来源、范围与质量应当得到有效控制，数据的系统性偏差应当得到合理调控。庞大的数据已经超出了个人认知范围，个体知情权存在被数据和信息淹没的风险。人工智能将对人类社会产生颠覆性影响，我们更应在数据来源和质量上加以规范。作为人工智能基础的算法和数据对社会将造成重大影响，在制度设计方面保障市场开放性并赋予消费者拒绝算法决策权，在一定程度上可以减少算法及数据不公正性造成的负面后果，"缺陷召回制度"也是保障产品安全的重要措施。

三、人工智能发展中的伦理风险及其规约

新兴科技已经成为当代伦理学研究的新对象，重塑了人类的社会秩序和伦理规范。计算机认知哲学是最早关注人工智能与认知科学伦理问题的领域，在认知中存在一种智能恐惧论，认为不道德地使用人工智能会导致人工智能取代人的功能，甚至取代人的主体地位[①]；更多学者倾向于认为，随着人工智能自主能动性的提高，责任问题才是最突出的伦理难题[②]。新兴科技伦理规约所面临的现代性困境其实在于责任问题，如何确定人工智能技术活动及其后果的责任主体，是人工智能发展必须考虑的问题。由于整个技术社会制度让每个行动在完整的技术活动过程中充当单个环节的活动者，这必然导致技术主体的破碎

---

① Gries D. Ethical and Social Issues in the Information Age Fifth Edition[M]. Springer Berlin，2013：206.
② Kroes P，Verbeek P P. The Moral Status of Technical Artefacts[M]. Springer Netherlands，2014.

化。在新兴科技的伦理规约挑战中，技术设计的美好愿望与技术后果的失控日益凸显。人们既想通过技术转变和升级生产方式和生活方式，又不想让技术进入非技术领域。

技术与伦理的内在冲突呈现于技术发展的不同阶段。只有处理好新兴科技与人、社会文化及环境的关系，处理好高效率存在方式与真正的进步之间的关系问题，才能给人类和新兴科技的和谐发展提供一个良性环境，真正实现"善治"与"善智"的互构。在技术的快速前行中，我们甚至不能判断我们是否在以正确方式生活；道德也正在从生活中被剥离，技术文化本身存在失去其内在目的性的危险，人工智能中的算法偏差和机器歧视问题日益凸显。机器的工作速度、精度、强度无疑会高于人，但机器运行中也会出现算法偏差和歧视问题。比如，谷歌搜索中，相比搜索白人的名字，搜索黑人的名字更容易出现暗示具有犯罪历史的广告等，"机器伦理"有望能约束智能系统的行为，以确保这些系统的发展带来积极的社会成果。

尽管"机器比人聪明"并不是机器控制人的充要条件，但是当前社会对"机器人是否会在未来控制人类"的高度关注反映了人工智能技术发展中的人类隐忧。人类自由意志的基础来源于自我决定权，自我决定同样意味着自我风险、行为的社会风险以及在自我能承担相应后果的能力。以自动驾驶为例，不合法的人类驾驶比如醉酒驾车、疲劳驾驶、危险驾驶等充满各种风险；将决策权交给人工智能算法无疑可以大大降低以上非法行为的风险性，但我们同时也将相应的责任转移给了人工智能算法。

无自由意志的人工智能算法如何承担主体责任无疑也是伦理规约难题。无人驾驶汽车版的"电车难题"在现实中也无定论：当出现紧急状况时，自动驾驶行动应先保护车内人员，还是路上行人？随着车上人员和路上行人数量不同，抉择难度也会升级。人工智能系统自身的产品瑕疵而造成损害的责任承担也是目前的困局，责任事故应归咎何处：是设计人"技术漏洞"，还是操作人"不当使用"，抑或是智能机器人超越元算法的"擅自所为"？

四、人工智能对就业的冲击及其社会风险

历史上，工业革命的一个重要影响就是机器对劳动力的补充或取代；当代

随着人工智能技术的发展，认知和情感劳动业已经开始被取代，一些经济学家把这称为"机器时代2.0"①。在新技术革命浪潮中，新兴技术作为节约劳动力速度的工具超过了社会为劳动力开辟新用途的速度，人工智能正在挑战社会就业结构。2010年牛津大学的一项研究预测，未来10—20年47%的岗位会被人工智能所取代；2016年的世界经济论坛预测未来五年将有500万个岗位会失去；2017年麦肯锡研究报告显示：有60%的职业（至少1/3）面临着被技术替代的可能性，大量行业和工作者面临着重新择业的挑战；到2030年，依据行业的不同将会有0～30%的工作被自动化取代，这取决于自动化的速度和幅度。伴随着人工智能技术的迅速发展和应用，人们抑或会进入一个技术性失业率不断上升的时代！

随着人工智能的发展，新型机器人成为社会生产和生活中极具竞争力的"新型脑力劳动者"。这种"新劳动者"的职业优势已经体现在诸多行业。被取代的工作和岗位具备如下特征：凡是可以描述的、重要的、有固定规则和标准答案的工作岗位，都有被智能机器人取代的可能性。随着人工智能广泛应用，第二产业中的"第三产业"将重构人群就业结构，对社会稳定构成挑战。

2017年习近平主席《在二十国集团领导人汉堡峰会上关于世界经济形势的讲话》中指出，在当前，世界经济发展仍不平衡，技术进步对就业的挑战日益突出。我们应当处理好公平和效率、资本和劳动、技术和就业的矛盾，要继续把经济政策和社会政策有机结合起来，解决产业升级、知识和技能错配带来的挑战，使收入分配更加公平合理。

五、人工智能时代整体图景缺失的挑战

人工智能时代是通过程序呈现的世界图像在时间序列上的布展；然而，技术的复杂性往往会掩盖人类重要活动的复杂性，比如信息电子技术的使用即是如此。时代的困境在于人类无法将复杂的世界组成可以理解的整体，在享受技术便利的同时，失去了对复杂技术系统的控制。

人工智能时代正面临着整体图景缺失的挑战。大卫·温伯格指出，人们从

---

① Brynjolfsson E, McAfee A. The second machine age: Work, progress, and prosperity in a time of brilliant technologis[J]. WW Norton and Co. 2014.

互联网获取信息有两个工具性途径，一个是利用电脑提供的海量信息记忆，上网搜索获取答案，另一个是利用社交手段，借助朋友圈的引导，找到感兴趣信息。① 互联网可以在相当程度上提供有用的网络知识，但互联网不能为我们提供对网络知识的"理解力"。互联网非但不能为我们提供理解能力，反而可能会阻碍理解能力的发展。网络空间在出现认识的"傻瓜化"现象；享受信息技术便利的人群也许会提出如下解决方案，对技术"知其然即可，而不必知其所以然"，因为这并不影响利用技术、享受便利。实际上，与其他技术类似，人工智能技术的复杂性存在掩盖人类重要活动复杂性的风险，社会技术网络并不能自我调整和校正，便捷化人工智能技术的使用对整体化的时代图景形成挑战，假定没有被全面洞察社会能够良好运行就是把人类的发展放在不确定性的根基之上。

人工智能的崛起和全面爆发既有技术的实质性突破，也有伪概念的虚假繁荣，需要我们清醒客观的判断和扎实冷静的努力。人工智能技术发展面临机遇也需要应对诸多风险及挑战。笔者认为，人工智能时代的最大风险是"我们并不了解人工智能的风险"。在思想探索进程中，我们必须反对认识上的决定论，不能直接假定"人工智能是坏的，或者人工智能是好的"。除了关注技术进步本身之外，我们还应当努力描述作为"社会事实"和"伦理事实"的人工智能。人类不能让舒适的假象迷惑主体性意识，人不能放弃自己而沦落为某种决定论的服从者。成为决定论的服从者会导致被技术所奴役，人在获得"表面上的自由"的同时，不能放弃"真正的自由"。技术起源于机器，但是技术不等于机器；机器与人工智能仅仅代表技术的一部分，关注人本身始终应当成为科技发展的目标和动力！

第四节 走向"善治"与"善智"的相互建构

在现代性与全球化语境下，以信息、大数据及人工智能技术为基本元素所塑造的人类社会生活秩序呈现出与以往不同的特质和安排。

首先，基于在技术的历史发展中一直存在着的三重逻辑悖逆，我们需要对

---

① Weinberger D. Too big to know: rethinking knowledge now that the facts aren't the facts, experts are everywhere, and the smartest person in the room is the room[J]. Library Journal, 2011.

人工智能技术发展的社会后果进行全面评估。古希腊先哲"认识你自己"的箴言在人工智能时代显得更为振聋发聩。技术社会存在"对技术的美化和神化有余""反思和批判不足"的现象；我们必须清晰地意识到，在越来越多的商品可供消费的技术时代，技术批判并不容易得到人们认可；在人工智能被日趋叫好的当代，人工智能的批判性反思尽管非常必要，但"不合时宜"的思想的生存周期并不被看好。社会应当为"不合时宜"的思想者和创新者提供成长的土壤，培育公众独立探索的习惯和不带成见与偏见的探索精神。整体性图景的缺失显示了想象力的消退，只有具备社会学想象力，才能看清更广阔、更深远的历史舞台，才能发现现代社会的隐蔽构架。为此我们需要培育批判性反思与创造性建构的能力，养成在微观事实与宏观结构之间进行穿梭的贯通的素养。

其次，我们应当清醒地意识到"反思技术"并不等于"反对技术"，技术发展最终应当回归于人本身，社会要发展"为了人类的技术"。面向未来，我们不是要放弃技术，而是要全面深入反思技术社会影响，改进社会发展中的制度设计，用更积极的行动解决技术发展中遭遇的问题。人工智能时代，应确立以风险预防为核心的价值目标，构建以伦理为先导、技术和法律为主导的风险控制的规范体系；在技术发展中，要关注事后补救，更要进行事先预防；在风险规避中，要推进技术发展的公众广泛参与原则，包括技术信息公开和公众参与、公众决策等。在技术的社会控制上，技术专家、思想界、产业界在自己的范围内可以自圆其说，但不同语境缺乏可通约性，只能是自说自话。我们必须寄希望于人类全体形成合力以达成对技术发展的理性控制，人工智能时代需要亟待构建利益相关者的对话平台，思想关切应当从"个体"转移到"人类命运共同体"。"人类命运共同体"理念的提出对于发展技术的社会控制理论具有重要启迪意义，多元碰撞必将促进新的融合！

最后，作为世界上最大的发展中国家，进入新时代的中国应当尽快完成从"跟跑者"向"领跑者"的角色转换；在人工智能时代，人类需要系统推进"技术"与"社会"的良性互动。人工智能时代，非西方社会的发展呈现出跨越式、超越式的非常态发展，基于西方社会发展经验的理论启示已经不能提供社会前进的路标。在中国，移动互联网用户的剧增、电商从业者和用户数量的爆发、人工智能和大数据对社会生活空间的拓展等都是世界现代化进程中崭新的宏大实践。在人工智能的话语论述中，既要避免认识论上的卢德主义，又要避免认识论上的技术决定论。对于人工智能，我们既不能过度乐观，选择性简化或忽略问题的严肃性，也不能过于放大风险甚至成为"技术灾变论者"，不能裹足不前，更不能阻碍技术发展。人工智能时代机遇与挑战同在，应当加强人工智能技术发展研判和预测，增强风险意识，更好地应对人工智能技术可能导致的失控风险、伦理挑战、就业影响，促进科技治理能力现代化。在推进人工智能社会建设中应当处理好"善治"与"善智"的关系，发展"负责任"的人工智能，走向技术与社会的"良性互构"。

第六章
人工智能、劳动替代、就业风险及其社会治理[①]

人工智能在生产和服务领域逐渐广泛的应用给就业带来前所未有的冲击。失业问题给政治、经济、社会和个人发展带来巨大阻力，担心失去工作和担忧难以再就业是公众失业风险感知最直观的呈现，公众形成了不同程度的失业恐惧。本章分析了人工智能技术对就业的冲击、公众的失业风险感知，以及人工智能技术对失业恐惧的影响，以期给人工智能失业问题的治理和应对提供有益启示。为有效应对人工智能等新技术应用可能导致的失业问题和失业恐惧，需要制定和实施相关举措，加强人工智能的社会治理，充分促进"善智"发展，加强社会的调适，提高应对失业风险的韧性，有效推进技术赋能，提高公众就业能力。

第一节 人工智能时代的技术性失业

历史上，科学技术一直是推动人类社会发展重要力量；进入21世纪以来，依靠科学技术实现经济社会的可持续发展成为各国共同面对的战略选择。党的十八大明确提出科技创新是提高社会生产力和综合国力的战略支撑，必须摆在国家发展全局的核心位置。在第四次工业革命浪潮冲击下，人工智能技术的发展带来一场深刻的系统性变革，新兴技术群不仅改变了我们所做的事情和做事

---

① 李佩，张成岗．人工智能时代的技术发展与就业挑战[J]．智库理论与实践，2019（6）：43-51.

的方式，而且改变了人类自身。人工智能技术的发展和运用存在复杂性和不确定性。在就业领域，传统意义上的就业活动正在发生重大变革，比如，平台经济孕生的新职业允诺了人们的弹性工作，引发了就业市场创新，同时也引发了人们对职业保障性的担心和恐惧。全面分析人工智能发展带给就业的新挑战有助于系统认知新技术革命的全面性，有助于构建新技术革命中的思维框架，从而更好应对第四次工业革命带来的新挑战。

网络社会学领域的重要推进者曼纽尔·卡斯特曾经说过，在任何历史转变的过程中，系统变迁最直接的表现之一，乃是就业与职业结构的转型。① 工业革命以来，技术对就业的冲击是经济和社会研究密切关注的议题，当下人工智能在生产和工作中广泛而深入的应用将加剧对就业的冲击。就业是工业社会的产物，充分的就业可以促进社会秩序和政治的稳定，是一种"社会稳定元素"和"社会控制机制"。涂尔干也曾强调，具有专业工作的群体可以提高社会的道德水平，可以控制个人的利己主义，可以使整个社会的纽带变得更强大。② 对个人而言，就业是个人在经济和社会心理方面的一种社会回报。③ 经济增长和充分就业是宏观经济的两个主要目标。然而，从"卢德运动"到今天人工智能对就业的冲击，技术的发展和应用导致的就业不安全感从未被消除。早在亚里士多德的《政治学》中已经对技术取代匠人表示了担忧。技术性失业现象滥觞于第一次工业革命时期。从古典政治经济学和第一次工业革命开始，技术进步对就业的影响已经历经了两百余年之论争。最初亚当·斯密等古典自由主义者认为技术不会造成失业，而詹姆斯·穆勒、西斯蒙第、大卫·李嘉图等认为技术会造成失业。20 世纪 30 年代，在大萧条背景下，经济学家凯恩斯最先引出"技术性失业"④ 一词，并指出失业的原因在于节约使用劳动力的手段及其发展速度，超

---

① 曼纽尔·卡斯特. 网络社会的崛起 [M]. 夏铸九，王志弘，等译. 北京：社会科学文献出版社，2001.
② 涂尔干. 职业伦理与公民道德 [M]. 渠敬东，译. 北京：商务印书馆，2015.
③ VOßEMER J, GEBEL M, TA HT K, et al. The effects of unemployment and insecure jobs on well-being and health: the moderating role of labor market policies[J].Social Indicator Research，2018，138（3）：1229–1257.
④ PAUL K. McCLURE. "You're Fired" says the robot: the rise of automation in the workplace, technophobes, and fears of unemployment[J].Social Science Computer Review，2018，vol. 36（2）：139-140.

出了可以为这些劳动力找到新用途的速度①。凯恩斯在其著名的演讲《我们子孙后代的经济前景》（Economic Possibilities for Our Grandchildren）（1930年6月，马德里）中指出技术进步是造成普遍失业的原因，但这将为个人腾出时间来从事不以寻求报酬为目的，而是为了个人成长或娱乐为目的的其他活动。②凯恩斯的想法在当时被视为乌托邦。在20世纪30年代的北美盛行这种关于就业、社会分配和美学式生活的乌托邦式构想，涌现出曾风靡一时的技术治理运动③，认为技术是失业的根源，并主张由工程师和技术专家取代政治家和商人来治理社会。

迈克尔·B.舍勒④和鲍德温⑤的研究都直接表明，人被机器取代即为技术性失业。20世纪60年代以来，随着自动化在生产领域的普及，罗马俱乐部、丹尼尔·贝尔、安东尼·吉登斯都表示技术会对就业带来冲击。20世纪90年代，C.格伦蒂宁发表《新卢德宣言》（1990），杰里米·里夫金提出"工作终结论"（1995），加利诺从"技术—生产率—市场—劳动力需求"的关系来讨论技术性失业（1999）。国内学者关锦镗、曹志平、韩斌等也从科技革命与就业的角度分析了技术与就业的问题。⑥

21世纪以来，人工智能的发展迎来第三次浪潮，其应用的快速扩散对就业带来前所未有的冲击，杰瑞·卡普兰⑦认为人工智能将会导致持续性失业，卡尔曼·托斯⑧提出"不劳社会"将会到来，理查德·萨斯坎德和丹尼尔·萨斯坎德⑨表明人工智能时代的技术性失业是大势所趋，小池淳义⑩指出人们的工作

---

① CAMPA R. Humans and automata: a social study of robotics[M]. Peter Lang Edition, 2015: 14.
② MIRIAM B, MARINA B, VALENTINA C (eds). FOLGIERI R. Technology, Artificial Intelligence and Keynes' utopia: a realized prediction?[M]. Frankfurt Am Main: Peter Lang AG, 2016: 73-86.
③ 刘永谋,李佩. 科学技术与社会治理：技术治理运动的兴衰与反思[J]. 科学与社会, 2017, 7(2): 58-69.
④ SCHELER M.B. Technological unemployment[J]. The Annals of the American Academy of Political and Social Science, 1931, 154(1): 17-27.
⑤ BALDWIN P.M. Technological unemployment[J]. The Scientific Monthly, 1935, 40(1): 44-47.
⑥ 关锦镗,曹志平,韩斌. 科技革命与就业[M]. 北京：北京大学出版社, 1994.
⑦ 杰瑞·卡普兰. 人工智能时代[M] 李盼, 译. 杭州：浙江人民出版社, 2016.
⑧ 卡尔曼·托斯. 人工智能时代[M]. 赵俐, 译. 北京：人民邮电出版社, 2017.
⑨ 理查德·萨斯坎德,丹尼尔·萨斯坎德. 人工智能会抢哪些工作[M]. 杭州：浙江大学出版社, 2018: 341.
⑩ 小池淳义. 人工智能超越人类：技术奇点的冲击[M]. 崔海明, 译. 北京：机械工业出版社, 2018.

将被夺走。当然，也有观点认为人工智能的就业创造效应大于就业替代效应，至少从长远来看，就业创造效应的影响会越来越明显①。

第二节 人工智能替代劳动冲击下的失业恐惧

人工智能内在地具备技术的特质，与人工智能相关的就业问题可以被归为技术性失业范畴。人工智能可能引发的失业问题在速度、规模和深度上都远远超于一般性的技术性失业。仅从生产层面谈人工智能对就业的影响已经远远不够，人工智能既可以取代可被编码为计算机语言的程式化工作，又可以取代难以被分解和编码的非程式化工作。人工智能的深度应用将意味着人类可能"在本质意义上被取代"②。在人工智能对生产和就业的影响下，人们的就业不安全感和对再就业的担忧成为不可忽视的社会问题。弗拉基米尔·金普尔森和亚历山大·奥什切科夫将这一心理现象称为"失业恐惧"。

"失业恐惧"一词最早出现在1982年约瑟夫·纳尔③写的关于失业恐惧打击美国工会并对工作保障带来影响的短文中。失业恐惧有两方面的体现④：一是对失去现有工作的恐惧，体现为工作不安全感；二是已失业人员对难以再就业的恐惧。对自动化机器人和人工智能的恐惧是一种特定的社会学恐惧，梁玉华和李承哲称之为"对自动化机器人和人工智能的恐惧"，他们的研究指出，老年人、女性和文化程度较低且收入较低的人可能会更担心自动机器人和人工智能技术带来的失业。⑤恐惧是面对潜在的危险在现实中发生时的一种重要的

---

① 杨伟国，邱子童，吴清军.人工智能应用的就业效应研究综述[J].中国人口科学，2018（5）：109-119，128.
② 张正清，张成岗.第四次革命：现代性的终结抑或重构——信息伦理对人工智能伦理的启示[J].武汉大学学报（哲学社会科学版），2018，（3）：177-184.
③ NAAR J.L. Fear of unemployment hits unions[J].American Journal Of Economics And Sociology，1982，vol.41（2）：195–96.
④ GIMPELSON V，OSHCHEPKOV A. Does more unemployment cause more fear of unemployment? [J].IZA Journal of Labor & Development，2012，December，1：6.
⑤ LIANG Y，LEE S.A. Fear of autonomous robots and artificial intelligence： evidence from national representative data with probability sampling[J].International Journal of Social Robotics，2017，9（3）：379–384.

情绪，但恐惧缺乏责任感，并不是面对风险后果和不确定性时合适的情绪。①失业恐惧天然地体现了现时代人们对就业冲击的被动担忧却缺乏改变就业现状的主观能动性和客观能力，因此，超越个人层面的引导和规划对于缓解失业恐惧并寻求新的就业增长点具有极其重要的意义。

失业恐惧伴随着一系列社会后果。首先，在个人层面，导致收入降低并降低消费②，破坏自信心，压抑主观幸福感，消极地影响健康③，甚至导致抑郁症④和引发自我伤害⑤。其次，在家庭层面，可能使家庭关系复杂化，负面地影响婚姻和家庭功能⑥，直接降低配偶的心理幸福感，这一点在单一收入家庭中比在双收入家庭中更强⑦。父母的工作不安全感与青少年的自我效能感之间存在负相关关系⑧，影响甚至蔓延到未出生的家庭成员⑨。最后，在企业层面，导致员工行为异化，体现出表面激进、内心消极的行为现象⑩。在职人员的健康投资下降，员工对失业的恐惧导致他们尽量避免病假或康复假以及其他医疗服务，因为雇主可能会将其误解为推卸工作⑪。此外，失业恐惧影响社会秩序的稳步发展，使当地社会服务供求紧张。

---

① ROSER S（eds.）.Emotions and risky technologies[M].Springer Dordrecht Heidelberg London New York，2010.
② STEPHENS M. Job loss expectations，realizations，and household consumption behavior[J]. Review of Economics and Statistics，2004，86（4）：253-269.
③ BURGARD S，BRAND J，HOUSE J. Perceived job insecurity and worker health in the united states[J].Social Science & Medicine，2009，69（5）：655-802.
④ CAMPBELL D，CARRUTH A，DICKERSON A，et al. Job insecurity and wages[J].The Economic Journal，2007，.117，：544-566.
⑤ HURST J.M. The impact of networks on unemployment[M].London： Palgrave Macmillan.2016.
⑥ LARSON J.H，WILSON S.M，BELEY R. The impact of job insecurity on marital and family relationships[J].Family Relations，1994，43（2）：138-143.
⑦ BUNNINGS C，KLEIBRINK J，WEßLING J. Fear of unemployment and its effect on the mental health of spouses[J].Health Economics，2017（26）：104-117.
⑧ LIM V.K，LOO G.L. Effects of parental job insecurity and parenting behaviors on youth's self-efficacy and work attitudes[J].Journal of Vocational Behavior，2003，63（1）：86-98.
⑨ CARLSON K. Fear itself： the effects of distressing economic news on birth outcomes[J].Journal of Health Economics 2015，vol.（41）：117-132.
⑩ 朱金海.民营企业员工失业恐惧下的行为异化现象及其对策研究[J]. 技术经济，2007（7）：107-112，78.
⑪ REUCHERT A.R，AUGURZKY B，TAUCHMANN H. Self-perceived job insecurity and the demand for medical rehabilitation： does fear of unemployment reduce health care utilization?[J].Health Economics，2015（24）：8-25.

失业恐惧问题伴随着科技和经济发展的演进，广泛存在于东西方社会中。20世纪90年代我国曾出现"黑色失业浪潮"，随着失业制度普遍推行而逐步呈现，（可能）出现一种弥漫极广的失业恐惧症，但这一时期的失业恐惧并非因为新技术的冲击，而是因为市场经济的发展，人们普遍把下海看作是走出失业恐惧和建立新职业的桥梁。①2008年金融危机导致美国和欧洲国家的失业恐惧普遍化。一项对全美公民进行的心理抽样调查，在回答"你这一生中最担心什么"时，59%的人选择了"失业"。弗拉基米尔·金普尔森和亚历山大·奥什切科夫利用俄罗斯纵向监测调查数据，考察了俄罗斯工人在1997—2012年的15年间对失业的恐惧，结果显示除了2007年，担心失去工作的人的比例一直高于50%。托比·沃尔什②对300位AI和机器人专家以及500位非专家关于技术性失业的看法所做的研究表明，技术进步尤其是机器人技术和人工智能的发展，可能在未来几十年内导致高失业率。《世界发展报告2019：工作性质的变革》揭示了机器人引发的失业问题给人们造成的恐慌已经成为未来工作讨论的中心议题，并预示未来的工作性质会发生变化。

第三节 人工智能时代的公众失业风险感知

历史地看，技术创新和人类就业是共生发展的，然而人工智能带来的技术应用上的成就意味着变革的步伐变得越来越快，对就业的冲击将引发空前的失业恐惧。算法和智能机器被用于各个领域，比如经济、商业、医疗、工业和法律。任何需要在没有充足先验知识的情况下使用数据进行预测的领域，都会受到人工智能的影响。人工智能发展面临技术发展的"三重逻辑悖逆"，即"以现代性为基础构架的技术社会中的主奴、不均衡性、目的与工具的三重逻辑悖逆"，同时又置身于"新全球化、新工业革命、社会转型三重叠加的挑战"的时代背景③。根据麦肯锡全球研究院的预测，到2055年，自动化和人工智能将取代全球49%的有薪工作，而10%～12%的失业率足以造成社会紧张局势并产生犯罪。

---

① 杨秩清.谁也保不住铁饭碗：失业，九十年代第一危机[M].成都：四川大学出版社，1993.
② WALSH T. Expert and non-expert opinion about technological unemployment[J].International Journal of Automation and Computing, 2018, 15（5）：637-642.
③ 张成岗.人工智能时代：技术发展、风险挑战与秩序重构[J].南京社会科学，2018（5）：42-52.

一、2015 年接近一半的公众有不同程度的失业恐惧

通过采用中国综合社会调查（CGSS）2015 年的调查数据，可以基本了解公众的失业感知和失业恐惧程度（表 6-1）。基于 CGSS2015 居民调查问卷中的"D28 您是否担心会失业"问题，从 10968 个样本规模中根据变量的描述统计结果，最终选取对本研究有效的 787 个样本，对公众的失业感知进行研究。见表 6.3.1，787 个研究样本中，"非常担心"失业的样本有 42 个，占比 5.34%；"有些担心"失业的样本有 126 个，占比 16.01%；"有一点担心"失业的样本有 196 个，占比 24.90%；"完全不担心"失业的样本有 396 个，占比 50.32%；"无法回答"的样本有 27 个，占比 3.43%。因此，在 787 个样本中，有不同程度失业恐惧（"非常担心""有些担心""有一点担心"）的样本占比为 46.25%。"是否担心有可能会失业"的均值为 2.86，样本中公众失业感知的平均程度为"有一点担心"失去工作。

表 6-1　问卷样本对不同程度失业恐惧的回答情况

您是否担心会失业					总计
无法回答	非常担心	有些担心	有一点担心	完全不担心	
27	42	126	196	396	787
3.43%	5.34%	16.01%	24.90%	50.32%	100%

二、2015 年失业恐惧主要集中于高中及以下学历群体

研究结果显示：从受教育程度来看，样本中"最高受教育程度"的均值为 4.86，样本的平均最高受教育程度为高中，整体上失业恐惧主要集中在高中及以下学历群体，研究生及以上学历的就业安全感相对最高，但大学本科学历的失业恐惧在数值上较为突出也不容忽视。具体而言，见表 6-2，"非常担心"失业的样本中，初中学历的样本占比为 50%，其次是小学学历 19%，普通高中学历 9.5%，中专学历 7.1%，大学本科（正规高等教育）学历 2.4%，高中及以下学历的样本构成主要特征群体。"有些担心"失业的样本中，初中学历样本的占比最高，为 31%，其次是小学学历占比 19%，普通高中学历占比 18.3%，大学本科（正规高等教育）学历占比 8.7%，高中及以下学历的样本构成主要特征群体。"有一点担心"失业的样本当中，初中学历占比 25.5%，小学学历占比 17.3%，普通高中学历占

比 13.8%，大学本科（正规高等教育）学历占比 10.2%，大学专科（正规高等教育）学历占比 8.2%，研究生及以上学历占比 3.6%。"完全不担心"失业的样本占样本量的一半以上，其中初中学历占比最高，为 26.5%。

表 6-2 不同学历的失业恐惧情况

	非常担心	有些担心	有一点担心	完全不担心	无法回答
研究生及以上	0	0	3.6%	1.5%	0
大学本科（正规高等教育）	2.4%	8.7%	10.2%	10.6%	7.4%
大学本科（成人高等教育）	0	3.2%	4.1%	4.3%	3.7%
大学专科（正规高等教育）	0	5.6%	8.2%	9.8%	0
大学专科（成人高等教育）	0	1.6%	2%	4.5%	0
技校	0	0.8%	1%	0.5%	0
中专	7.1%	2.4%	5.6%	4.5%	0
普通高中	9.5%	18.3%	13.8%	13.4%	0
职业高中	0	4%	2.6%	1.5%	0
初中	50%	31%	25.5%	26.5%	40.7%
小学	19%	19%	17.3%	17.4%	25.9%

注：数据来自 SPSS 分析的受教育程度与失业恐惧程度交叉列联表，受教育程度变量中"无法回答""没有受过任何教育"和"私塾、扫盲班"三项未加入上表。

不同程度失业恐惧的学历分布如图 6-1 所示。

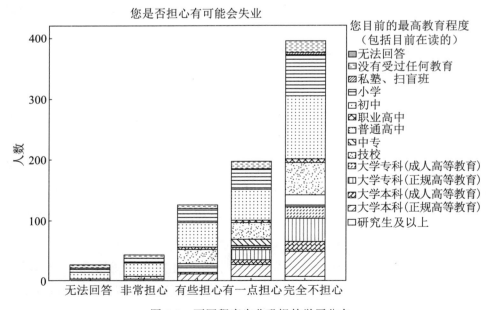

图 6-1 不同程度失业恐惧的学历分布

三、失业恐惧群体主要为 31～50 岁人群

如图 6-2 所示，在失业感知的年龄分布上，"非常担心"失业当中，41～50 岁的群体占比最大，其次为 31～40 岁与 51～60 岁，少量 19～30 岁。"有些担心"失业当中，41～50 岁最多，19～30 岁以微弱的差距排在其次，再次分别是 31～40 岁、51～60 岁，少量 61 岁以上。"有一点担心"失业的年龄结构分布排序为 31～40 岁，41～50 岁与 19～30 岁人群数量非常接近，51～60 岁，61 岁以上。整体来看，31～50 岁年龄群体的失业恐惧程度在失业恐惧当中占比最高，19～30 岁年龄群体失业恐惧程度相对轻微。

数据分析显示，首先，学历教育对公众的失业感知存在影响，具体表现在高中及以下学历的失业恐惧程度最高且人数占比最大，大学本科的失业恐惧问题也较为突出，研究生及以上学历的失业恐惧最轻微。其次，在年龄结构上，失业恐惧程度较高的年龄群体主要是 31～50 岁，属于正处于职业黄金期和稳定期的群体。再次，不同程度的失业恐惧人数占比总和为 46.25%，说明失业问题已经引起近一半公众的关注，失业问题给公众心理带来的影响较广，不能排除这种失业感知有可能向更大范围和更严重程度转变。

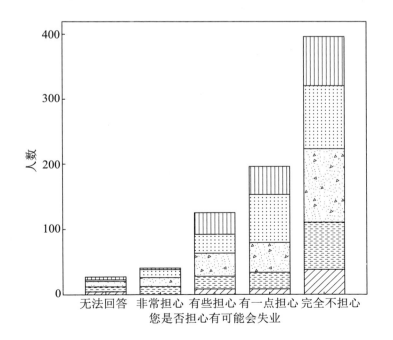

图 6-2　不同程度失业恐惧的年龄分布

四、人工智能可能加剧高学历失业恐惧

　　2008—2017 年的 10 年间，我国工业机器人安装量快速增多，但城镇登记失业率逐渐走低，如图 6-3 所示，是否逐渐好转的城镇登记失业率会舒缓公众的失业恐惧？2018 年我国机器人市场结构分布当中的工业机器人市场规模 62.3 亿美元，占全部机器人总量的 71%。工业机器人安装量可以体现出工业生产领域的自动化和智能化程度。受人工智能的影响，公众的失业感知也会发生新的变化。人工智能所催生的就业岗位对人才要求非常高，不能否认高学历人群也将面临来自人工智能的就业冲击和失业恐惧。引用社会变迁理论对技术和社会关系的解释，人工智能技术作为物质文化，与社会之间的"相差异步"是解释人工智能导致失业问题的根本原因。塔维斯托克研究所倡导的社会技术系统研究方法强调，技术系统与社会系统间缺乏协调是无效率和冲突的根源。早在奥格本的社会变迁理论中就对物质文化（技术发明）与非物质文化（社会）之间的失调问题进行详细说明，奥格本称之为两种文化之间的"相差异步"[①]。"相差异步"最直观地体现为社会系统相对于技术发明的滞后性。在奥格本看来，大多数技术发明并不是为了某一项社会制度而进行发明，在技术扩散阶段"社会的复杂性"对社会适应新技术带来阻碍，此外，技术与社会之间内在的差异性，以及道德、礼教和风俗等"团体的价值"也一定程度上阻碍了技术和社会的糅合。邱泽奇在其技术与组织理论中强调，技术行动与社会规则之间的"异步"，是技术化社会治理困境的根源[②]。人工智能技术相比其他技术在发展速度和影响规模方面都具有超越性，借助大数据和 5G 技术的发展，进一步促进了人工智能技术的社会应用，并扩大其对就业的影响。

　　当下，人工智能技术的广泛应用牵引着社会发展的整体性变革，新兴技术在提高生产效率，赋能经济发展方面发挥着关键作用，同时其对于劳动力市场

---

① 乌格朋. 社会变迁 [M]. 费孝通，王同惠，译. 上海：上海社会科学院出版社，2016.
② 邱泽奇. 技术化社会治理的异步困境 [J]. 社会发展研究，2018（4）：2-26，242.

的冲击也亟需进行前瞻式研究探索，以避免"自动化减人"可能造成的规模性技术失业，并进一步对社会结构稳定性带来挑战。

历史地看，自第一次工业革命以来，从机械织布机到内燃机，再到第一台计算机，新技术出现总是引起人们对于被机器取代的恐慌。在1820年至1913年的两次工业革命期间，雇佣于农业部门的美国劳动力份额从70%下降到27.5%，目前不到2%。与以往的几次工业革命不同，以人工智能为代表的新兴技术对创造性强的岗位也产生了冲击。

深度学习AI将对劳动力市场产生深远影响，导致许多职位消失和职位结构重组，尤其是知识型工作者。近期，Open AI公司面向公众推出的聊天机器人ChatGPT突显出人工智能（AI）等数字技术对人们的工作生活产生日益增长的影响力，更是引起高度关注。

2023年1月8日，在ChatGPT发布不久后，联合国贸发组织（UNCTAD）官网刊登沙米卡·西里曼（Shamika N. Sirimanne）的文章"人工智能聊天机器人ChatGPT如何影响工作就业"，文章指出，与大多数影响工作场所的技术革命一样，聊天机器人也会产生潜在利弊，且蓝领和白领工作者都会受此影响。为了最大限度地提高经济收益，同时最大限度地减少对工作者的负面影响，政策制定者需要从全社会整体利益着眼制定监管措施。

以ChatGPT为代表的人工智能对于人类社会的就业冲击可能远比我们曾经想象得更广泛。OpenAI发布的GPT技术对劳动市场的影响报告指出，GPT技术或将颠覆美国19%工作，对部分高薪岗位影响可能会更大。面对AI对就业的冲击，人们通常认为，最先受到影响的，会是蓝领阶层，OpenAI的研究则认为，ChatGPT对就业的影响涵盖所有工资水平，而高收入工作可能面临更大风险。随着公司学会利用生成式AI，许多公司或将进行快速重组，大幅削减白领员工。

当然，尽管人工智能等自动化技术引入对于劳动力就业的影响日益突出，我们仍要意识到自动化技术在改善劳动力工作环境、保护劳动力身体健康、提高劳动力工作福利等方面可能发挥的作用。面对技术发展新一轮的就业冲击，要把握ChatGPT带来的新一轮产业发展机遇，壮大新兴产业，借助GPT技术在相关领域创造新的就业岗位，充分发挥GPT对就业的积极带动作用。面对即将到来的人机协同时代，在应对人工智能冲击就业上，应该以更开阔的视野、更多维的方法、更有效的策略、更针对性的措施，做好充分准备，回应挑战。

人工智能技术对就业的影响路径是一个动态过程，在不同时期会有不同表现及特征。面向未来，我们既要消解"技术恐慌"的焦虑，也要破除"技术神话"的观念，既不能仅仅考虑其带来的效率与便捷，也不能过多顾虑其可能带来的矛盾与问题，而应当综合考虑技术发展带来的复杂社会效应，针对不同群体精准施策，重点关注对新技术适应性差的群体就业状况，加强对其失业保障和再就业培训，强化其适应新技术的素质和能力，综合考虑技术转型升级带来的群体异质性结果，发挥新兴技术的最大效能，使其真正助力于中国式现代化新征程。

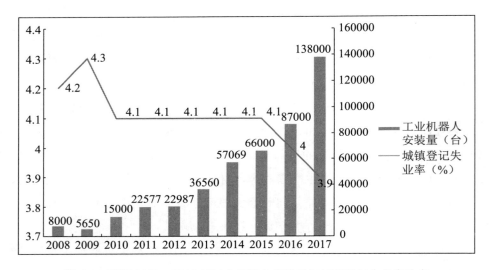

图 6-3　我国 2008—2017 年工业机器人安装量与城镇登记失业率分布

第四节　人工智能时代失业风险的社会治理

为防范和应对人工智能影响下的"失业增长"和"无就业发展"① 的可能性，并有效应对人工智能失业风险感知和失业恐惧，需要加强人工智能技术的社会治理，提高社会应对失业风险的韧性，同时加强技术赋能和技能培训提升劳动者的就业能力。

---

① CABALLERO R.J, HAMMOUR M.L. Jobless growth：appropriability, factor substitution, and unemployment[J].Carnegie-Rochester Conference Series on Public Policy，1998，48：51-94.

一、加强人工智能的社会治理，充分促进"善智"发展

从技术的发展和应用的历史沿革来看，技术完全有能力实现无工作的社会，但这并没有发生，因为在技术的发展和扩散的整个过程中，人类对技术进行了适应性"编排"，以尽可能满足经济和社会发展的就业需求。回顾技术和文明的发展演变历程，技术是可控的，但人工智能将技术失控的可能性放大到极致，因此，亟须对人工智能进行可控的社会约束。技术和社会如何和谐共处一直是技术社会学的重要研究主题。人工智能技术已经成为国家需求的技术并上升到国家战略层面，成为社会发展的重要符号，影响着就业结构和就业方式的变革，对人工智能进行社会治理是大力推行人工智能技术及其产业发展的社会前提。具体可通过以下方面开展相关举措。

首先，面对人工智能给就业带来的挑战，应加强人工智能技术应用的就业效应评估和预测，增强风险意识，以更好应对人工智能技术导致的失业风险，并充分发挥人工智能的就业创造效应；思考并精准计算人工智能创造的新的就业任务总量是多少，判断这些新任务是否属于人类更加具备优势的类别，进一步分析人和人工智能谁更具备执行这些任务的优势。长远来看，就业虽然并非人类的绝对需求，但目前整体的社会发育还未达到超越就业的阶段，因此需要从政治、经济、社会和个人层面共同致力于保持稳定而充分的就业。

其次，合理分配人工智能衍生的"技术红利"。为应对在人工智能应用的初期，技术红利向少数资本方和技术方大幅度倾斜的现象，需要科学合理地分配人工智能技术红利，让公众享受到人工智能带来的好处。

再次，从政策制定和实施层面积极推进"智能+"战略，实质性地推进人工智能多样化的应用场景，使之和谐融入社会生产生活的方方面面，成为全面促进社会均衡发展的人工智能。

二、增强社会系统的"反向适应"，提高应对失业风险的韧性

历史发展表明，社会相对技术的发展存在滞后性，因此，需要增强社会系统相对人工智能等新技术的反向适应，整体提高社会和个人应对失业风险的韧性。

首先，合理归纳人工智能失业问题的原因。多项研究表明，把与人工智能相关的技术性失业问题完全归咎于人工智能是不合理的。人工智能技术之外的其他因素，如国家的产业组成、制度脉络、在国际分工里的位置、竞争力、管理政策等，在就业方面都超过技术造成的特定影响。曼纽尔·卡斯特分析了欧洲和美国的信息技术影响就业的数据之后得出结论，失业问题的主要原因不是引进新技术，而是受经济政策和制度环境的影响。总的来说，在技术之外，市场需求和社会机制主导着失业的可能性。其次，市场和社会机制应对人工智能技术的推广和应用应该做出适合社会发展的判断和决策，以应对技术系统快速变革但社会系统滞后而带来的就业问题。社会系统的及时调适对于应对技术的发展和应用可能带来的问题意义重大，需要有效协调就业市场的规范性和灵活性，保持政府就业保障职能的同时激发企业用工活力。

再次，加强并完善不同层面的教育和职业教育，加强和完善社会保障体系建设是社会系统反向适应的重要方式。人工智能导致就业结构变化，提高了以知识、技术等生产要素参与分配的比重，进一步拉大了就业差距和收入差距，因此，应加强和完善相关社会保障体系建设，完善再分配功能，提高城乡之间、地区之间和行业之间的社会保障的公平性，将失业保险和就业支持政策覆盖城乡全体劳动人口，保障失业群体的基本生活，帮助其顺利度过失业期。

最后，需要充分完善与人工智能等新技术和就业相关的统计调查和研究，加强对智能时代技术性失业的专业化评估、预测和应对，并完善就业服务体系的专业性与有效性，积极有效对接不同受教育程度的劳动力的转岗就业。

三、有效推进技术赋能，精准提升就业能力

技术赋能、社会赋能和个人激励相结合是提升智能时代就业能力的重要方式。已有研究表明就业能力影响员工的失业感知，提升就业能力是有效应对失业问题和失业恐惧的关键。

首先，加强人工智能知识的普及是前提。人工智能是当下及未来社会发展的趋势，越早认识、接受和接触人工智能有利于对可能的变化及早做出沉着的应对，有助于减轻失业恐惧等人工智能导致的负面心理反应。发达国家在这方面有一些值得借鉴的做法。美国将为人工智能培养新的人才与劳动者再培训、

再教育上升为国家人工智能战略的核心部分,并投入大量资金和政策支持。英国的数字战略要求为每个人提供所需的数字技能,国家投入大量资金支持数字技能培养,尤其关注受人工智能等新技术冲击较大的工作群体。其次,不同学历和不同年龄段的群体对于失业的感知是有差异的,面向所有潜在失业群体或失业恐惧的群体提供精准高效的提升就业能力的平台和途径显得尤为重要。教育是培养人的职业自信和就业能力的基础,适合人工智能时代的教育系统和职业培训系统的改革是适应人工智能时代就业变革的必然途径。人工智能已经成为教育变革的内生动力,未来的教育发展方向要适应人工智能等新技术应用带来的变化。人工智能人才需求逐年提升,但满足市场需求的人才却非常紧缺,在人工智能用人需求和人才供应之间存在一个巨大的鸿沟或空档。人工智能企业数量、创业规模和就业数量逐渐扩大,人工智能的创业公司以计算机视觉、服务机器人和语言处理为主,这些新的就业领域对就业人员的要求非常高,有数据表明人工智能企业需求的人才学历半数要求硕士及以上。目前国内很多高校都已专门进行人工智能学科建设和专业设置,以通过高等教育培养专门的人工智能人才。针对非大学生的职业教育和针对在岗群体的技能培训也应该向前迈进一大步,建立可持续、高质量的职业培训体系。对个人而言,终身学习的理念将成为获取职业技能和适应时代发展的重要途径。

再次,人工智能已经实现了给产业结构和生产领域赋能,同时也需要向个人赋能,以保持人类在生产回路中的位置。国家要坚持"以人为本",优先将公共资源投入人的能力发展中,并充分扩大人工智能新增就业的量和可行性,将就业创造效应充分辐射到不同层面的就业和职业结构当中。

第七章
信息技术、数字鸿沟与社会治理[①]

在本章，我们聚焦信息技术扩散及其社会风险治理，对中国青少年使用的信息技术产品的状况进行了研究。研究选取了 3104 个样本，以电视作为传统信息通信技术的代表，手机和电脑作为新兴信息通信技术的代表，对该群体首次使用信息技术产品的时间、使用频率和主要用途三个指标进行了调查。研究显示，信息通信技术的扩散存在结构性差异，使用电视的时间分布最为均衡，使用电脑的人群分布差异性最大；扩散存在微弱的性别差异，女性比男性能够更早开始使用电脑产品；扩散在社会因素方面差异比较显著，信息通信技术较早扩散到来自大都市、父母受教育程度较高的青少年群体中；扩散的差异不仅体现在首次使用时间方面，而且体现在功能使用上，来自农村和社会经济地位较低的家庭的受访者更看重产品的娱乐功能。在科技治理能力现代化建设中，应当充分考虑新技术扩散可能导致的社会风险，推动技术产品的均衡分布，预先化解社会风险。

工业革命前后的社会科学家已开始关注所处时代的新技术及其社会问题，比如伯纳德·曼德维尔、亚当·斯密等都讨论过技术变革与社会进步的联系，卡尔·马克思更是洞察并认识到欧洲技术变革带来了新的世界殖民秩序、阶级压迫等社会不公问题[②]。技术变革及其带来的社会后果在不同的社会形态和历史时代都有相应呈现。作为深刻影响当今时代的新技术，信息技术及其与社会

---

① 张成岗，张仕敏，黄晓伟."信息技术、数字鸿沟与社会公正——新技术风险的社会治理"[J]. 中国科技论坛，2018（5）：136-144.

② WEINSTEIN J A. Sociology/Technology：Foundations of Postacademic Social Science[M]. Oxford，UK：Oxford University Press，1982.

的关系从 20 世纪中后期就受到社会学家关注。丹尼尔·贝尔在《后工业社会的来临》中已开始全面审视信息技术所带来的社会影响，并以一种乐观姿态拥抱新技术到来，认为信息技术将改变既有的社会结构，为开放社会奠定基础。

技术从来不只是表现为价值中性的人工制品，作为对技术工具论的超越，技术实体论和社会建构论在技术中透视出人类价值、文化背景以及社会利益的复杂表征。新技术扩散往往以社会价值和利益为潜在背景，人类已经进入移动互联时代，其经济驱动价值已经得到较多关注，但其社会和文化影响较少得到专门研究。

信息通信技术是当今时代最重要的技术之一，作为传统信息技术产品的电视和新兴信息技术产品的移动电话、计算机早已成为信息社会的象征。2000年，由八国集团发表的《全球信息社会冲绳宪章》肯定了信息通信技术的重要地位，认为信息通信技术的发展不仅影响人们生活、学习和工作的方式，而且是世界经济增长的重要动力。信息技术也有助于发展中国家跨越基础设施建设的差距，迎头赶上现代化进程。

研究显示，信息技术虽然有助于实现世界的互联互通，也导致不少地区和人群被边缘化，不同人群、国家和地区接触到新技术的时间差异是构成新的社会不公的重要来源。因此，学者一方面关注以信息通信技术和产品为代表的新技术扩散路径、现状和差异，另一方面试图继续探索不同语境下的技术扩散与社会公平问题。本章将基于对青少年使用以电视、手机和计算机为代表的信息技术产品情况的调研，对当代中国语境下的技术扩散及其可能导致的"数字鸿沟"（digital divide）与社会结构差异扩大等风险问题进行深入探讨。

第一节 信息技术扩散中的"知识鸿沟"

一、文献回顾

技术扩散研究在社会科学领域有较长的历史。20 世纪初，约瑟夫·熊彼特创立了技术创新理论并首次阐述了"技术扩散"的概念，此后爱德温·曼斯菲尔德提出了 S 型技术扩散模型。埃弗雷特·罗杰斯认为，技术使用曲线符合正态分布，并用相应参数区分了五类技术利用者，很多情况下新技术由具有较高社会地位、经济资源和教育资本的人最先使用。①

信息通信技术的扩散问题在20世纪中期开始引起关注。学者认识到，技术扩散区域和速度有选择性。② 对于信息通信技术扩散引起的社会公平问题，学界先后提出了"知识鸿沟""信息鸿沟"等概念。早期研究主要在图书馆学、信息科学和通信研究领域展开，涉及信息在社会中的不平衡生产和分配、不同群体使用途径的不平等、个体使用能力的不平等之类的广泛议题。知识鸿沟假设随着大众媒体信息向社会系统日益增多的扩散，具有较高社会经济地位的人群比其他人群更快获得这种技术，因此不同人群的知识鸿沟会增大而非减小。

20世纪70年代，菲利普·蒂切诺等学者指出，信息技术随着电视等媒体流入社会，并不意味着个人接受信息的能力均等。③ 相比处于社会底层的人，较高社会地位的人将有更多机会接触到知识和信息，最终会带来新的知识和信息不平等。到八九十年代，这一研究传统为许多来自实验室信息系统和通信研究的学者所延续。

20世纪90年代，现代信息通信技术发生了大规模扩散，"数字鸿沟"理念应运而生，用以指涉信息通信技术在普及和使用中的不平衡现象，这种不平衡既体现在不同国家之间，也体现在同一个国家内部的不同区域、不同人群中④。互联网被认为是信息丰裕和信息贫困之间的最大鸿沟，互联网接入途径的不平等被视为信息不平等的主要表现。这一时期与前30年关于信息不平等的文献相比，数字鸿沟研究涉及更多的社会科学领域：经济学、社会学、政治学、伦理学、教育学等学科都介入技术扩散研究中。

21世纪初，聚焦现代社会的信息不平等问题的研究路径主要有两种：其一，由19世纪60年代到20世纪80年代延续而来的传统，其理论话语建立在"信息不平等""信息鸿沟""信息贫困"等概念群的基础上；其二，与互联网技术的最新发展相关，其理论话语主要建立在数字鸿沟和普遍接入的基础上。不

---

① ROGERS E M. Diffusion of Innovations[M]. 4th edition. New York: The Free Press, 1995.
② 于良芝, 刘亚. 结构与主体能动性: 信息不平等研究的理论分野及整体性研究的必要 [J]. 中国图书馆学报, 2010（1）: 4-19.
③ TICHENOR P J, DONOHUE G A, OLIEN C N. Mass Media Flow and Differential Growth in Knowledge[J]. Public opinion quarterly, 1970, 34（2）: 159-170.
④ 胡鞍钢, 周绍杰. 新的全球贫富差距: 日益扩大的"数字鸿沟[J]. 中国社会科学, 2002（3）: 34-48, 205.

过，他们各自的研究传统所提供的不同研究工具和视角，肯定会导致不同的发现与政策建议。

当然，也有少数学者，如皮帕·诺里斯持相反立场，认为技术扩散路径远比这样的简单分层更为复杂、动态化。技术在那些已经具备很多资源的人中间扩散，但商业化和市场竞争以及政府政策最终会使得技术扩散到处于劣势的阶层。随着这种次一级的扩散，这种区别会逐渐消除。新近的技术扩散研究表明，发展中国家的电视普及就符合这种模式——最初是分布不均，在过去60年里渐渐扩散开来，直至最终几乎全面覆盖，使用电视的门槛最终被移除①。曼纽尔·卡斯特尔等指出，虽然新兴技术对发展中国家互联网接入提供能力具有潜在影响，但移动技术对消除"互联网鸿沟"没有产生足够影响，发达国家和发展中国家之间在移动通信发展方面仍然存在巨大差距②。

一些经验研究在上述基础上进一步进行了佐证和深化。苏珊娜·威利斯和布鲁斯·特兰特通过对互联网技术在澳大利亚的扩散与不平等问题数据调查与分析考察，指出不同职业使用互联网技术的情况分布不均，年轻人在面对互联网技术时更有优势，地理因素和性别不影响澳大利亚居民接触互联网技术机会。③雷切尔·劳埃德等认为，具体到成本和质量问题上，大都市以外的人要付出更高的成本才能使用互联网技术④。

上述研究既有单独国家的经验研究，也有国别比较分析，涉及因素包括地区、年龄、教育程度、种族、性别和收入等。但一直以来的研究主要集中在成年人中，较少提及青少年在信息技术扩散过程中的不平等问题。英国一项研究表明，性别、年龄和社会经济地位都与青少年接触和使用互联网技术的不平等问题相关；男性、年龄越高或中产阶级的人相比之下接触更多、更好质量的新技术，来自工薪阶级家庭的人则机会较少。⑤伊斯译特·哈吉台等在美国的调

---

① NORRIS P. Digital Divide: Civic engagement, information poverty, and the Internet worldwide[M]. Cambridge, UK: Cambridge University Press, 2003.
② CASTELLS M, et al. Mobile communication and society: a global perspective[M]. Cambridge, MA.: The MIT Press, 2007: 217.
③ WILLS S, TRANTER B. Beyond the 'Digital Divide': Internet diffusion and inequality in Australia[J]. Journal of sociology, 2006, 42（1）: 43-59.
④ LLOYD R, GIVEN J, HELLWIG O. The Digital Divide: Some explanations[J]. Agenda, 2000, 7（4）: 345-58.
⑤ LIVINGSTONE S, HELSPER E. Gradations in digital inclusion: Children, young people and the digital divide[J]. New media & society, 2007, 9（4）: 671-696.

查收集了年轻人上网活动的数据,分析了他们的习惯、偏好、技能等行为,发现男性和女性在接触这些新技术方面是平等的,但在具体行为中略有差异。①

国内关于"数字鸿沟"的关注主要集中在两方面。一方面,以国外研究综述为主,譬如总结"信息鸿沟""信息不平等"问题研究的社会学、政治学和认知学路径,以及相应的政策建议。②另一方面,主要利用调查分析等方法考察信息技术在中国各群体间的不均衡分布。③尽管目前已出现不少成果,总体而言,立足中国语境对信息技术扩散在青少年群体中的扩散研究,其理论探讨和经验研究仍然比较欠缺。

二、研究假设

鉴于上述理论和实践背景,本文将要探讨的问题是:对比分析传统和新兴的信息通信技术在中国青少年群体中的扩散状况、影响因素及其引起的社会后果。

由此,本文的研究假设如下。

第一,信息通信技术的扩散存在结构性差异,但最终都将达到均衡。

第二,信息通信技术的扩散受到地区、性别、家庭环境和经济收入的影响。

第三,信息通信技术首先扩散到男性、东部地区、大城市和父母受教育程度较高的人群。

第二节 研究方法

为了更好地衡量信息通信技术在中国青少年群体中的扩散状况,本章选择把电视作为传统信息通信技术的代表,手机和电脑作为新兴信息通信技术的代

---

① HARGITTAI E, HINNANT A. Digital Inequality Differences in Young Adults' Use of the Internet[J]. Communication research,2008,35(5):602-621.
② 于良芝.理解信息资源的贫富分化.国外"信息分化"与"数字鸿沟"研究综述[J].图书馆杂志,2005(12):6-18,37.
③ 尚洁.信息技术扩散的区域差异:以中国东、中、西部作案例研究[J].中国经济问题,2010(3):63-68.

表。研究主要涉及首次使用时间、使用频率和主要用途三个指标。

研究团队于2012年秋季在某大学本科一年级学生中进行了"信息通信技术使用习惯"的调查研究。本次调查在大一学生中采用了自填问卷方法,共发放3369份问卷,收回3104份有效问卷。问卷从两个角度考察样本:其一,样本基本情况,包括性别、年龄、籍贯、家庭所在地(直辖市、省会城市、县市、乡镇和农村)、籍贯地区(籍贯省份所属东部、中部或西部)和父母受教育程度;其二,使用电视、手机以及电脑和互联网的历史和习惯,包括首次开始使用的年龄阶段(小学及以前、初中、高中、大学及以后)、使用频率和用途。

本次被调查的参与者中,男性占样本总数的66.8%;年龄在14～25岁,平均年龄为18岁;家中多以独生子女为主,77%的受访者没有兄弟姐妹,18.4%的受访者家中有1个兄弟姐妹;51%的受访者来自县城和市级城市,17.5%的受访者来自省会城市,直辖市的受访者占15.4%,剩下16.1%的受访者来自农村地区(即乡镇和农村);受访者的父母受教育程度以大学及以上为主,少量受访者父母受教育程度在小学及以下(参见表7-1)。

表7-1 样本基本情况

变量	类别	样本数(单位:人)	比重(%)
性别	男性	2072	66.8
	女性	1028	33.2
家庭所在地	直辖市	472	15.4
	省会城市	537	17.5
	县、市	1567	51.0
	乡镇、农村	497	16.1
籍贯地区	东部	1627	52.6
	中部	734	23.7
	西部	734	23.7
父亲受教育程度	大学及以上	1975	64.0
	高中或中专	632	20.5
	初中	380	12.3
	小学及以下	98	3.2
母亲受教育程度	大学及以上	1711	55.5
	高中或中专	739	24.0
	初中	423	13.7
	小学及以下	210	6.8

第三节 研究结果

一、基本情况

青年学生接触电视的时间普遍较早,超过99%的学生在小学阶段就已开始使用电视。在手机、电脑两种产品方面,学生开始接触电脑的时间普遍早于手机(参见表7-2)。

表7-2 不同阶段的学生首次使用电视、手机和电脑的人数占比

产品	首次使用的时间(%)			
	小学	初中	高中	大学及以后
电视	99.48	0.36	0.06	0.1
手机	20.38	39.69	30.53	9.4
电脑	58.4	27.4	10.68	3.52

电视的用途主要在于娱乐和获取信息,而手机和电脑的用途则比较分散。手机主要用于交际交往,电脑则主要用于娱乐和获取信息(参见表7-3)。

表7-3 电视、手机和电脑的不同用途人数占比

产品	不同用途人数占比(%)		
	娱乐	获取信息	交际交往
电视	59	41	0
手机	18.2	18.7	63.1
电脑	41.8	42.2	16

大多数学生在过去一年每天使用上述三种产品的时间都少于两小时,这远低于同期的平均数据(参见表7-4)。《中国青少年上网行为调查报告》显示,2009—2011年青少年平均每天在互联网上花费2~3小时。

表7-4 大多数学生在过去一年每天使用电视、手机和电脑的频率的人数占比

产品	过去一年每天使用频率的人数占比(%)				
	0	<1h	1~2h	2~5h	>5h
电视	28.76	53.6	14.07	2.98	0.59
手机	12.34	42.92	26.66	11.66	6.42
电脑	13.34	43.46	23.17	15.26	4.77

二、相关分析

首次使用电视、手机和电脑的时间在各群体的分布情况不同。男女不同性别首次开始使用电视的时间没有明显差别。虽然相关系数 Lambda = 0.00，但列联表显示，女性比男性更早开始使用手机和电脑。

家庭所在地与首次使用电视、手机和电脑的时间呈现一定的正相关。家庭所在地与首次使用电视的时间之间的相关性未通过检验，但在手机和电脑两方面，相关系数较高且显著。具体来说，越是大城市的学生，越早开始使用手机和电脑。乡镇和农村的学生开始使用的时间明显晚于城市（即县市、省会城市和直辖市）的学生，这一点在电视、手机和电脑中都很明显。

父亲受教育程度显著影响青年学生开始用电视、手机和电脑的时间。父亲受教育程度越高，学生开始使用的时间越早。母亲的受教育程度对青年学生开始使用电视、手机和电脑的时间也有较强影响，但稍弱于父亲的受教育程度。

在使用电脑这一问题上，考虑到变量间的相互影响，分别控制家庭所在地、父亲受教育程度和母亲受教育程度，检验仍然显著，这说明家庭所在地、父亲受教育程度和母亲受教育程度都与开始使用电脑的时间这一变量有较强的相关性。来自东部、中部和西部的学生在使用电视、手机以及电脑和网络方面没有显著差异。

在主要用途方面，家庭所在地、籍贯地区、父亲受教育程度和母亲受教育程度与电视、手机和电脑主要用途的相关检验都不显著，但相关分析显示，乡镇、农村的学生更多地使用电视和手机的娱乐功能。

对受访者使用习惯的调查表明，对这三种产品的主要用途在家庭所在地等方面都有差异。虽然相关性不显著，但来自农村、父母受教育程度较低的受访者表现出一定的差异性，更多地视娱乐为电视和手机的首要用途。（列联表和相关系数详见本章末附表一和附表二）

三、建立模型

作为正在快速扩散的新兴技术产品，电脑和网络使用情况的不均衡分布在三类产品中最显著，因此有必要建立以首次使用电脑的时间段为因变量的回归模型。

因变量：首次使用电脑与网络的时间。因变量的取值有 4 个等级，分别为 1= 小学及以前，2= 初中，3= 高中，4= 大学及以后。

自变量：因变量是多分类的定序变量，自变量纳入兄弟姐妹数目、性别、家庭所在地、籍贯地区、父亲受教育程度、母亲受教育程度。其中，籍贯地区变量根据中国统计年鉴分类方法，将受访者生源分为东部（13 个省、市）、中部（6 个省）和西部（12 个省、区、市）三类。

故可建立 3 个累加 logit 模型和 3 个累加 logit 预测概率模型，分别如下。

模型一：$\ln\left(\dfrac{\hat{p}1}{\hat{p}2+\hat{p}3+\hat{p}4+\hat{p}5}\right) = a_1 - (b_1 x_{i2} + \cdots + b_k x_{ik})$，其中 $j=1$

模型二：$\ln\left(\dfrac{\hat{p}1+\hat{p}2}{\hat{p}2+\hat{p}4+\hat{p}5}\right) = a_2 - (b_1 x_{i1} + b_2 x_{i2} + \cdots + b_k x_{ik})$，其中 $j=2$

模型三：$\ln\left(\dfrac{\hat{p}1+\hat{p}2+\hat{p}3}{\hat{p}4+\hat{p}5}\right) = a_3 - (b_1 x_{i1} + b_2 x_{i2} + \cdots + b_k x_{ik})$，其中 $j=3$

其中，$\hat{p}1+\hat{p}2+\hat{p}3+\hat{p}4 = 1$。

以上累加预测概率模型可合写为：

$$\pi_{ij}(Y \leq j) = \dfrac{\exp\{a_1 - (b_1 X_{it} + b_1 Xa + \cdots + b_2 Xa)\}}{1+\exp\{a_2 - (b_1 X_{it} + b_1 Xa + \cdots + b_2 Xa)\}},$$

其中 $j=1, 2, \cdots, J-1$

在上述模型中，$\hat{p}1, \hat{p}2, \hat{p}3, \hat{p}4$ 分别是因变量 Y（首次使用电脑的时间）取 1，2，3，4 时的预测概率，k 表示自变量个数。x_k 表示具体自变量，i 是 x_k 变量的取值个数，j（$j=1, 2, \cdots, J$）表示因变量 Y 的分类，$\pi_{ij}(Y \leq j)$ 是因变量 Y 小于 j 的累加概率，a_j 是常数项，b_k 是回归参数。回归系数 b_k 表示在其他自变量保持不变的情况下，某一自变量 x_k 改变一个单位，logit $[\pi_{ij}(Y>j)]$ 的平均改变量。在本研究中，如果 $b_k=0$，表示对首次使用电脑的时间段没有影响；如果 $b_k>0$，则表示 x_k 越大，越晚开始接触电脑；如果 $b_k<0$，则表示 x_k 越大，越早接触电脑。

通过 SPSS 20.0 建立 ordinal 回归模型，观察回归系数和显著性水平，有以下结论：

（1）家中子女数量、性别对接触电脑的时间段有微弱影响；兄弟姐妹数目越多的，越晚接触电脑；男性比女性稍晚接触电脑。

（2）城市的青少年接触电脑的时间远远早于来自农村和乡镇地区的受访者。具体来说，乡镇、农村的受访者开始使用电脑的时间段晚于县市、省会城市和直辖市受访者的 3（1/0.29）、4.8（1/0.21）和 5（1/0.19）倍。

（3）父亲受教育程度方面，相比那些父亲受教育程度为大学及以上的受访者，父亲受教育程度为高中、初中和小学的人要晚近两倍的时间使用电脑。

（4）母亲受教育程度的影响与父亲受教育程度的影响相近。

（5）籍贯地区的影响系数较小，而且检验不显著。

从模型整体拟合情况来看，模型全局性检验的显著性小于 0.05，说明模型有统计学意义。偏差检验结果显示，P 值为 0.99＞0.05；伪决定系数（Pseudo R-Square）相对较大，均大于 5%。从这两个指标看，模型的拟合度较好。（参见表 7-5、表 7-6）

表 7-5 有序 logistic 模型检验结果

	−2log Likelihood	卡方	df	Sig.	伪决定系数	
拟合优度	1849.87	929.30	13	0.000	Cox and Snell	0.265
偏差		1151.96	1271	0.99	Nagelkerke	0.305
					McFadden	0.150

表 7-6 首次使用电脑时时间的有序 logistic 回归模型

变量	变量取值	估计值	Exp.	自由度	Sig.	95% 置办区间	
						Lower Bound	Upper Bound
首次使用电脑和网络的时间	小学及以前	−0.225	0.799	1	0.153	−0.533	0.083
	初中	1.720	5.582	1	0.000	1.407	2.032
	高中	3.576	35.736	1	0.000	3.222	3.930
兄弟姐妹数目		0.307	1.359	1	0.000	0.187	0.428
性别	男	0.180	1.197	1	0.034	0.013	0.346
	女	0	1.000	0			
家庭所在地	直辖市	−1.648	0.193	1	0.000	−1.974	−1.321
	省会城市	−1.574	0.207	1	0.000	−1.871	−1.277
	县市	−1.225	0.294	1	0.000	−1.458	−0.992
	乡镇、农村	0	1.000	0			

续表

变量	变量取值	估计值	Exp.	自由度	Sig.	95% 置办区间	
						Lower Bound	Upper Bound
父亲受教育程度	小学及以下	0.735	2.085	1	0.003	0.253	1.217
	初中	0.883	2.418	1	0.000	0.580	1.186
	高中	0.580	1.787	1	0.000	0.352	0.808
	大学及以上	0	1.000	0			
母亲受教育程度	小学及以下	0.966	2.627	1	0.000	0.577	1.355
	初中	0.642	1.899	1	0.000	0.348	0.935
	高中	0.421	1.523	1	0.000	0.204	0.638
	大学及以上	0	1.000	0			
籍贯地区	东部	-0.238	0.788	1	0.015	-0.430	-0.046
	中部	0.108	1.114	1	0.317	-0.103	0.318
	西部	0	1.000	0			

上述分析表明，除东部、中部和西部的籍贯地区因素外，其他自变量都是影响青少年接触电脑的因素。

第四节　主要结论及社会治理政策建议

历史地看，以电视为代表的传统信息技术在我国的扩散相对缓慢。1958 年，中国在北京建立第一座电视台，并开始研发电视技术和设备。截至 1975 年，全中国每 1600 人中才拥有一台电视机。20 世纪 80 年代以后，中国电视的彩色化进程全面展开，电视开始走进千家万户。[1] 国家统计公报显示，截至 2016 年底，全国电视节目综合人口覆盖率已达 98.9%。

相比电视，移动电话、互联网的扩散是更晚的事情。1987 年，移动电话进入中国大陆。20 世纪 90 年代，一系列信息通信产业改革措施推动了移动通信技术的扩散。国家统计公报显示，截至 2016 年底，全国移动电话用户 132193 万户，普及率达 96.2 部 / 百人。

---

[1]　郭镇之. 中外广播电视史 [M]. 上海：复旦大学出版社，2008.

紧随移动通信业的发展，20世纪后半叶，互联网随着个人计算机的商业化和互联网的发展，以爆炸式速度从军事领域扩散到公众。① 各国纷纷提出了普及互联网的国家战略，互联网的全球化呈现加速趋势。

传统和新兴的信息通信技术在中国的扩散速度和规模都是空前的，但与发达国家相比尚存一定的差异，这主要体现在普及率的差异上。以移动电话和个人计算机为代表的新技术首先扩散到高收入国家，新技术在中国的普及率接近中等收入国家。

一、主要结论

本研究所涉调查样本量超过3000个，性别、家庭所在地籍贯地区等方面具有很好的代表性，这一调查结果能够很好地体现信息通信技术在中国青少年群体中的扩散状况。大部分受访者是青年大学生，他们在感知、记忆和思考方面有更强的认知能力。快速工业化的一个伴生现象就是社会整体结构的趋同性，社会在态度上的相似性在不断增强，大学生恰恰是最先经受价值和态度变迁冲击的，因此，大学生样本将比其他样本更具相似性。

基于实证研究，可以得出如下结论。

第一，信息通信技术的扩散在中国存在结构性差异，体现在不同技术的扩散情况不同。

从电视、手机以及电脑三种技术产品对比的角度看，首次使用电视的时间分布最为均衡，电脑使用的分布差异性最大。考虑到三种产品扩散的历史轨迹，这一现象不难理解。三种技术产品当今的分布情况佐证了技术扩散理论的结论，即技术产品最初会在具有较高社会经济地位的人群中扩散，但最终会随着商业化竞争扩散到各个阶层。这意味着性别、年龄、家庭背景等因素在技术扩散的后期不会影响人们使用这一技术产品，新技术的均衡分布是与它在整个社会中的普及情况同步的。

第二，信息通信技术扩散差异的先天因素方面在中国表现不显著。

不过，性别对比的数据也显示出微弱的差异。与假设不同的是，女性比男

---

① CASTELLS M. The Internet Galaxy: Reflections on the Internet, business, and society[M]. Oxford，UK: Oxford University Press，2001.

性能够更早开始使用电脑这种新技术，这可以从中国家庭中存在"穷养儿、富养女"的传统观念，女孩的愿望更容易得到家庭满足这个现象来解释。

第三，信息通信技术扩散在社会因素方面的差异在中国表现得比较显著，体现在家庭所在地、父母受教育程度不同的人首次使用手机、电脑和网络的时间不同。

信息通信技术更早扩散到来自大都市、父母受教育程度较高的青少年学生家庭，这类家庭能较早接触新技术。尤其是家庭所在地这一因素，来自直辖市、省会城市和普通县市的受访者之间的确存在差异，但远小于城市与农村之间的差距，这也与新技术在整个社会中的不均衡发展相关。据中国互联网络信息中心调查，截至2017年6月，我国城镇地区互联网普及率为69.4%，而农村地区普及率为34%，城乡差异明显，农村仍存在很大普及空间。此外，父母的受教育程度与父母的职业和收入相关。

第四，通信技术扩散的差异不仅在首次使用时间方面，而且体现在功能使用上。

即便是电视和手机这类普及率较高的产品，其功能在不同人群中也是不同的。来自农村的家庭受访者更看重产品的娱乐功能。上网地点、监护人教育程度的差异以及农村娱乐环境缺失可能是影响这一现象的因素。在电脑的扩散问题上，这种差异仍然不同，主要体现在不同的家庭背景（父母受教育程度、收入）和成长的社会环境（城乡差异）两方面，这些因素影响青少年首次使用电脑的年龄阶段和产品用途。

近10年来，未成年网民已成为我国重要的网络使用群体，他们在与互联网的相互塑造中成长。未成年人①日益成为网络空间主要的信息生产者、服务消费者、技术推动者，同时也是网络文化的生产者和传播者。互联网深刻塑造了未成年人，未成年人也在深刻影响着互联网发展潮流。

从总体上看，我国未成年人目前的互联网使用已全面普及，且首次触网年龄呈低龄化趋势。根据中国互联网络信息中心（CNNIC）发布的第51次《中国互联网络发展状况统计报告》显示，截至2022年12月，我国19岁以下的未成年网民规模已近2亿，占全体网民总数的18.7%。整体上，我国网民上网的

---

① 关于"未成年人"的年龄界定，《中国互联网络发展状况统计报告》是指19岁以下的网民群体；《中国未成年人互联网运用报告（2022）》的调查对象年龄范围为6-18岁.

主要途径是手机，比例高达 99.8%，而使用台式电脑、笔记本电脑、平板电脑、电视上网的比例分别为 34.2%、32.8%、28.5% 和 25.9%①。《中国未成年人互联网运用报告（2022）》显示，未成年人（调查对象年龄范围为 6-18 岁）的网络普及率已近饱和，近半年内的上网率达 99.9%，显著高于全国的互联网普及率（75.6%）。一方面，这得益于农村数字化建设的良好发展，全国现有行政村"村村通宽带"的全面实现弥补了农村硬件设施接入的差距；另一方面，多数学校在新冠疫情全球大流行期间采用在线教学方式，在客观上推动了未成年人的互联网使用。

互联网已成为未成年人打开认知世界、增长知识见识的重要途径，乃至已经成为未成年人不可或缺的生活方式、成长空间、"第六感官"。研究表明，未成年人首次触网年龄呈低龄化趋势，但下探趋势减缓。从整体看，2022 年未成年人的首次触网年龄为 7.44 岁，较 2020 年（7.72 岁）提前了 0.28 岁。此外，家庭因素对未成年人的网络使用影响大，看视频成为未成年人排在首位的上网活动，不同年龄段的未成年人网络使用各有特点。②

截止 2022 年 12 月，我国城镇地区互联网普及率为 83.1%，农村地区互联网普及率为 61.9%，城乡互联网普及率差异逐年缩小③，但现实差距仍然存在，也影响到城乡未成年人的互联网使用表现。《中国未成年人互联网运用报告（2022）》通过比较分析指出，城乡未成年人在互联网运用状况上呈现出如下特征：城乡未成年人首次触网年龄仍有显著差异，城市未成年人 10 岁之前首次触网的比例要远高于乡村地区未成年人；农村未成年人互联网使用时长明显长于城市未成年人；观看短视频成为城乡未成年人使用互联网时最主要兴趣之一；微信成为城乡未成年人的首选网络社交工具，但现实中的社交仍不可替代。与此同时，城乡未成年人互联网运用过程中存在过度依赖网络、身心健康受损、"数字鸿沟"扩大、泛娱乐化倾向明显、网络安全意识不足等问题。有必要整合社会资源，家庭、学校、社会三方齐心协力，逐步形成城乡未成年人互联网运用

---

① 中国互联网络信息中心.《第 51 次中国互联网络发展状况统计报告》. https://www.cnnic.net.cn/NMediaFile/2023/0322/MAIN16794576367190GBA2HA1KQ.pdf

② 方勇、季为民、沈杰、杨斌艳、季琳、叶俊主编.《青少年蓝皮书：中国未成年人互联网运用报告（2022）》，2022：32-52.

③ 中国互联网络信息中心.《第 51 次中国互联网络发展状况统计报告》. https://www.cnnic.net.cn/NMediaFile/2023/0322/MAIN16794576367190GBA2HA1KQ.pdf

的多元保护模式。①

从性别比较视角看，我国未成年人中男女生在互联网使用过程中存在着重要差异。未成年人中男生的触网年龄平均值早于女生将近1岁，"接入鸿沟"存在；不过在互联网使用时长上，男女生非常接近，女生甚至稍多于男生，"使用鸿沟"弥合。男女生在互联网使用功能上存在"性别鸿沟"，男生对游戏情有独钟，女生更多扮演"消费者"角色。男生在互联网使用过程中的隐私保护意识较差，更易于发生互联网安全事件；女生在互联网使用过程中更容易出现"跟风模仿"的情况。在各年龄段，相较于女生，男生更容易因为上网问题与父母产生争执。需要警惕"社会性别"刻板印象对男女生互联网生活的影响；同时，针对男女生的媒介使用习惯，开展更有针对性的媒介素养教育。②

本部分的结论对于理解和破解移动互联网时代的"移动数字鸿沟"（Mobile Digital Divide）具有基础性意义。近年来，基于手机通信、互联网两项基础技术的移动互联网技术日趋成熟，应用场景更加普遍，"移动互联网时代"或"移动网络社会"似乎正在加速到来。然而，反映到社会公平问题上，发展中国家的城乡之间的移动数字鸿沟问题仍然严峻，但总体上还没有引起学界足够的重视。事实上，很多研究表明，在一项信息技术的普及率达到一定程度之后，嵌入社会结构的数字鸿沟问题呈现出趋同性的特点，短时间内并不会发生剧烈的变迁。因此，本部分研究电视、手机、电脑等信息通信技术扩散导致的数字鸿沟问题，能够为进一步剖析移动数字鸿沟问题厘清理论脉络，奠定基础认识。

二、政策建议

由历史进程所塑造的复杂技术系统不仅仅是历史上各种技术的简单汇合，技术系统是一个建立于变动市场和新兴社区基础上的具有可选择性结构的整体。从本质上说，由于技术与资本的隐性共谋机制，经济地位会影响不同群体

---

① 方勇、季为民、沈杰、杨斌艳、季琳、叶俊主编．《青少年蓝皮书：中国未成年人互联网运用报告（2022）》，2022：79-63．
② 方勇、季为民、沈杰、杨斌艳、季琳、叶俊主编．《青少年蓝皮书：中国未成年人互联网运用报告（2022）》，2022：53-78．

获得技术产品的时间及形式。即使某一种技术或者技术的某一代在某一社会已经变成普遍的了，创新总是会产生一些新的技术不平等。因此，现代化过程中的技术创新就是生产具有潜在多元性的技术来获得技术平等权的过程。① 如何缩小信息通信技术扩散过程中的"数字鸿沟"，以及解决新技术扩散带来的社会不公平问题，无疑是风险的社会治理中必须关注的一个重要问题，尤其在社会转型期，新技术扩散及其相伴而生的社会风险治理问题理应引起更多的关注。因此，解决途径可以着重从三个方面予以考虑。

首先，提高青少年群体的数字素养，推进教育领域的"数字公平"。

数字公平是指数字技术基础设施的平等接入，尤其体现在宽带互联网的接入方面。美国新媒体联盟《2017年地平线报告（高等教育版）》将推进教育领域的数字公平视为一项"困难的挑战"（介于"可解决的挑战"与"严峻的挑战"之间），即我们虽然了解问题情境，但解决方案仍然不清晰的那类挑战。② 教育部《2017年教育信息化工作要点》提出，2017年要"基本实现具备条件的学校互联网全覆盖、网络教学环境全覆盖，接入带宽10M以上的中小学比例达到70%"。然而，由于一大部分适龄青年无法升入数字设施更为完备的大学学习，因此，需要依托基础教育阶段的数字技术基础设施，重点提高青少年学生的数字素养，以便为将来进入社会储备一定的就业技能。此外，面对自动化程度不断提升的劳动力就业市场，青年农民工的数字技能培训议题显得愈发重要，还需要人力资源与社会保障部门的积极作为。

其次，加快非数字配套机制建设，让更多青少年分享"数字红利"。

世界银行2016年发布的《世界发展报告》指出，数字红利主要是指由数字投资带来的生产力增长、提供就业机会和改善公共服务供给等发展收益。信息通信技术的全球化扩散并未带来数字红利的同步实现。若要最大化地实现数字红利，就需要深入了解技术因素是如何与其他重要发展因素互动共生的。世界银行将这类技术之外的影响因素统称为"非数字配套机制"。③ 因此，在持

---

① HESS D J. Science and technology in a multicultural world: The cultural politics of facts and artifacts[M]. New York: Columbia University Press，1995: 294.
② BECKER S A, CUMINS M, DAVIS A et al. NMC Horizon Report: 2017 Higher Education Edition[R]. Austin, Texas: The New Media Consortium. 2017: 30-31.
③ 世界银行. 世界发展报告：数字红利（2016年）[R]. 胡光宇，译. 北京：清华大学出版社，2017.

续推进数字技术基础设施建设的同时，应加大中西部地区基础教育信息化的师资建设力度。诸如，借助师范生项目、研究生支教团、志愿服务社团等资源，调动更多大学生发挥自身优势，参与"数字支教"实践；高校要针对性地提升农村生源、贫困生群体的数字素养，减少信息贫困导致的隐性就业困难。此外，要善于运用市场机制，积极引导在线课程、移动教学等智慧教育产业的健康发展，吸引有远见的企业家等社会力量参与就业青年的数字技能培训，等等。

最后，数字技术变革影响的不确定性呼唤教育领域的"智慧治理"。

基于持续的技术颠覆性创新正在引发以数字化、网络化、机器自组织等为标志的新工业革命。然而，数字技术变革对教育领域带来的影响同样具有极大的不确定性，突出表现在人才培养"无所适从"的困境，新兴技术领域不断涌现与原有人才储备不足的结构性矛盾将长期并存。破解这一深层的数字鸿沟难题需要推动"从统治到治理"的政策范式转向实现教育领域的智慧治理。所谓"智慧治理"，是一种数字时代的整体性治理理念，它所追求的是一种由政府、企业、第三部门等社会实体联合公民共同参与的，以追求公平、公正、效率、创新等社会价值为目标的社会理想状态。① 智慧治理将借助数字技术的进步实现对公共管理模式的改造，以便更好地实现公共教育资源和服务的有效供给。因此，它内在地要求发挥市场机制"无形之手"和有为政府"有形之手"的协同效应，同时离不开加上公众参与的"勤劳之手"，从而共同应对新工业革命对教育带来的挑战。总之，在移动互联网技术加速扩散和国家扶贫开发战略进入攻坚阶段的今天，智慧治理显得更有紧迫性和现实性。

附表一　对电视、手机和电脑首次使用时间的调查

调查项		首次使用电视的时间				首次使用手机的时间				首次使用电脑的时间			
		小学	初中	高中	大学及以后	小学	初中	高中	大学及以后	小学	初中	高中	大学及以后
性别	男	99.4%	0.4%	0.1%	0.1%	17.6%	36.3%	35.2%	10.8%	54.4%	28.9%	12.2%	4.4%
	女	99.7%	0.3%	0.0%	0.0%	25.9%	46.0%	21.2%	6.9%	66.4%	24.4%	7.6%	1.6%
	系数	Lambda=0.00				Lambda=0.00				Lambda=0.00			

---

① 黄萃，彭国超，苏竣．智慧治理[M]．北京：清华大学出版社，2017：13．

续表

调查项		首次使用电视的时间				首次使用手机的时间				首次使用电脑的时间			
		小学	初中	高中	大学及以后	小学	初中	高中	大学及以后	小学	初中	高中	大学及以后
家庭所在地	直辖市	99.8%	0.2%	0	0	32.8%	53.6%	11.9%	1.7%	77.8%	18.1%	3.0%	1.1%
	省会城市	99.1%	0.7%	0	0.2%	24.4%	48.7%	23.7%	3.2%	71.7%	23.8%	4.1%	0.4%
	县市	99.8%	0.1%	0	0.1%	19.4%	36.4%	32.6%	11.6%	60.9%	29.7%	7.9%	1.5%
	乡镇、村	98.6%	1.0%	0.4%	0	6.5%	26.8%	50.0%	16.7%	17.6%	33.5%	33.9%	15.0%
	系数	Gamma = 0.239044，检验不显著				Gamma = 0.41，检验显著				Gamma = 0.54，检验显著			
籍贯地区	东部	99.6%	0.3%	0	0.1%	23.3%	40.6%	27%	9.1%	64.6%	25.6%	7.6%	2.2%
	中部	99.5%	0.4%	0.1%	0.1%	15.5%	33.5%	37.7%	13.3%	47.6%	29.4%	17.5%	5.5%
	西部	99.4%	0.5%	0.1%	0	18.5%	43.5%	31.5%	6.5%	55.3%	29.6%	10.8%	4.3%
	系数	Lambda ≈ 0.00				Lambda ≈ 0.00				Lambda ≈ 0.00			
父亲受教育程度	小学及以下	95.9%	4.1%	0	0	6.1%	26.5%	55.1%	12.2%	18.6%	28.9%	35.1%	17.5%
	初中	99.7%	0.0%	0.3%	0.0%	10.6%	27.7%	45.4%	16.4%	22.2%	37.2%	30.1%	10.6%
	高中	99.1%	0.6%	0.2%	0.2%	13.8%	34.4%	39.8%	12.0%	43.9%	32.8%	17.4%	5.9%
	大学及以上	99.7%	0.2%	0	0.1%	25.0%	44.1%	23.5%	7.3%	72.1%	23.6%	3.7%	0.7%
	系数	Gamma = -0.51，检验显著				Gamma = -0.36，检验显著				Gamma = -0.62，检验显著			

续表

调查项		首次使用电视的时间				首次使用手机的时间				首次使用电脑的时间			
		小学	初中	高中	大学及以后	小学	初中	高中	大学及以后	小学	初中	高中	大学及以后
母亲受教育程度	小学及以下	98.6%	1.4%	0.0%	0.0%	7.2%	25.4%	53.6%	13.8%	16.3%	30.8%	34.6%	18.3%
	初中	99.5%	0.3%	0.2%	0.0%	13.5%	29.1%	42.9%	14.5%	30.3%	36.5%	24.4%	8.8%
	高中	99.4%	0.5%	0.0%	0.1%	15.6%	36.1%	36.1%	12.2%	51.6%	31.5%	13.7%	3.2%
	大学及以上	99.6%	0.2%	0.1%	0.1%	25.8%	45.3%	22.3%	6.6%	73.8%	22.6%	3.1%	0.5%
	系数	Gamma = -0.3，检验不显著				Gamma = -0.34，检验显著				Gamma = -0.59，检验显著			

附表二 对电视、手机和电脑的主要用途的调查

调查项		电视的主要用途			手机的主要用途			电脑的主要用途		
		娱乐	信息	交际交往	娱乐	信息	交际交往	娱乐	信息	交际交往
家庭所在地	直辖市	57.9%	42.1%	—	17.0%	19.7%	63.3%	44.2%	41.2%	14.6%
	省会城市	54.9%	45.1%	—	16.2%	16.8%	67.0%	42.3%	44.2%	13.5%
	县市	56.9%	43.1%	—	17.8%	17.5%	64.7%	44.1%	39.8%	16.1%
	乡镇、村	70.5%	29.5%	—	22.5%	24.0%	53.5%	31.6%	48.5%	19.9%
	系数	Lambda = 0.00		—	Lambda = 0.00		—	Lambda = 0.04，检验不显著		
父亲受教育程度	小学及以下	76.7%	23.3%	—	25.5%	29.8%	44.7%	36.4%	47.7%	15.9%
	初中	64.9%	35.1%	—	21.1%	20.8%	58.1%	33.5%	46.6%	19.9%
	高中	63.0%	37.0%	—	22.5%	20.6%	56.9%	41.3%	41.0%	17.7%
	大学及以上	55.6%	44.4%	—	15.9%	17.0%	67.1%	43.6%	41.6%	14.8%
	系数	Lambda = 0.00		—	Lambda = 0.00		—	Lambda = 0.02，检验不显著		

续表

调查项		电视的主要用途			手机的主要用途			电脑的主要用途		
		娱乐	信息	交际交往	娱乐	信息	交际交往	娱乐	信息	交际交往
母亲受教育程度	小学及以下	69.8%	30.2%	—	26.1%	22.7%	51.2%	31.5%	50.3%	18.2%
	初中	65.8%	34.2%	—	19.1%	21.4%	59.5%	33.8%	49.4%	16.8%
	高中	63.0%	37.0%	—	21.9%	17.4%	60.7%	45.4%	37.6%	17.0%
	大学及以上	54.0%	46.0%	—	15.4%	18.0%	66.6%	43.2%	41.5%	15.3%
	系数	Lambda = 0.00		—	Lambda = 0.00		—	Lambda = 0.05，检验不显著		

第八章
区块链技术与社会治理现代化[①]

随着信息技术发展和网络空间兴起,基于社交媒体的网络行为成为个体及社会行动的重要方面,电子商务逐步演化成商品交换的重要方式。由于网络空间行为的非面对面性,信任和信用成为良性网络空间构建发展的关键因素。作为人类技术创新发展中的重要成果,区块链技术有望在数据安全及个人隐私保护方面取得重要进步,但其距离真正成熟及全面的应用还有待时日。作为新兴技术,区块链对现有社会秩序及格局有重要革新意义,其"去中心化""去信任化"和"自治性"等特点可以提升经济效率,重塑信任机制,创新社会治理模式。同时区块链也面临系列挑战:"去中心化"与传统监管模式和"再中心化"之间存在二重悖论,"智能合约"与现行法律制度存在对接难题,"共识机制"下的技术与现实存在差距等。区块链在现实中的应用只是对原有制度或模式的进化,尚未构成革命,仍需依靠现有体系确认和配合才能真正发挥作用,面向未来的区块链技术发展应当着力构建"技术"与"社会"的良性互构,注重开展"负责任的区块链技术创新"。

第一节 第四次工业革命:
区块链技术发展的历史方位

技术发展驱动社会进步,人类已经进入一个技术发展的新时代。第一次工

[①] 张成岗.区块链时代:技术发展、社会变革及风险挑战[J].学术前沿,2018(12):33-43.

业革命始于1775年瓦特改造蒸汽机，第二次工业革命始于19世纪末的电气化革命，第三次工业革命始于20世纪50年代的计算机革命。当下正在经历的第四次工业革命是包括计算机普及带来的信息化、3D打印和机器人等新兴技术带来的制造领域革新以及生命科学技术带来的人类健康和生活方式改变在内的一次综合性革命。

区块链被视为第三次工业革命以来重要的颠覆性技术之一。作为人类技术创新发展中的重要成果，区块链在数据安全及个人隐私保护方面取得了重要进步。在"三重叠加"的历史背景下，区块链正在引起科技界、产业界与政策界的持续关注。投行高盛集团将区块链与人工智能技术等一起并列为未来的七大新兴技术，财经杂志《经济学人》通过封面报道对其进行了详细介绍，认为区块链将会引发互联网上信任机制的变革。各国政府也纷纷出台政策，积极推进区块链在金融和社会管理中的应用：2016年1月，英国政府发布《分布式账本技术：超越区块链》报告，将区块链政府建设提升至国家战略高度；2016年6月，美国国土安全部（DHS）对六家致力于政府区块链技术应用开发的公司补贴60万美元；①2016年10月，我国工信部出台《中国区块链技术与应用发展白皮书》，将区块链定位为提升社会治理水平的有效技术手段。

19世纪80年代的赫胥黎在接受《物种起源》时指出："已知者"有限，"未知者"无限；从知识上说，我们站在一座小岛上，周围是茫茫不可解的大洋。我们每一代人的任务是开拓出多一点土地，稍微增加我们领土的范围及其牢固性。20世纪初期的爱因斯坦也曾言：世界上永远不可思议的事，就是它的可理解性。②应当说，20世纪60年代开启的信息与互联网技术已经成为人类改造世界的重要工具，一直影响着全球的现代化进程，并不断刷新着人类的整体想象力。近年出现的区块链技术开启了一个颠覆中心化的"新信任时代"，区块链技术是一场技术创新运动，更是一场社会生活方式的重大变革。相对于古典互联网，有人甚至认为区块链技术开启了一个现代互联网的时代。然而，面对具有"可理解性"的区块链，历史依旧呈现出知识结构的相似性，当代人对区块

---

① Higgins S. US Government Awards $600k in Grants for Blockchain Projects，https：//www.coindesk.com/us-government-grants-blockchain-projects/，available at 24/4/2018.
② 丹尼尔·J.布尔斯廷.发现者：人类探索世界和自我的历史[M].吕佩英，等译.上海：上海译文出版社，2006：554.

链的"未知"与"已知"明显呈现出失衡状态,对区块链技术发展的机遇、风险及挑战从多学科维度进行整体性反思无疑具有重要意义。对区块链技术的发展不能孤立地进行静态审视,我们既要具备"历史全景的高度",又要关注"历史深层的流向";既要突出特定时期的"历史面相",又要进行系统的综合分析。

第二节 区块链技术:演变、特征及意义

一、区块链技术:缘起及发展

区块链是一串使用密码学方法相关联产生的数据块,是分布式数据存储、点对点传输、共识机制、加密算法等计算机技术的新型应用模式。区块链技术的关键创新之处在于它允许其参与者通过互联网传输资产,而不需要通过集中的第三方。区块链的应用场景通常被区分为三个阶段:区块链1.0主要针对数字货币;区块链2.0主要针对智能合约;区块链3.0适用场景将更多,将会开创一个"区块链时代"。

从区块链技术本身发展的历史来看,2008年,一位名为"中本聪"的学者发文设想了一种"点对点电子现金系统",并将其命名为"比特币";2009年1月,这一现金系统的第一个区块(创世区块)诞生,标志着不受央行和任何金融机构控制的比特币出世;之后,比特币开始迅速蔓延,价值一路高涨。[①] 与比特币广受追捧相伴随的是各种乱象、骗局频发,对正常的金融秩序造成影响,以致各国央行不得不出台相应举措以对其制约。2014年10月,大英图书馆举行了一场有关比特币未来的研讨会,其间,比特币的底层技术——"区块链"首次从幕后走向台前,进入了人们的视野。[②]

2015年1月,在美国迈阿密举行的比特币大会上发布的《2015布雷顿森林体系比特币白皮书》首次对比特币和区块链技术的历史、流通状态以及前景等做了综合性报告。白皮书指出,区块链发展要经历三个阶段,区块链1.0为

---

① 袁勇,王飞跃. 区块链技术发展现状与展望 [J]. 自动化学报,2016(4):481-494.
② 杨望,曲双石. 区块链,让价值交易更方便快捷 [N]. 人民日报,2016,11(22).

数字货币应用，主要是在区块链中部署与现金有关的加密数字货币，典型代表即比特币；区块链2.0是智能合约应用，主要指以区块链技术为基础在金融或经济领域构建可信的经济活动，如股票、期货、公证等；区块链3.0是指超越货币和合约的泛区块链应用，涉及政府、健康、物联网等领域。[①] 自此，对区块链的研究文献也呈现爆发式增长，但绝大部分集中于经济学领域和IT技术领域。然而无论是国内还是国外，学界对区块链的关注角度还主要是对其技术原理、本质特点的介绍以及未来应用的构想两方面，缺乏深入的理论体系研究，[②] 这很大程度上源于其自身特点和发展现状。区块链方兴未艾，相关实践应用、理论研究、监管体系建设都需要较长的时间来构建和检验，因此，就当下而言，区块链的技术发展远远领先于其理论研究。

根据业界广为认同的技术成熟度曲线（The Hype Cycle），截至2017年7月，区块链仍处于"期望膨胀的峰值期"，下一阶段将向"泡沫破碎后的低谷期"过渡，但距离成为主流技术真正成熟仍需5～10年的时间。这意味着目前市场对区块链的发展寄予了过高的期待，相较对技术本身的关注，资本和舆论更热衷于对未来商业模式的畅想。而这种将新技术光环无限放大的现状，对区块链产业的健康发展并非特别有利，基于此，我们既需要充分认识到区块链对现有社会秩序和格局的革新，也需要认真反思这些革新所可能引发的新问题，只有这样才能让理论研究和认识真正指导实践。

一般来说，区块链是一种本质为分布式账本的互联网数据库技术，具体是指通过密码算法将大量存储在区块内的信息按其发生时间的前后顺序依次连接而形成的数据链，其中根据该数据链的访问和管理权限又可将其分为公有链、联盟链和私有链，人们经常提及的如"比特币"和"以太坊"等应用属于公有链，即任何人都可以发送交易请求并获得区块链的有效确认，都可以参与系统维护工作、读取和写入数据，因此，区块链的"去中心化""去信任化""可追溯性""自治性"等特征也主要针对公有链而言。

[①] 英国学者梅兰妮·斯万（Melanie Swan）也在其2015年2月出版的著作《区块链：新经济蓝图》中将区块链的发展分为这三个阶段，see Melanie Swan, Blockchain: Blueprint for a new economy, O'Reilly Media, Inc.，2015：1-67.
[②] 曹淑艳，王小钰等.中外金融区块链研究综述[J].理论学习与探索，2017（3）：84-87.

二、区块链技术的"去中心化"有助于提升经济效率

人类社会自产生以来，大部分社会场景、大多历史阶段按照"中心化"模式运行，即将权力和职能集中于某一组织或个人，由其来统一安排生产和生活，大至国家政权制度，小至家庭事务管理，基本都采用这一模式，究其原因，很大程度上是由于其能够满足有效调配利用资源、组织人力物力从事大规模生产活动之需要。但是随着社会形式的不断发展进化，人们逐渐认识到"中心化"的组织模式存在诸多弊端。以政府机构为例，其按照职能范围、官僚等级和权力分工划分为上下节制的科层制组织体系，由上而下地推动行政决策，在体系内，各个节点只能从其上级也就是中心处被动地接收指令和信息，而毫无主动权；在体系外，各个中心又各自为政，互不交流，导致信息和价值的流动效率低下。"去中心化"成为变革旧有模式的一项有益尝试，其呼声和应用需求日益增强。

与"中心化"相对，所谓的"去中心化"是指每个节点参与者都是平等的，都可以参与系统决策管理，而不存在单一节点的排他控制权，典型代表如市场经济和互联网。在自由竞争的市场经济中，每个市场参与者都在亚当·斯密所谓的"看不见的手"的推动下决定各自的生产和交易，而不受外界因素干扰，其本质是交易的去中心化；以 TCP/IP 协议（传输控制协议/因特网互联协议）为基石的互联网也具有去中心化的特质，如果说 Web 1.0 还仅是传统媒体的网络化，那么 Web 2.0① 则真正实现了人人皆为中心、资源交互共享的理念，其本质是信息传播的去中心化。而区块链技术以互联网为硬件依托，以分布式数据库技术为软件支撑，同时实现了交易的去中心化和信息传播的去中心化，② 极大地提高了达成共识和价值传递的效率。

以"数字货币"为例，它具有与法定货币类似的属性，即马克思所谓的价值尺度、流通手段、支付手段、贮藏手段、世界货币等货币职能，不同的是，

---

① Web 1.0、Web 2.0 是互联网从业人员对互联网发展的不同阶段的区分，其不仅涉及商业模式的变化，如人与人、人与机器的关系，还包括信息技术的更新迭代，简单来说，Web 1.0 是指网络像传统媒体一样作为信息发布渠道，网络与人的关系是单线型的，代表模式为门户网站；而 Web 2.0 是指网络充当了信息媒介的角色，为人们提供沟通和资源共享的平台，人们通过网络实现双向交互，代表模式即各类 UGC（用户自产生内容）平台和自媒体。
② 孙国茂. 区块链技术的本质特征及其金融领域应用研究 [J]. 理论学刊，2017（2）.

它是一种非政府发行的虚拟货币。货币是特殊商品，货币形态从实物货币发展到贵金属货币、再发展到以纸币为代表的信用货币，本身就是一个不断提高交易效率、降低交易成本的过程，而数字货币相比信用货币，其发行成本和交易成本都大大降低。另外，现行信用货币由各国央行垄断发行，这一方面会导致国际贸易中出现不可避免的汇率风险，增加商品交易成本，另一方面，国际货币体系缺乏统一的协调机制，使得一国的通货膨胀可传递至其他国；而数字货币"不依赖中央银行""可在全球范围内流动"的特质能够很好地避免货币超发和汇率操控的问题，适应经济全球化发展的客观需要。近几年，数字货币发展迅猛，在一些国家和地区，其已被纳入官方监管体系，获得了作为合法交易工具的地位。① 这意味着其政策性风险相对降低，而流动性则大大增强，因此，数字货币成为炙手可热的新型投资品在全球范围内被炒作，且以其为中心还形成了许多新产业，如交易平台和挖矿②产业等。③

三、区块链技术的"去信任化"将重塑信任机制

"信任"是一个古老话题，从古罗马小商品社会中的"契约"到西欧中世纪基督教中的"人与上帝之约"，再到中国传统文化中的"诚"和"信"，均反映了人们对"信任"的认识；进入近现代社会，各个学科均开始尝试对"信任"作出解读，经济学认为，在信息和计算能力有限的情况下，信任是规避风险、

---

① 2013年6月，全球最早也是当时最大的比特币交易平台Mt.Gox获得了美国财政部金融犯罪执法系统FinCEN颁发的货币服务事务（MSB）许可，详见简单："'无政府主义'比特币为何能逆天？"，《读天下》2013年第15期；2013年8月，德国财政部认定比特币为一种记账单位，可以用来多边结算，详见许诺："德国认可比特币合法"，载《北京晨报》2013年8月21日，2018年4月25日访问。但我国政府对比特币持谨慎禁止态度：2013年12月，央行等五部委联合发布的《关于防范比特币风险的通知》将比特币定性为虚拟商品，禁止金融机构和第三方支付机构从事相关业务，随后要求第三方支付机构关闭了对交易平台的充值通道；2014年1月，淘宝网宣布禁售比特币；2017年9月，央行等七部委联合发布公告将首次代币发行（ICO）业务定性为非法集资，并要求立即停止各类代币发起的融资活动，随后各大代币交易平台均逐渐停止在中国的业务。
② "挖矿"是比特币以及类似共识机制下代币产生过程的形象说法，即通过计算机硬件为比特币网络开展数学运算，其中提供服务的计算机（矿工）可根据其对任务的贡献度得到相应奖励，即比特币。
③ 贾丽平. 比特币的理论、实践与影响 [J]. 国际金融研究，2013（12）：14-25.

减少交易成本的一种理性计算，①是所有交易得以开展的核心，是整个市场经济的基石。而在社会学家卢曼看来，世界是极度复杂的，其可能性远超出系统对其反应能力所及的范围，因此，人们需要通过信任来简化复杂性、排除不确定性、忽略可能性。②

传统社会环境下，人与人之间关系单一，基本为熟人社会，主要通过血缘、宗教、传统等来保障信任，但即便如此，人们还是发展出了一套规则、惯例来为各种社会活动背书。以古罗马法时代的契约为例，当商品从生产环节进入流通环节后，为了交换安全，人们逐渐形成了许多关于交换的习惯和仪式，并最终演化为调整商品交换的一般规则。一般而言，契约主要依靠双方的信任和忠诚来保障实施，但现实生活中的各种不确定的意外使得契约不能顺利履行，因此，为了克服这一信任难题，人们提前约定好各种违约情形、相应责任以及在发生争议后可求诸独立第三方，该独立第三方往往是具有一定权威的中心化存在。换言之，契约法规则和第三方外力是解决信任问题的一种有效方式。这一制度经验一直沿用到现代社会。

20世纪以来，伴随着工业化推进和全球化发展，人类社会进入"风险社会"，由此导致的不确定性更加多样，而以人际信任为主的传统社会信任也逐渐发展成依靠规则和法律保障的、对制度体系的系统信任。进入21世纪以来，信任研究继续向纵深扩展，一个标志性成果就是"后信任社会"概念的提出及相关研究的开拓。如果说德国社会学家乌尔里希·贝克（Ulrich Beck，1986）用"风险社会"（risk society）透视了发达工业社会的总体性状况，英国风险研究学者朗纳·卢夫斯迪特（Ragnar Lofstedt，2005）的"后信任社会"（post-trust society）概念则从社会信任维度回应了贝克的"风险社会"。③人们比以往任何时候更依赖第三方和制度体系，政府、专家、媒体等具有话语权的主体都成为监督和防范风险的角色而被寄予厚望；人们对信任的需求也比以往任何时候更为迫切。然而越是如此，"信任危机"却越是凸显：金融欺诈、假冒伪劣产品、学术造假、虚假新闻等不诚信事件频繁发生，透支着人们的信任底线。这些造

---

① 科尔曼. 社会理论的基础 [M]. 邓方，译. 社会科学文献出版社，1999：231.
② 卢曼. 信任：一个社会复杂性的简化机制 [M]. 瞿铁鹏，李强，译. 上海：上海人民出版社，2005：8-10+30-32.
③ 张成岗，黄晓伟. "后信任社会"视域下的风险治理研究嬗变及趋向 [J]. 自然辩证法通讯，2016（6）：14-21.

假事件集中说明，即便是存在相关规则和第三方监管，传统的信用机制仍然会严重失灵，新的社会形态需要创新信任机制。

区块链技术无疑可以应对这一现实需求。如前所述，区块链本质上是一种分布式记账系统，这一技术结构特性将其与以往一切集中式系统根本性地区分开来：由于该系统是分布式的、无统一中心节点控制的，因此决策会由所有节点基于共识机制达成；又由于任意两个节点间的信息交换遵循固定算法，相应规则会自行判断该交换的有效性，故双方无须通过公开身份以让对方信任；当交换完成后，该信息会向所有节点广播，并由后者记录和存储，这进一步决定了几乎没有人能够对所有节点上保存的信息进行修改和破坏，相反，每一节点上的信息却都可被追溯和查询。以"智能合约"为例，密码学家尼克·萨博于1994年提出该理论时，其所谓的"智能"与现在的"人工智能"并不相关，而是指"自动化"，即当某一预定条件被触发后，由计算机自动执行预先设置好的包含有相应合同条款的程序，以实现缔约双方已达成的约定。智能合约能够最大限度地减少恶意违约和意外状况的发生，降低因欺诈而带来的损失和因敦促合同履行而发生的执行成本。简言之，智能合约允许在无第三方保障的情况下进行可信交易，解决了履约过程中可能出现的信任危机。

四、区块链技术的"自治性"将引发社会治理模式创新

随着区块链技术的逐步成熟和在金融领域的广泛应用，该技术也逐渐扩展到社会治理领域，白皮书所主张的区块链3.0"可编程社会"构想正在可视化。

人类社会自"国家"出现以来，组织形式大多时候都是集权化的，以科层制为组织架构的政府机构基本按照"管理—规制"的模式对社会和公共事务实行管理。这一模式除了导致效率低下的问题之外，还会出现由于权力集中而滋生的权力寻租以及因信息不透明而导致的公平危机等问题。

治理源自古拉丁文或古希腊语"引领导航"一词，原意是控制、引导和操纵，指的是在特定范围内行使权威。随着全球化进程加速，世界范围的交流与互动日趋密切和频繁，国家所处环境与国际关系变得空前复杂。为了适应不同世界性因素涌入催生的经济社会生活的日益多元化，20世纪70年代以来，西方国

家兴起了寻求新政府治理模式的政府改革运动，建构与后工业社会、信息社会相适应的新型公共治理模式成为各国政府的追求。20世纪80年代以来，"治理"被全球治理委员会、联合国、世界银行等国际组织输入一些发展中国家。新的治理模式开启了为多个行动者形成合力构建平台的努力和尝试，行动者包含政府但又不限于政府，非政府组织、私人机构以及公民个体等都可以成为行动者。

区块链"自治性"的特点有助于政府摒弃传统的"管理—规制"模式而遵循"治理—服务"理念。所谓"自治性"是指所有参与到区块链系统中的节点均遵循同一共识机制，不受任何人干预，自由地交换、记载、更新数据，自发地共同维护整个区块链系统的信息可靠和安全，因此，"自治性"也可称为"共治性"，即每个参与者并非完全分散的原子型存在，而是共识机制中的有机组成部分。

英国学者梅兰妮·斯万认为区块链技术可将多方利益相关者纳入公共治理的对话平台，使他们通过共识机制公开民主地达成决策、解决问题，分布式的群体智慧终将替代结构繁杂的中心化层级管理模式。① 我国也有学者主张区块链技术可以为政府部门打造一个高效的行政系统，不同的利益相关者在该系统中将实现对等，政府角色将由管理者向协调者转变，政府部门的组织结构将扁平化，社会治理和公共服务也将透明化和智能化。② 另外，还有学者以"电子政务"为出发点，强调可将技术创新与治理模式相结合，共同改善政府在以往治理中存在的问题，③ 从这个意义上来说，区块链技术是"互联网+政务"的合理延伸，未来可发展成为大数据社会的基础设施。

将区块链应用于电子政务的举措与区块链的"自治性"特性恰好契合。虽然平台系统由政府委托开发，但政府在各项功能设定好后就退居幕后，其间仅提供些许必要的协调和指引，剩下的将主要由公众利用系统自助完成，如之前公共服务流程中涉及的大量人工验证、审批等操作都将实现自动化提供，公众可自我管理和自我服务。以区块链为基础的去中心化、去信任化平台一方面促使政务公开、透明、高效，提高了政府的公信力，降低了系统运营成本，另一方面也有助于公众与市场、政府之间形成良好的合作秩序，在互信互助的基础

---

① Swan M. Blockchain: Blueprint for a new economy[M]// Blockchain: Blueprint for a new economy. O'Reilly，2015：23-26.
② 张毅，肖聪利，宁晓静. 区块链技术对政府治理创新的影响 [J]. 电子政务，2016（12）：11-17.
③ 毕瑞祥. 基于区块链的电子政务 [J]. 中国管理信息化，2016（23）：148-151.

上有效沟通、深度对话，形成共治状态，提高社会治理的有效性。①

第三节 区块链技术发展中的风险挑战

区块链的"去中心化""去信任化"以及"自治性"等特性本质上是同源一体的，它们相互解释，又彼此关联，本质上都是对传统"中心化"模式的革新。区块链作为一项新兴技术，具有非常广阔应用前景，会对原有的社会秩序和格局产生重大影响，但这种革新也会产生新的问题，对原有社会秩序和对区块链本身都提出新的要求。

一、"去中心化"与传统监管模式的本质矛盾

目前对区块链的监管主要体现在货币系统和金融领域，因其关系到一国的经济秩序和金融体系稳定。实际上，数字货币的发展现状很大程度上具有资本和舆论炒作之效果，尚未被国际主流社会普遍认可，在普通民众中接受度也不高。因此，除了在小范围的投资领域流转外，比特币当下最为主要的应用场景是用于洗钱、勒索和黑市交易等犯罪活动，如在2017年5月全球爆发的 Wanna Cry 勒索病毒事件中，黑客即要求受害者支付比特币以获取赎金，这自然得益于区块链可匿名交易的数据加密技术和全球一体化的实时清算体系。

虽然少数承认数字货币的国家和地区已基本出台了相应的监管政策和举措，如欧盟通过的反洗钱指令要求交易平台和托管钱包提供商对客户进行尽职调查，以消除其匿名性，即履行金融机构应承担的"KYC 规则"②，但具体监管效果还不确定。就前述勒索病毒事件来看，现有技术还很难锁定真实的收款人，更不要提按犯罪构成要件来认定其违法行为。③另外，除了对明显违法行为的监管之外，还需要对技术规则本身进行规制。区块链的"去信任化"功能

---

① 张毅，肖聪利，宁晓静. 区块链技术对政府治理创新的影响 [J]. 电子政务，2016（12）：11-17.
② "KYC 规则"，Know Your Customer，即"了解你的客户"规则，最早由巴塞尔银行监管委员会在《关于防止利用银行系统进行洗钱的声明》（1988 年）提出，现已成为反洗钱领域的基础制度。
③ 范拓源. 区块链技术对全球反洗钱的挑战 [J]. 科技与法律，2017（3）.

并不能克服技术设置本身的"不诚信"问题,以技术为包装的规则失衡因具有隐秘性而使得监管更加困难,此前,美国证券交易委员会拒绝加密货币交易基金的上市申请,即是出于尚无法对该类交易实行有效监管、无法预防欺诈和操纵行为故难以保护投资者和公众的合法利益的原因。① 可以预见,只要一国政府无法对数字货币进行有效监管,无法控制和防范因数字货币广泛应用而可能对现有货币体系造成的风险,那么数字货币的合法性地位得不到确认,发展前景也不明朗,而关于其在更大范围的推广和应用乃至替代法定信用货币的畅想就只能是天方夜谭。目前比特币价格波动频繁就是由于监管缺位或监管不力而导致其适用范围和实际影响不够大,容易被个别投机者操作所致。②

然而,吊诡的是,对数字货币的监管和数字货币应用本身就是一对矛盾的存在,传统的监管模式是集中化的、反匿名的,这无疑与区块链技术"去中心化"的本质特点相悖;更深层次的悖论则在于数字货币背后的科学技术与监管体系之间的价值追求并不相同,前者奉行"去监管"哲学,崇尚自由开源,而后者则强调风险防控与化解,追求效率、安全与公平的动态平衡。③ 显然,若要调和这两者的矛盾,并非仅仅通过发展技术和加强监管就可以解决,若事实上确实可以对数字货币实现有效监管,那这样的数字货币还是其本来意义上的"无政府货币"吗?它的革命性和创新性如何体现?若不对其监管,则数字货币未获得国家主权承认,意味着相关公众不敢对其报以信心,缺乏公众认可的数字货币正如缺乏国家强制力担保的信用货币一样,谈何发展?

二、"去中心化"与"再中心化"的循环悖论

"去中心化"是区块链区别于其他传统系统的主要特质,从某种意义上来说,其所有的革新意义也都源自于此,"去信任化""自治性"不过是"去中心化"

---

① 2017年3月11日,美国证券交易委员会(SEC)否决了首例比特币交易基金的上市申请,此后相关当事人又提起申请,但还是被否决了。SEC在2018年1月19日发表的正式声明中称已要求发起加密货币基金请求的公司撤回相关申请,原因主要有:(1)目前加密货币市场波动性过大,难以对其准确估值;(2)加密货币缺乏流动性;(3)加密货币保管权难以确定;(4)基金套利机制难以预估;(5)存在潜在市场操纵风险。SEC表示,直到上述问题圆满解决,否则将不会通过任何加密货币的相关产品。
② 贾丽平. 比特币的理论、实践与影响 [J]. 国际金融研究, 2013 (12): 14-25.
③ 杨利华. 银行监管的法价值追求 [J]. 区域金融研究, 2010 (1): 59-62.

在技术规则赋权下的意义延伸。然而，正如世间没有绝对的真理，区块链的"去中心化"也没有那么绝对。虽然在技术和理论上的确可以实现绝对的"去中心化"，但现实中资源和信息的流动会促使新的中心形成，从而对"去中心化"的意义和功能造成消减。

数字货币的矿池和交易平台为此方面典型代表，二者虽解决了人人皆可参与挖矿和交易数字货币的现实需求，却成为新的中心化平台，引发因中心化而导致的危机和风险。关于区块链的安全性有一条"51%定律"，即若欲对区块链系统中的某一笔交易记录进行删改，就需要控制整个系统50%以上的节点或账户，这在事实上几乎不可能完成，但对接入量大的矿池来说，却很容易实现；一旦矿池控制的算力超过50%，它就可以轻易对其他矿池进行攻击，从而垄断整个系统中的数字货币开采权、记账权和分配权，去中心化与去信任化也就无从谈起。事实上，这样的危机已经发生过不止一次，虽然最终都因矿池主动采取分流措施而得以化解，且该矿池也承诺不会发动51%攻击，但这样的危机就像常悬于数字货币投资者头上的达摩克利斯之剑一样，时刻可能造成市场恐慌。此外，交易平台的弊端更是很早就出现了，其或遭黑客攻击，安全保障有限，或因运营者卷钱跑路，信任机制堪忧，以算法安全为信用背书的数字货币并非绝对安全。

另外，区块链在社会治理中应用也有可能出现同样的问题。因具有可扩展性，区块链平台可能会促使新的虚拟权力产生，并进而导致"现实政治的重新集权"①，少部分技术精英垄断或主导公共事务却无须获得任何合法授权或不受任何监督。正如前文所述，对技术规则本身的监管要比对利用技术从事不法行为的监管更难，因为与传统模式相比，由信息集中化主导的技术决策透明性更差，欺骗性更隐秘。

三、"智能合约"与现行法律制度的对接难题

区块链应用除了面对监管系统缺位，监管规则空白的挑战之外，还需要克服与现有法律系统的对接和协调，这样才能获得正式合法性地位，这主要

---

① 闻骏，梁彬．基于区块链技术的国家治理创新研究 [J]．昆明理工大学学报（社会科学版），2017（6）：32-36．

体现在智能合约的应用方面。严格来说，智能合约并非区块链的一种具体应用，也非具体技术，而是一种在区块链底层技术的基础上建构的应用支持功能①，它可以在多个场景下使用，以实现现实生活中"去信任化"需求。目前，关于智能合约的论述大多集中于强调其如何实现可编程金融以及如何取代中介机构等方面，而忽略了智能合约与现有法律系统，尤其是与合同法的协调和兼容。

现实生活中，受限于语义表达多义性和客观情况多变性，往往会出现法律未规定或双方未约定情形，需要对法律规定或合同条款进行解释，且这种解释往往涉及复杂的利益权衡和价值判断，应依靠具有公信力的第三方从中裁决；但智能合约完全依靠计算机语言写就的程序在缔约方之间实现验证和执行，这必然会引发一个根本性问题，即程序代码是否能够精确地表达合同条款的语义以及合同条款是否能准确表达当事人的意思，若不能表达，那么对于代码的语义应如何解释，由谁来解释，以及最为关键的一点——其是否属于被合同法所认可的有效合同形式？

在智能合约执行过程中，一切均须听命于事先设定好的代码，而不考虑缔约方当下的真实意愿，若一方当事人某一操作失误或希望有其他选择，代码程序并未提供可修改的替代方案，所谓"智能"并不智能，以至合同法上的合同变更、撤销和解除等制度根本无从适用，而这与近代私权社会所确立的基本民法理念"意思自治"是完全相悖的，让人不免担心智能合约在提高效率的同时可能也牺牲了一定公平和自由。

智能合约虽然在某种程度上实现了技术与法律的协同，但还需要现行法律制度的进一步确认，根据摩根士丹利2016年4月发布的一份关于区块链的报告显示，金融银行业采用区块链技术会面临10个潜在障碍，其中有半数需要政府或现有法律制度支持才能有效克服。②但法律制度对社会生活的反馈往往是滞后的，而技术发展又多是超前的，因此，当技术对法律形式进行了变革之后却仍需通过法律来对这一变革进行确认，不得不说，这也是区块链发展中的一重悖论。

---

① IT技术界一般将区块链技术架构分为P2P网络层、分发层、数据和维护层、应用支持层、应用层等五层，其中共识机制处于分发层，智能合约处于应用支持层，数据货币和物联网等处于应用层。
② 十个障碍分别是成本收益（Cost/benefit）、成本互助化（Cost mutualization）、激励机制（Aligning incentives）、标准建立（Evolving standards）、可扩展性（Scalability）、政府监管（Governance）、调节机制（Regulation）、法律风险（Legal risks）、安全性（Security）、简单易操作性（Simplicity）。

四、"共识机制"下的技术与现实差距

"共识机制"是区块链技术的重要组件，处于区块链技术架构的较底层。区块链系统中的各节点能够在没有第三方信用机构存在的情况下对某一行为记录认可，原因即在于各节点自发地遵守一套事前设定好的规则，该规则可以直接判断行为记录的真实性并将判断结果为真的记录记入区块链之中，这种判断规则就是"共识机制"，其是区块链应用得以实现的技术保障。正是基于这一技术特征，区块链技术天然地承载了人们对安全、公平、诚信等普世价值的追求和对平等、民主的理想社会的向往。

如区块链在应用于社会治理时，有激进观点认为传统的集权政治和等级制度都将被新的治理模式和认知方式所取代，信息技术作为一种新"权力"将会"解放"传统"权力"。[①] 这一主张明显带有技术乌托邦色彩，忽略了技术功能与实际现实之间存在的明显差距，正如技术能够实现去中心化不代表可消除现实中的再中心化一样，系统中的各节点能够对某一交易记录达成唯一共识不代表用户对整个系统的发展也可以达成唯一共识。现实中，个人行为往往具有很强的波动性和盲目性，上述观点所主张的泛化民主会使得治理主体与公众间原有的平衡被打破，导致决策共识更难实现，以太坊的几次分叉充分说明了这一问题，因利益和价值观差异，社区内用户的主张不可能完全一致，若再将其应用于整个社会，共识的难度可想而知。虽然比特币网络目前还未发生分叉，但这仅是多次妥协后的暂时结果，并不代表未来不会再出现。根据经验和规律判断，只要资源有限，利益不同，就必然会有分歧产生。

第四节 走向区块链技术与社会治理的"良性互构"

虽然比特币早在十年前就已经诞生，但区块链真正走入大众视野的时间并不长，作为一项新技术，其对现有社会发展的影响，对社会秩序的可能改变以及未来应用多种愿景引起科技界、金融界、政策界以及学术界广泛关注和讨论。

---

① 闻骏，梁彬. 基于区块链技术的国家治理创新研究[J]. 昆明理工大学学报（社会科学版），2017（6）.

从其引发话题热度和可能带来的创新观念来看，区块链无疑具有重要意义，它为重新定义交易和分配规则提供了技术基础，成为信息价值传递重要载体，并引发了社会治理结构和模式的转型。同时，我们也应看到，区块链技术本身还存在不少问题，需要更多时间来探索和完善，目前一些明显寄予了过高期望的热情，除了有炒作之嫌外，还容易导致公众或部分从业者对其产生不切实际幻想，这并不利于区块链的正常发展。区块链发展三阶段并非人们一般认为的那样属于前后演进式，而是同时并行式的。其中数字货币应用最先起步，但远未成熟，而金融领域的各类合约型应用和社会治理、物联网方面的泛区块链应用也在逐步展开。区块链技术发展应当坚持技术与社会的"良性互构"，相关领域技术研发应当走向"负责任的创新"。

首先，数字货币并不能替代现有货币系统。数字货币是经济全球化和信息技术合力催生的产物，通过算法控制货币供给具有非常大的革新性；但在未来可预期的很长一段时间内，主权国家并不会消亡，数字货币作为一种非政府货币，与中央银行的关系以及对现有货币系统的影响都需要进一步探索。在短时间内，对数字货币而言，其最为理想的情况更有可能是成为信用货币的补充，与之相互配合发挥作用，以使货币系统更好地满足社会对流动性的需要，从而进入货币形态发展的新阶段。

其次，适合智能合约全面应用和嵌入的社会装置系统有待进一步完善。因社会的极度复杂性和广泛存在的不确定性，智能合约的应用场景也较为有限，它也只是丰富了传统契约制度而非其替代品。因此，完善智能合约的规则和机制设计，积极推动智能合约由"自动化"向"智能化"演变，以促使现行法律制度对其接纳和认可，是智能合约未来发展的主要任务。

最后，区块链技术仅仅是推动社会发展的工具，不能为社会发展的根本目标。区块链所表征的新兴技术或产业其实是顺应和实现某种未来目标的手段和工具，而不是未来社会的发展趋势。识别是技术工具还是社会目标与趋势意义重大，因为如果把技术等同于趋势本身，那么它们就是"唯一的"，具有"收敛效应"；我们就有可能陷入"技术自主论"与"技术决定论"的窠臼，就只能沿着这些路径向前走，思考"如何把这些技术实现并演进到极致"。在政府治理和公共服务方面，我们应结合当下现实将区块链作为一种技术手段而非政治理论来应用，警惕陷入技术决定论的陷阱。

总之，区块链技术虽然对现有社会秩序和格局造成重大影响，甚至对很多方面进行了革新和重塑，但只是对原有制度或模式的改进而非革命，其仍需依靠现有体系的确认和配合才能真正发挥潜在价值，释放应有能量。不考虑现实而空谈构想，会导致区块链发展陷入误区，关于这一点，实务界和理论界都应有所警惕。

第九章
社会转型期的灾害风险治理

作为突发性公共卫生事件，新型冠状病毒感染肺炎疫情对我国风险治理体制及能力提出了极高要求。提升风险治理能力，促进突发公共卫生事件得到有效治理，既要厘清该类事件背后隐藏的风险观念误区和认知性缺陷，又要探究风险治理的短期策略及长期路径，为系统治理公共卫生突发事件难题提供全面支撑，进而达到风险治理现代化的长期目标。风险构成了我们时代的重要特征，风险语境构成新时代社会治理的常态化条件。现代性是建立秩序的过程，其中隐含着风险不确定性悖论。在本体论意义上，风险是实体论和建构论的统一；在现代性控制逻辑推动下，控制风险的行动内含着更大范围风险的可能性。面对全球性风险，着眼于局部地区的地方性风险规避路径已经失效，应当完善多主体在风险治理中发挥作用的协同机制，通过新兴技术赋能疫情风险防控，构建有温度的政府治理体系，实现风险治理现代化。

第一节 风险语境是社会治理亟需面对的新常态

一、社会治理视野中的公共卫生突发事件

启蒙以来的现代性一直推崇"变化"和"新意"，西方社会对变革性、新颖性和现代性的追求与对新的进步的渴望相结合构成了治理理论兴起的思想史背景；西方福利国家的政策危机、国际两极格局消失与新秩序的逐步形成构成

治理理论的历史背景。西方的社会治理理论经历了由传统的官僚行政到新公共管理，由新公共管理到新公共服务，再到新公共治理的演变历程。1976年，在詹姆斯·马奇和约翰·奥尔森合著的《组织中的二重性与选择》中，有篇文章题目首次使用"治理"，文章内容涉及大学组织中的决策。1989年，世界银行对非洲情形的描述中开始使用"治理"一词；随着社会治理实践的不断丰富，治理进入公共政策分析领域，成为经济、公共管理、社会学以及政治学等多学科主题，在世界各国的政府与学术领域均得到了广泛发展与运用。

20世纪90年代，"社会治理"出现在保罗·赫斯特的著作《联合民主：经济与社会治理的新形式》中，用以阐释通过民主化以及向社会与公众赋权来解决大政府过载的问题。西方社会治理研究最初属于社会政策研究范畴，公共卫生领域的关注点主要包括对医疗及其风险的社会治理研究[①]（Brown，2000）、社区医疗案例比较研究[②]（Duff，2001）、欧洲后福利国家社会责任[③]（Larner，2000）、社会福利和卫生保健的社会治理[④]（Verdeyen and Buggenhout，2003）、社会政策改革[⑤]等。借鉴危机管理和风险管理理论，结合公共卫生特点，国外开展了大量突发公共卫生事件监测预警和应急理论的研究[⑥]。在公共卫生应急能力建设层面，国外对各个医疗卫生机构的应急能力、各级机构之间相互关系进行了反思，社区卫生中心、社区卫生工作者、灾害脆弱性群体等得到持续关注。比如，布朗关注了基层公共卫生应急能力，对公共卫生体系、医院、社区卫生中心等各级医疗卫生机构的突发公共卫生事件的准

---

① T, Brown. AIDS, risk and social governance.[J].Social Science & Medicine（1982），2000，50（9）：1273-84.

② Duff, J. Financing to Foster Community Health Care: A Comparative Analysis of Singapore, Europe, North America and Australia [J]. Current Sociology，2001，49（3）：135-154.

③ Wendy Larner. Post-Welfare State Governance: Towards a Code of Social and Family Responsibility[J]. Social Politics: International Studies in Gender, State & Society，2000（2）：244–265.

④ Verdeyen V, Buggenhout B V. Social Governance: Corporate governance in institutions of social security, welfare and healthcare[J]. International Social Security Review，2003，56（2）：45-64.

⑤ Reddel T. Third way social governance: Where is the state?[J]. Australian Journal of Social Issues，2004，39（2）：129-142.

⑥ Jha A, Lin L, Short SM, Argentini G, Gamhewage G, Savoia E. Integrating emergency risk communication （ERC） into the public health system response: Systematic review of literature to aid formulation of the 2017 WHO Guideline for ERC policy and practice[J]. PLoS One. 2018，13（10）.

备和应对能力进行了研究①。

人类的生命安全与健康疾病问题一直是国家治理的重要议题，突发公共卫生事件研究是多学科关注的交叉领域。随着全球连通性的增强，公共卫生突发事件和健康风险不仅影响特定国家或区域，还会超出该区域"嫁接"给附近或者较远的地区、国家和群体。伴随着人类面临的风险挑战形态与影响日益广泛、多元和复杂，诸多公共问题和集体行动困境破解都涉及"共受风险"与"协同行动"问题。在新冠疫情全球大流行的情形下，人类应当如何面对这种百年不遇的巨大灾难，如何在科技支撑、文化诠释、伦理规约、社会治理、法治保障等各方面做出最好的回应，以减低病毒感染带来的诸种创伤，无疑是我们当下亟需检视、反省和回应的重要课题。本节将对特定疫情产生于其中的文明及其风险运行逻辑进行反思，对现代性秩序构建中产生的风险悖论、高端现代性阶段的风险陷阱、全球化时代的风险规避与风险共生、面向后疫情时代的风险治理模式重构等进行探索和诠释，以洞悉突发公共卫生事件背后的风险社会本质及特征，为在更深层次理解新冠疫情及其治理提供方向性启示。

二、社会治理下的风险语境

风险灾害相伴于人类社会进程，公共卫生事件具有传染性、隐蔽性、复杂性、紧迫性等特性，一旦爆发，影响力、辐射力与破坏力较为严重，不仅关系到公众个体生存生活状态，而且影响地区甚至国家的经济运行、社会稳定和国家安全。人类社会发展已经进入以全球化、社会自反性的强化、非传统社会形式聚集、新兴风险和传统安全交织等为主要特征的"晚期现代性阶段"。当今世界正经历百年未有之大变局，经历着新一轮大发展、大变革、大调整。风险构成了我们时代的重要特征，风险会给利益相关者造成健康、安全、财产等多方面损失。在风险全球化时代，风险语境是社会治理亟需面对的新常态。

风险治理是社会治理重要组成部分。当前中国的社会治理研究面临着一系

---

① Khan Y, O'Sullivan T, Brown A, et al. Public health emergency preparedness: a framework to promote resilience[J]. BMC Public Health. 2018, 18（1）: 1344.
Khan Y, Brown AD, Gagliardi AR, et al. Are we prepared? The development of performance indicators for public health emergency preparedness using a modified Delphi approach[J]. PLoS One. 2019, 14（12）.

列新情况、新问题、新挑战，如何应对突发公共卫生事件是新时代国家治理的重要任务。风险治理行动要确保风险本身内涵的不确定性不能被解散或被解构，而只能被有意识接纳。风险社会是政府、公众和社会共同面临的治理情境，每个行动主体都有参与风险治理的权利和义务，政府应当通过多种渠道增加社会互动，建立起社会治理共同体成员之间互信、互赖、互惠的良好基础。作为国际关注的突发性公共卫生事件，新冠疫情对我国风险管理体制、社会治理能力提出了极高要求，该事件既是对国家治理体系和治理能力的极大考验，也为我国完善社会治理体系，提升社会治理能力提供了契机。疫情防控效果以及能否最终战胜疫情在很大程度上依赖于整个社会的风险治理能力存量以及在灾害情景下激发的风险治理能力增量。

与2003年非典疫情相比，我国政府在应对措施、统筹能力等方面均有很大进步，此次新冠疫情防控中也暴露出我国政府治理中存在的短板和不足，优化国家应急管理能力体系建设，提高防灾减灾、救灾、能力任重道远。十九届四中全会《决定》提出，要构建统一指挥、专常兼备、反应灵敏、上下联动的应急管理体制。若要提升风险治理能力，促进突发公共卫生事件得到有效治理，既要厘清该类事件背后隐藏的风险观念误区、认知性缺陷和根源性诱因，又要从多重维度探究该类事件的风险治理中应当采用的短期策略和长期路径；既要通过合理机制设计实现治病救人、疫情防控等短期目标，又要立足长远，达到全面认识新冠病毒根源、洞悉防控规律，系统全面治理具有极强外部性的公共卫生事件及其造成的全球性困扰，进而达到风险治理现代化的长期目标。

第二节　现代性与全球化时代的"风险规避"和"风险共生"

一、现代性：秩序社会构建中的"风险悖论"

我国正处于新全球化、第四次工业革命与社会转型发展"三重叠加"的历史交汇期，公共卫生、安全和环境等风险事件日益增多，风险构成了我们时代的重要特征，"当代社会出现的风险是普遍存在的、全球性的、不可逆转的"①。尽管世界上不同地区的各个民族历史发展进程多种多样，每种文明在其发展过程中都要经受瘟疫和疾病的挑战却是一个基本事实。欧洲的"枪炮、传染病、钢铁工具和工业制成品"一度被视作欧洲人征服其他民族的直接因素，"在征服战争中同样重要的是在驯养动物的社会中演化的病菌，驯养动物的人成了这些新演化出来的病菌的第一批受害者，而这些人接着又逐步形成了对抗这些新的疾病的强大的抵抗力"。② 人类文明是在一次次与瘟疫斗争以及一系列危机事件应对中不断成熟和发展的，应当从文明演进和全球治理角度来理解疫情防控和社会治理能力现代化，审慎地反思特定疫情产生于其中的社会及文明运行逻辑。

人类历史就是一个在风险中生存和发展的历史，是一个在不断产生风险和不断努力治理风险中前进的历史。风险语境构建新时代社会治理的常态化条件，鲁曼在《现代性的观察》一书中曾经指出，既不是必然的也并非一定不可能的"偶然性"是现代社会最显著的特征之一，因为它是现代社会无法避免的常态。我们正在进入"高风险社会"，在社会变迁越来越不可预测、越来越具有不稳定性的时代，现代性本身便是一种"风险文化"。在社会学意义上，米歇尔·迪恩认为，风险经常被置于对现代性的总体勾画和叙述中得到理解，是人类当前社会形态下本体状态的一个重要特征，风险是社会类型和社会变迁的重要标志，在此意义上，我们可以进入"风险社会"的议题之中。他进一步指出，在治理意义上，风险是"与我们如何进行治理有关的措施、技术和理性混合体的组成部分，在这里，风险是可计算的理性，与管制、管理和规范人类行为的各种技术有关"。③

通常认为，源自16世纪晚期欧洲的现代性诞生是人类从传统社会进入现代社会的重要标志，现代性意味着一个不断变化和求新的过程。欧陆学者关于现代主义的早期理论肖像包括"动态的"艺术、理性的"生活机器"等内容。受美国作为现代主义符号的电力系统、汽车工厂、管理组织等启发，欧陆学者对"现

---

① Piet Strydom. Risk, Environment and Society[M].Buckingham: Open University Press, 2002: 83.

② 贾雷德·戴蒙德. 枪炮、病菌与钢铁：人类社会的命运[M]. 上海：上海译文出版社，2000：73.

③ Mitchell Dean. Risk, Calculable and Incalculable.in Deborah Lupton（eds.）, Risk and sociocultural theory. Cambridge: Cambridge, 1999.

代"运动进行了理论思考：对他们来说，秩序、规范、系统、控制等价值构成了现代主义。尽管现代性视域下"控制逻辑中的未预料后果"的风险概念在韦伯那里并不是以"风险"的词汇呈现出来的，在《新教伦理与资本主义精神》一书，马克斯·韦伯已经开始描述了一个弗兰肯斯泰因社会，在其中工业资本主义社会失去了控制并开始威胁到现代文明和人类自身。①

现代性根基于三种力量，即现代民族国家、现代科学技术以及资本主义的兴起，其核心是为改善和提高生活水平而努力，而且每个人都有参与改善和提高生活水平的权利和能力。在《现代性与矛盾性》里，鲍曼在更为广阔意义上讨论了现代性对秩序追求的社会后果。他认为，如果说传统社会是"没有理性反思的时代"，那么现代性则意味着人类进入了一个特定时段，在此时段，"思考秩序"开始成为人类的一个紧迫任务。西方现代性是一种不可抑止的向前行进过程，现代性表现为"对事物秩序进行感知的性质"。现代性任务就是"建立秩序的任务"，社会发展是不断从混乱和无序走向秩序和确定的过程，在社会发展中"只要存在分为秩序和混乱，它便具有现代性，只要存在包含了秩序和混乱之抉择，它便具有现代性"。②

建于理性基础之上的现代性是赋予世界以结构、控制或然性、限制或消除随机性的过程。在现代性世界里，专家采用理性的方法，依靠其科学知识来操纵世界以产生可观效益。世界碎片化是现代性的最大成就，矛盾性是现代性的终极产物。矛盾性是将某种客体或事件归类于一种以上范畴的可能性，是一种无序状态，是一种我们感到的极度不适的情形，是在语言应当发挥语言功能之处语言功能丧失的状态。秩序和失序往往相伴而生，追求秩序必然产生混乱。③

文化是"建构"世界的积极过程，鲍曼认为，如果说社会是由人类选择塑造的，那么社会学角色就是解释文化的性质，说明人类选择所扮演的角色，而社会学家主要任务则是探索和确定在社会之中存在的人类选择空间。在现代性晚期阶段，不安全感笼罩着人类社会生活，"现代性的主要成本就是具体的人类存在为换取安全该所付出的高额代价"。④ 现代性是"一种危险文化"，现

---

① 张成岗. 技术与现代性研究 [M]. 北京：中国社会科学出版社，2013：37.
② 齐格蒙特·鲍曼. 现代性与矛盾性 [M]. 北京：商务印书馆，2003：11.
③ 齐格蒙特·鲍曼. 现代性与矛盾性 [M]. 北京：商务印书馆，2003：5.
④ 丹尼斯·史密斯. 后现代性的预言家：齐格蒙特·鲍曼传 [M]. 南京：江苏人民出版社，2002：166.

代社会被描述为"风险社会",现代人在享有前所未有的选择自由的同时,又被抛入一种令人烦恼的不确定状态。①现代性中的不确定具有两重维度:风险本身的不确定性和缺乏风险管理产生的不确定性,如果没有规则框架去引导行动者的选择,预测选择的未来后果将会变得十分困难。最大的自由和最大的安全通常不会在同一包裹中投寄出来,高水平的自由通常意味着低水平的安全,高水平的安全意味着低水平的自由。进行自主选择的人数越多,预言选择的结果越困难。伴随着诸多公共问题治理中的"政府失灵"出现,"保姆政府"正在许多领域里放弃自身的责任,当民族国家的政府对社会和经济的广大区域解除管理时,也会产生很多麻烦,"与不断增加的自由选择同时出现的是不断减少的、对任何一种选择的结果的控制和预测"。②

在现代社会,已建立的风险计算的理论基础遭到破坏,传统的统计学和数学计算已经不能在现代风险计算中起到作用。风险实践具有高度复杂性和不确定性,正如贝克所言,"任何专家都不能完全准确地预测、计算和控制科技发展给人类带来的可能危害而形成的风险"。现代社会的风险是一种"被制造出来的风险",风险源于人们的重大决策,并且是"由现代社会整个专家组织、经济集团或政治派别权衡利弊得失后所做出的决策"③。

二、风险控制:从"未预料后果"到"风险陷阱"

风险来源于人类的生产和生活实践,伴随着人类历史的发展而不断演化。人类风险意识的出现历史久远,在远古时代,原始人为了提高劳动效率和抵御野兽侵袭,制造了石器和木器,作为生产和安全的工具。半坡氏族很早就知道在自己居住的村落周围开挖沟壕来抵御野兽袭击;大禹治水和都江堰工程均是我国劳动人民对付水患的伟大创举;132年张衡发明的地动仪为人类认识地震做出了重要贡献。现代的风险概念不仅指生产和生活中"遇到危险的可能性",经过长期的历史演进,其内涵随着人类活动的复杂性、深刻性、不确定性也逐

---

① 张成岗.后现代伦理中的"责任"[J].哲学动态,2011(4):91-96.
② 丹尼斯·史密斯.后现代性的预言家:齐格蒙特·鲍曼传[M].南京:江苏人民出版社,2002:26-27.
③ 乌尔里希·贝克.从工业社会到风险社会(上)[J].马克思主义与现实,2003(3).

步被深化，被赋予了经济学、哲学、社会学、政策学、文化研究等更广泛、更深层的含义，与现代性和现代文明相互嵌入、与人类的决策和行为后果紧密关联。乌尔里希·贝克在《风险社会》一书中赋予了"风险"以社会学含义："风险是一个指明自然终结和传统终结的概念，换句话说在自然和传统失去它们的无限效力并依赖于人的决定的地方，才谈得上风险"①。

风险概念表明人们创造了一种文明，以便使基于自己决定而造成的不可预见后果具备可预见性，从而控制不可控制的事情，通过有意采取的预防性行动以及相应的制度化措施战胜种种副作用。② 自1986年以来，贝克发表了《风险社会》《风险时代的生态政治》《世界风险社会》《再论风险社会》等一系列著作和文章，从现代性和文化维度对风险概念的本质进行系统阐释。贝克在早期从生态环境与技术关系角度切入，把风险定义为技术对环境产生的威胁，在其后续学术推进中不断扩大概念的适用范围，使之与反思性现代性理论及文明论联系起来，从而抽象为一个具有普遍意义的概念，"风险是一种应对现代化本身诱致和带来的灾难与不安全的系统方法。与以前的危险不同，风险是具有威胁性的现代化力量以及现代化造成的怀疑全球化所引发的结果。它们在政治上具有反思性"③。

从根本上来看，风险既是一种物质性存在，也是一种开放性社会建构。风险是与人类共存的，但只是在近代之后随着人类成为风险主要生产者，风险逐步结构化，产生了现代意义的"风险社会"。随着人类活动频率增多，活动范围扩大，其决策和行动对自然和人类社会的影响力大大增强，现代社会的风险结构从自然风险占主导逐渐演变成"人为风险"占主导。人类具有冒险和寻求安全的双重本能，作为现代性社会核心构架的科层制与市场制度为这两种矛盾取向提供了实现环境和框架，无论是冒险还是安全取向的制度，其自身同样具有内置性风险，也就是制度运转失灵风险，即"制度化"风险。

在本体论意义上，风险是"实体论"和"建构论"的统一，作为社会生活货币化和市场化的一个重要后果，风险社会既是一种客观存在，又是一种基于

---

① 乌尔里希·贝克，约翰内斯·威尔姆斯.自由与资本主义[M].杭州：浙江人民出版社，2001：118.
② 同①。
③ Ulrich Beck. Risk Society: Towards a New Modernity. Translated by Mark Ritter. London: Sage Publications, 1992: 21.

趋于理性计算的社会心态。风险是"预测和控制人类行为未来后果的现代方式",而这些后果是"彻底的现代化产生的意料之外的后果",风险已经成为"政治动员的主要力量"、一种造成传统政治范畴过时的话语体系,总之,风险是一种"虚拟的现实,现实的虚拟"。① 风险概念反映了一个位于安全和毁灭之间的特定的中间地带,对风险威胁的感知决定着人们的思想和行动,正是文化感知和定义构成了风险,"风险"与"(公众)定义的风险"就是一回事。②

现代性是一项由国家实施社会控制和技术控制的项目,在"控制逻辑"推动下,人们逐步发现许多限制和控制风险的努力实际上正在变成更大范围的不确定性和危险,吉登斯称之为"人为制造的不确定性"。在新的不确定性面前,人们发现以科学的方式考察风险的概念(风险 = 事件 × 概率)时,风险就会以概率计算的形式出现,而这无法排除最坏情况的发生。在现代性高级阶段,相应地,风险概念开始指向了一种独特的"知识和无意识的合体",人类社会正在面临着当下的"风险陷阱"挑战。③

人类为何会遭遇"风险陷阱"或者"风险悖论"?历史地看,在现代性的初级阶段,由于工业技术发展所导致的现代性社会中的"好处"稀释了对风险的恐惧和批评,使得风险"合法化"并嵌入制度决策内部,而"残留风险"的存在从更长远的意义上来看则进一步加剧了风险。在高端现代性阶段,"残留风险"已经超出社会控制,由此我们遭遇"风险悖论",譬如在环境风险治理中,尽管已经制定了大量的环境法,但环境破坏的问题日益严重;在公共卫生事件中,尽管已经出台了野生动物保护法,但我们仍在经受着源自野生动物的病毒侵害。

"风险陷阱"意味着:一方面,基于传统的已有知识经验的风险认知、评估、决策和行动并不可靠,甚至还会带来更大风险。我们甚至可以认为众多的存量知识成为新风险的发源地,知识为我们带来了风险。另一方面,知识的缺乏或者对于风险的"无知""无意识"导致了更深层的"风险恐惧"。换句话说,在处理"人为制造的不确定"时,一方面我们把拥有确定的知识作为风险

---

① Ulrich Beck. World Risk Society[M]. London: Polity Press, 1999: 136.
② 芭芭拉·亚当,乌尔里希·贝克,约斯特·房·龙等.风险社会及其超越:社会理论的关键议题[M].北京:北京出版社,2005: 322-323.
③ Hans Jonas: The Imperative of Responsibility, in Search of an Ethics for the Technological Age [M]. The University of Chicago Press, 1984: 140.

抗衡的工具意味着对风险的忽视，会使风险更加超出控制范围；另一方面缺失知识与风险对抗又会开启恐惧大门，加重"风险恐惧"，因此我们正在遭遇"风险陷阱"。风险只会建议我们不应该做什么，而不会给予我们应该做什么的建议。面对风险，无论是无所作为还是回应过多都只会使风险进一步增强。因此，有的时候专家并不都能成为风险应对中的依赖，"这些风险迫使每个人都为自己决策"，而这些决策的作出根植于对自身风险的感知，在此意义上，每一个人都可以成为风险专家。①

三、"风险规避"与"风险共生"

现代性是一个双重和双向的过程，既是传统与现代的互动，也呈现为全球化和地方性之间的互动与平衡。人类社会发展已经进入"晚期现代性"阶段，促使"简单现代性"向"反思现代性"转变的原因是多方面的，全球化是其中一个关键变量。"对病菌来说，另一件好事是世界贸易路线的发展，这些贸易路线把欧洲、亚洲和北非有效地连接成一个巨大的病菌繁殖场。"②按照吉登斯理解，所谓全球化，首先指的是全球交往体系的形成，在这样一个交往体系中，时空边界进一步拓宽，个体和集体的生活领域大大开放，个体行为都与全球发展处于紧密联系之中。在全球化进程中，个体与个体、个体与集体、个体与社会、本土与全球、民族国家与世界体系之间形成一系列张力关系，"美国人周游世界和外国人移居美国的迅速增多，正在把我们变成另一座熔炉——这一次是病菌的熔炉，而这些疾病我们原先认为不过是在遥远的国度引起的一些古怪的疾病而未曾予以理会"③。相应地，在现代性早期阶段被合法化的"潜在副作用""残留风险"也日益全球化，并成为公众批判、科学审查、风险治理的主题。

现代风险具有地方性特征，同时还具有非特定性、普遍性、全球性特征，其形成有害影响的途径往往是不稳定、不确定和不可预测的。在传统观念中，安全危机被认为总是发生在那些治安不好的地区，健康风险被认为总是发生在

---

① 芭芭拉·亚当，乌尔里希·贝克，约斯特·房·龙等.风险社会及其超越：社会理论的关键议题[M].北京：北京出版社，2005：328-330.
② 贾雷德·戴蒙德.枪炮、病菌与钢铁：人类社会的命运[M].上海：上海译文出版社，2000：212.
③ 同②.

卫生基础设施和医疗条件不好的地区，环境危机被认为总是发生在那些肆虐掠夺自然资源的国家与区域，污染风险被认为可以随着大型化工厂的迁移从发达国家转移到第三世界国家。在全球化趋势下，等级式风险分配逻辑被打乱和失效，随着风险的扩大，会出现风险分布平均化的局面。新风险与全体人类休戚相关，其全球性主要表现为影响范围的全球性与解决方案的全球性。①

现代的新兴风险与传统风险已经有很大不同，它是针对全人类的全球性风险，是现代化自身的风险。非西方社会在西方现代性冲击下都在朝着现代性的方向发展，同样，现代性必须在与地方文化传统的互动和对话中才能获得其生存空间。新兴风险产生的全球性的以及常常是无法挽回的损害后果会导致金钱赔偿概念的失效，对后果进行预想性监控安全概念的失效使源于某地的风险事故倾向于成为"开放结局式的狂欢"，对风险进行计算的理论基础被废除了。②

公共卫生突发事件和健康风险不仅会影响某些国家或区域，而且还会超出该国家或区域，传播到附近或者较远的地区和群体。全球化使过去被认为是没有关系的独立事件发生了关系，"相互依赖的增强，意味着一些不幸事件的发生会产生更大的伤害性"③。现代风险的影响已经超出了地域和空间限制，单一系统的"安全边界"正在消失，各系统都难以"独善其身"，某个微小的地方性不利风险因素经过社会放大可能会在其他区域或国家引发巨大传播风险，带来更大范围的错误叠加与连锁反应。通过特定的传递机制，风险会被传递和转移给其他没有直接受到影响的人群，有些风险比如核辐射等，尽管在受害人身上可能暂时没有显现，但可能会影响子孙后代的生命健康。在风险命运共同体中，作为未来者的子孙后代是风险影响后果中软弱的、虚弱的、无力的他者，未来人一直被保持在行为接受方的位置，不能阻止我们去做我们认为值得做的所有事情，当代人是唯一的行动主体。

2020年3月11日（日内瓦时间），世界卫生组织（WHO）宣布新型冠状病毒进入全球大流行状态，这意味着疫情已经出现了全球或极广泛区域的传播状况。世界将进入一个巨大的不确定性时期。面对风险的全球性，仅仅着眼于部分群体和局部地区的地方性风险规避路径已经失效，所有风险规避和转嫁之

---

① 张成岗. 技术与现代性研究 [M]. 北京：中国社会科学出版社，2013：37.
② 汪民安，陈永国，张云鹏. 现代性基本读本（下）[M]. 开封：河南大学出版社，2005：527.
③ 安东尼·吉登斯. 现代性与自我认同 [M]. 北京：三联书店，1998：157.

路都已堵塞。面对风险，人们无处可逃，唯一的选择就是大家一起行动起来面对风险，共同参与风险治理，在风险中把握机遇和未来。在风险全球化时代，由于风险行为的社会和经济外部性，一些人或一些国家所采取的风险管理行动可能会给其他人、其他国家造成损失。在全球化的今天，面对疾病快速传染扩散的突发事件，国境已然不是阻止病毒传播的屏障，单靠一国政府部门很难有效控制疾病在全球蔓延。世界是平的，在疫情防控中，只要有一个国家失控，全球战役就不会结束。通过本次事件，我国应该积极倡导或主导去建立全球公共卫生事件治理体系，因为唯有有效的全球合作和多元协同才能使疫情真正获得有效管控。

第三节 走向后疫情时代的社会治理

中国的社会转型是伴随着风险全球化浪潮等全球社会转型同步进行的，加入 WTO 后更不可避免地融入了全球化浪潮中。与西方市场经济多年的发展相比，中国的社会转型是"压缩饼干"的历史，以浓缩历史的形式呈现出社会转型时期不同的社会问题，带来了前所未有的文明冲突和社会矛盾。在全球风险社会背景下，前工业社会、工业社会和后工业社会三种社会形态在我国的交织带来了中国当前的"转型风险社会"。这种转型风险社会的复合性风险特征、新旧更替的结构性风险特征以及突出的"有组织的不负责任"制度性风险特征，极容易引发各种社会问题的井喷式出现。

自 2003 年非典危机起，风险沟通率先在公共卫生领域得到了我国政府和学界的重视，并迅速扩展到环境污染治理、环境设施选址、食品药品安全、自然灾害控制、新兴技术研发等领域。在实践层面，十八届三中全会首提"国家治理体系和治理能力现代化"的全面深化改革总目标，其中关于"创新社会治理体制"的新观点、新部署，更为风险治理的实践展开提供了社会支撑。全会明确了中国未来社会信用体系建设的基本任务，国务院在 2014 年初则通过《社会信用体系建设规划纲要（2014—2020 年）》等举措，表明中国信用体系建设开始迈出实质性步伐，切中了中国转型社会风险治理的肯綮。

从 2003 年非典疫情重创到 2013 年 H7N9 疫情蔓延，再到 2020 年新冠疫情防控，重大突发公共卫生事件一直在考验着政府公共卫生管理的综合运作体系和整个国家风险治理能力。近年来，突发公共卫生事件的管理逐渐成为公共卫生和应急管理两个学科的结合（Dale et al., 2017）。①

管理风险是备受世界关注的治理问题，是提高国家治理能力的重要方法，是促进发展的有力工具；管理风险本身就是一种发展的力量，可以拯救生命，减少损失，释放机会，防止发展受阻或中断。在全球性风险面前，没有国家或地区可以幸免；尽管各国会因国情、制度、观念、应对条件和能力禀赋等因素不同，在防控方式、策略及模式上呈现出诸多差异，但应当成为共识的是：团结合作是国际社会战胜疫情的最有力武器。在应对全球公共危机的过程中，构建人类命运共同体的迫切性和重要性更加凸显，人类应当团结协作，携手应对。

中国在疫情防控中采用的新型举国体制在面对突发疫情时，能够形成强有力的统一领导和统一决策部署，在短期内紧急调配政府、军队、医疗、建设等各类资源，集中力量办大事，迅速执行对城市和交通紧急管制等方面的应急措施，充分体现出中国特色社会主义制度的优势，充分体现出政府领导力、号召力、组织控制力和资源动员力，以及各个社区的有机凝聚力和广大人民群众在关键情境下表现出的守望相助。应当说，中国的疫情社会治理体系是全方位的立体化网络，遍布全国的医院筛查网络，覆盖全社会的社区管理网络，联防联控，全民积极抗疫。目前中国已经取得了全国抗疫的阶段性胜利，国内疫情得到控制，各地开始稳步复工复产。在富有成效的疫情社会治理体系背后，当代中国社会治理面临着的诸多挑战也不容忽视。

挑战1：社会治理能力需求和供给匹配性的挑战。处于时空压缩和快速现代化进程中的中国，其社会发展转型也呈现出传统性、现代性、后现代性思潮共存，农业文明、工业文明、信息文明并存的特点。不同风险挑战、不同社会矛盾在同一阶段发生，有时会出现不同利益群体的利益诉求相对合理又相互对立的情形，社会治理面临着极大复杂性，社会治理共同体能够供给的资源及能力与社会治理问题解决的巨大需求之间存在着匹配性的严峻挑战。

挑战2：风险不确定性对社会治理稳态性特征的挑战。全球化趋势消除了风险边界，使得风险超越了地区和空间限制。西方既有社会理论特别是风险社

---

① Rose DA, Murthy S, Brooks J, Bryant J. The Evolution of Public Health Emergency Management as a Field of Practice. Am J Public Health. 2017；107（S2）：S126–S133.

会理论学说无法对在全球日益扩展的本土化风险实践提供合理解释，基于控制逻辑之上的风险治理策略已经不能奏效，在治理操作层面依旧沿用的传统的风险决策和行动模式与充满不确定性和复杂性的风险实践之间的不匹配性将导致风险治理困境，进而会带来治理失效的多重效应。

挑战3：社会治理的系统性、协同性及可持续性挑战。当前中国社会治理面临诸多挑战的一个重要原因就是在社会治理弱化甚至缺位条件下政府承担过多角色而导致其治理系统性、协同性和可持续性变差。机构间的畅通合作对于应对突发卫生应急事件至关重要，多机构之间应具备相互信任的伙伴关系[①]。理解突发公共卫生事件社会治理体系建设的关键问题，不仅需要从制度建设角度对各国疫情应对加以考察，更要结合社会治理的实际需要，关注社会治理共同体多元主体如何在突发公共卫生事件情境下协同发挥作用。

挑战4：常态转换为应急态的社会治理机制亟待完善的挑战。突发公共卫生事件发展过程具有动态性，总体可划分为常态、常态转向非常态、非常态、非常态转向常态四个部分。社会治理是常态，突发公共卫生事件是非常态，如何构建社会治理常态与应急态转换的有效机制，确保社会治理模式在平时实现有效组织的常态化，在突发事件中又能发挥关键支撑作用同样是社会治理亟待回应的挑战。

社会治理是一种宏观治理结构，更是一种微观操作实践。社会治理要与特定阶段的国情和社会基本矛盾相适应，社会治理体系应当是适应特定"风险性质"和"环境特征"的整合型社会治理结构。党的十八届三中全会提出了推进国家治理体系和治理能力现代化的战略目标，十九届四中全会《决定》提出要构建统一指挥、专常兼备、反应灵敏、上下联动的应急管理体制。面向后疫情时代的社会治理既要做到"基层下沉"，构建以市域社会治理为着力点的社会治理新格局，又要关注"领域细化"，为适合中国国情的风险治理和应急管理体系构建提供全面支撑。后疫情时代的社会治理建设，应当注重以下维度：

第一，社会治理现代化过程中既要做到"基层下沉"，又要关注"领域细化"。应当加强风险研究与社会治理领域交叉研究，丰富和完善共建共治共享的社会治理制度建设政策工具箱，深入优化公共卫生应急管理制度，弥补突发

---

① S. Lewis. Emergency Planning and Response: Working in Partnership, in Chloe Sellwood, Andy Wapling eds. Health Emergency Preparedness and Response, Boston, MA: CABI, 2016.

公共卫生事件中社会治理这个交叠领域的理论赤字。突发公共卫生事件亟待被纳入社会治理研究视域，要注重社会治理体系中的"靶向治疗"和"精细化方案"，在全面分析重大突发公共卫生事件风险本质的基础上，系统梳理其社会治理体系及建设路径，对公共卫生应急管理领域社会治理研究薄弱具有"补短板"作用。风险治理的精细化进程需要推动社会治理和国家治理融合发展，形成高效的危机时期和常规时期的转换机制，推进社会治理现代化。社会治理能防范化解的风险应尽量避免发展到国家治理阶段。

第二，推动社会治理研究范式从描述性、倡导性研究转向关注动态适应性社会治理体系的"规范性研究"和"行动性研究"并重。社会治理共同体应当形成合力，以重大突发公共卫生事件的有效治理为出发点，提出具有可操作性的中国特色社会治理建设的系统性行动方案，为社会治理增加公共卫生服务能力和突发公共卫生事件应对能力模块，实现社会治理研究从以往静态的描述性、倡导性研究转向关注动态适应性社会治理体系的"规范性研究"和"行动性研究"并重，还应从"科技支撑"维度，努力回应人工智能、大数据、区块链等新兴技术对社会治理体系构建的机遇与挑战这一新议题。

第三，社会治理建设要与特定阶段国情和社会基本矛盾相适应，社会治理体系应当是适应特定"风险性质"和"环境特征"的整合型社会治理结构。突发公共卫生事件是一种非传统风险。在新冠疫情防控战"疫"中，不但要研究突发公共卫生事件涉及病毒的医学和科学属性，还要系统分析突发重大公共卫生事件的社会治理属性和应急管理属性，探索适应突发公共卫生事件发展规律的社会治理理论，在社会治理领域强化公共卫生应急管理维度研究。

第四，通过风险管理促进风险韧性构建，促进以责任为核心的"合作式"治理，完善多主体在风险治理中发挥作用的协同机制。面向未来的风险治理能力现代化，应当通过新兴技术赋能疫情风险防控，重建社会信任，构建有温度的政府治理体系，以国情为基础，设计适合中国特点的"合作式"社会治理模式，为后疫情时代的社会治理提供整合性的治理方案和风险处方，提供一种多于各方加总的合超效应，可以"借由跨域伙伴而促使政府政策创新与变革意愿"[①]。在疫情防控中，既需要政府集权控制和用行政手段遏制疫情扩散，也应关注国

---

① Balloch Susan，& Marilyn Taylor（eds.）. Partnership Working: Policy and Practice[M]. Bristol: The Policy Press，2001：3-8.

家法治体系下权力、市场、网络三种治理机制的完善,给各种社会力量营造创新空间,激发社会动能的涌现,赋能各级决策者、社会和市场力量,以提升社会活力和快速反应能力。

总之,面对后疫情时代中国的社会治理,我们必须远离浪漫主义,固守理性立场。在自然面前,人类既不能过高地估计自己消除偶然性的应对方案,也不能寄希望于理想化的宗教式救赎而放弃抵抗和治理努力,更不能轻蔑地忽视风险,借此来麻醉自己。面向未来,我们应该直面风险,沿着风险感知、风险治理、风险共生的道路前行,团结合作,走向以责任为核心的合作治理。面对风险治理能力现代化的必选项,我们任重道远!

第十章
中国公众社会治理满意度 ①

创新社会治理，提升其科学化、精确化与专业化水平是社会各界的共同愿望与追求。居民满意度是社会治理创新的出发点与落脚点，本章基于社会治理创新视角对我国居民的社会治理满意度做出系统分析。研究发现我国居民社会治理的满意度水平还有待提高；资源的充足性与方便性是居民最看重的因素；居住地区与居住社区类型均对居民社会治理满意度存在显著影响，其中农村居民的总体满意度水平最高。政府应该推动社会治理重心下移，加强基础设施建设，提高社会治理智能化与专业化水平，注重多部门合作，提升服务价值。

第一节　社会治理满意度：衡量社会治理质量和水平的标尺

当代中国的社会发展面临新全球化、新工业革命、社会转型三重叠加的挑战，② 尽管取得了很大的进步，但目前我国的社会治理各方面中有待解决的问题还比较突出，比如在食品药品安全、社会矛盾化解等领域的服务水平与效率还亟待提高，在农村基层治理中存在的公平、透明缺失等问题还广受关注，农村居民的公众参与仍具有"象征性"参与的特征等。③

---

① 张成岗.中国居民社会治理满意度及问题研究 [J]. 华东师范大学学报，2018：142-152，177.
② 张成岗.人工智能时代：技术发展、风险挑战与秩序重构 [J]. 南京社会科学，2018（5）：42-52.
③ 周建国，魏强、张丽.社会治理创新中的公众参与——一项基于江苏、云南两省的调查研究 [J]. 学术论坛，2016（1）：96-100.

居民社会治理满意度是衡量政府社会治理质量与服务水平的重要指标，对社会治理进行有效的评价、监测、反馈是实现社会治理现代化的关键环节。社会治理满意度显著影响着居民的幸福感体验，尤其是居住环境、生活便利、社会保障几项指标的满意度对幸福感的影响相对更强。① 在社会治理的多个维度，居民的满意度水平之间差别显著，如北京居民对道德体系建设的满意度最高，对教育、医疗卫生、社区建设等基本公共事业性服务的满意度最低。② 近年来我国居民的获得感总体呈现上升的趋势，但是在城乡、区域之间存在着差距，东部地区居民的个人经济获得感最高，西部地区整体参与获得感最高，东部地区就业保障获得感最高。③ 个人的人口背景变量会影响其社会治理满意度的评价，年龄、职业、受教育程度、政治面貌等均是影响社会治理满意度的显著因素。④

本章将对我国居民社会治理满意度做深入探讨，基于居住地区类型与居住社区类型两个维度进行差异比较，找出差距、分析原因，并提出相应政策建议。在社会创新语境下对居民社会治理满意度进行实证分析，无疑有助于丰富公众对居民社会治理满意度的理论认知，并具有重要参考价值。

第二节　社会治理服务满意度描述统计分析

研究主要关注居民对政府社会治理服务的"总体满意度"与具体七类社会治理项目的满意度。这七类项目依次为：人口登记与户籍服务、食品药品安全、社会治安、社会矛盾化解、互联网服务管理、经济与社会组织管理、维护市场秩序。采用的数据为 CGSS 2013 数据。CGSS 2013 专门对我国社会治理服务满意度进行了调查⑤，受访者人数为 5772 人，其中包含男性样本 2921 个，占样

---

① 陈志霞，于远航. 城市居民社会治理满意度对居民幸福感的影响 [J]. 城市问题，2017：78-86.
② 战冬娟. 北京市社会治理满意度调查报告 [J]. 调研世界，2013：13-16.
③ 文宏，刘志鹏. 民获得感的时序比较——基于中国城乡社会治理数据的实证分析 [J]. 社会科学，2018：3-20.
④ 傅利萍，涂俊. 城市居民社会治理满意度与参与度评价 [J]. 城市问题，2014：85-91.
⑤ 本论文使用的数据部分来自中国国家社会科学基金资助之《中国综合社会调查（CGSS）》项目。该调查由中国人民大学社会学系与香港科技大学社会学部执行，项目主持人为李路路教授、边燕杰教授。作者感谢上述机构及其人员提供数据协助，本部分内容由作者自行负责。

本总量的50.61%；女性样本2851个，占样本总量的49.39%。从城乡来看，城市样本3504个，农村样本2268个，分别占样本总量的60.71%与39.29%。各居住地区类型、居住社区类型样本量分布如图10-1、图10-2所示。

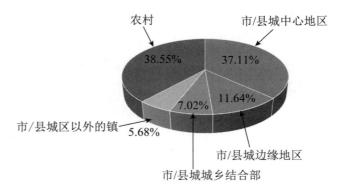

图10-1 居住地区类型间样本量分布

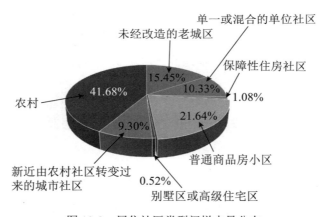

图10-2 居住社区类型间样本量分布

问卷同时还对政府提供社会治理公共服务资源的充足性、社会治理公共服务资源在不同地区间分配的均衡性、社会治理公共服务过于重视盈利而忽略公共性的情况是否严重、获得社会治理公共服务是否方便四个维度进行了询问。问卷中除"社会治理公共服务总体满意度"问题项是要求受访者以百分制进行打分外，其余各问题答案选项的设置均采用了李克特五分量表的形式，用"1、2、3、4、5"分别代表五个程度。为了分析方便，首先将这些答案选项进行赋值，将其转换为百分制连续变量，即基于选项方向性，用"0、25、50、75、100"分别代表相应五个程度。具体转换方式为："0＝非常不满意，25＝不太满意，

50＝说不清满意不满意，75＝比较满意，100＝非常满意""0＝非常不充足，25＝不太充足，50＝一般，75＝比较充足，100＝非常充足""0＝非常不均衡，25＝不太均衡，50＝一般，75＝比较均衡，100＝非常均衡""0＝非常严重，25＝比较严重，50＝一般，75＝不太严重，100＝一点也不严重""0＝非常不方便，25＝不太方便，50＝一般，75＝比较方便，100＝非常方便"。

一、七类社会治理项目满意度概况

从七类社会治理项目来看，我国居民的满意度水平不高，对人口登记与服务、食品药品安全、社会治安、社会矛盾化解、互联网服务管理、经济与社会组织管理、维护市场秩序的满意度评价均值分别为62.944、42.346、53.906、51.027、52.213、52.970、53.829，其中对"食品药品安全"的评价最低，居于"不太满意"与"说不清满意与不满意"之间；对"人口登记与户籍服务"的评价最高；对其他五类项目的评价则均处于"说不清满意与不满意"的水平（详细数据统计请见表10-1）。

表 10-1 七类社会治理项目满意度均值及差异比较

项目			人口登记与户籍服务	食品药品安全	社会治安	社会矛盾化解	互联网服务管理	经济与社会组织管理	维护市场秩序
全样本			62.944	42.346	53.906	51.027	52.213	52.970	53.829
			19.899	25.432	25.570	22.601	18.685	17.255	19.859
居住地区类型间	市/县城中心地区	均值	62.224	35.289	49.927	46.720	50.980	51.570	51.703
		标准差	0.444	0.556	0.569	0.502	0.452	0.397	0.471
	市/县城边缘地区	均值	61.074	37.370	50.671	47.441	50.587	51.091	51.470
		标准差	0.841	1.005	1.052	0.907	0.790	0.735	0.861
	市/县城城乡结合部	均值	64.247	42.473	54.100	53.696	56.250	55.712	56.850
		标准差	1.054	1.309	1.491	1.246	0.984	0.922	1.056
	市/县城区以外的镇	均值	60.169	42.542	52.797	51.610	51.530	52.290	52.120
		标准差	1.084	1.358	1.403	1.258	1.077	0.947	1.070
	农村	均值	63.770	49.506	57.826	54.992	53.484	54.797	56.149
		标准差	0.444	0.545	0.554	0.503	0.382	0.372	0.406
卡方值			35.171	413.191	183.223	194.192	163.272	99.029	193.972
渐进显著性（双向）			0.004	0.000	0.000	0.000	0.000	0.000	0.000

续表

项目			人口登记与户籍服务	食品药品安全	社会治安	社会矛盾化解	互联网服务管理	经济与社会组织管理	维护市场秩序
居住社区类型间	未经改造的老城区	均值	61.857	39.675	49.479	47.518	51.103	51.134	51.160
		标准差	0.713	0.867	0.913	0.793	0.689	0.640	0.749
	单一或混合的单位社区	均值	60.417	36.570	46.764	45.700	50.665	51.374	51.463
		标准差	0.838	1.098	1.057	1.000	0.890	0.752	0.888
	保障性住房社区	均值	61.667	38.333	56.667	53.333	50.830	56.250	60.000
		标准差	2.817	2.688	3.458	2.554	2.588	2.026	2.535
	普通商品房小区	均值	63.000	33.213	51.574	47.234	51.447	52.723	52.128
		标准差	0.579	0.725	0.770	0.665	0.603	0.521	0.633
	别墅区或高级住宅区	均值	64.286	31.250	41.964	48.214	53.571	48.214	56.250
		标准差	3.948	5.840	4.989	3.842	4.008	4.251	3.989
	新近由农村社区转变过来的城市社区	均值	60.823	42.378	52.439	50.508	53.150	51.880	53.201
		标准差	0.942	1.025	1.146	0.978	0.762	0.758	0.828
	农村	均值	63.790	48.950	58.007	55.110	53.460	54.730	56.112
		标准差	0.425	0.534	0.535	0.488	0.372	0.361	0.396
卡方值			62.128	459.094	195.435	183.066	184.528	106.557	225.469
渐进显著性（双向）			0.000	0.000	0.000	0.000	0.000	0.000	0.000

居住地区与居住社区均会对居民的社会治理满意度产生影响。不同居住地区间的居民与不同居住社区间的居民的七类社会治理项目的满意度分布之间均存在着统计学意义上的显著差异，卡方检验结果均在 0.01 水平上表现显著。

从居住在不同地区的居民来看，居住在"市/县城城乡结合部"与农村的居民对各类项目的满意度相对较高，例如在"人口登记与户籍服务""互联网服务管理""经济与社会组织管理"与"维护市场秩序"四类满意度方面，市/县城城乡结合部居民的满意度最高，农村居民次之；在"食品药品安全""社会治安"与"社会矛盾化解"三类满意度方面，农村居民的满意度最高，市/县城城乡结合部居民的满意度次之。居住在"市/县城中心地区"与"市/县城边缘地区"居民对各类项目的满意度相对较低，例如在"人口登记与户籍服务""互联网服务管理""经济与社会组织管理"与"维护市场秩序"四类项目的满意度方面，市/县城边缘地区居民的满意度最低，市/县城中心地区居民的满意度次之；在"食品药品安全""社会治安"与"社会矛盾化解"三类项目方面，市/县城中心地区居民的满意度最低,市/县城边缘地区居民的满意度次之。

从居住在不同社区的居民来看,居住在农村的居民对"人口登记与户籍服务""食品药品安全""社会治安""社会矛盾化解"与"互联网服务管理"五类项目的满意度最高,居住在保障性住房社区的居民对"经济与社会组织管理"与"维护市场秩序"两类项目的满意度最高。单一或混合的单位社区居民对"人口登记与户籍服务""社会矛盾化解"与"互联网服务管理"三类项目最为不满意,别墅区或高级住宅区居民对"食品药品安全""社会治安"与"经济与社会组织管理"三类项目最为不满意,未经改造的老城区居民对"维护市场秩序"项目最为不满意。

图10-3与图10-4用雷达图的形式对七类项目的满意度差异进行了进一步呈现。

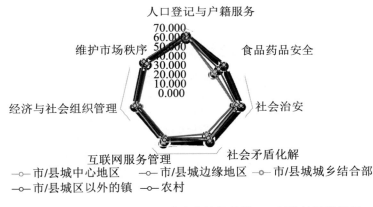

图10-3　七类社会治理项目满意度均值差异——居住地区类型间

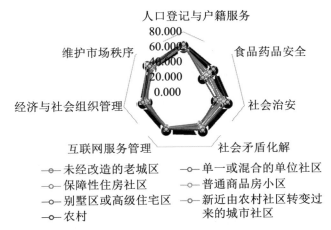

图10-4　七类社会治理项目满意度均值差异——居住社区类型间

二、四个社会治理维度满意度概况

首先从全样本来看，我国居民对社会治理总体满意度评分均值为 65.487 分，居于"说不清满意不满意"与"比较满意"之间。从居住地区类型来看，农村居民的总体满意度水平最高；其次依次为"市/县城区以外的镇"与"市/县城城乡结合部"居民；"市/县城边缘地区"居民的总体满意度水平最低，评分均值为 64.149。从居住社区类型来看，"农村"居民的总体满意度水平最高，接下来依次为"新近由农村社区转变过来的城市社区""保障性住房社区""普通商品房小区""未经改造的老城区""别墅区或高级住宅区"居民，"单一或混合的单位社区"居民的总体满意度水平最低。再结合全样本，从充足性、均衡性、公共性与方便性四个维度来看，我国居民对方便性、充足性、均衡性、公共性的评分均值依次降低，分别为 53.788 分、53.599 分、44.774 分、44.182 分。表 10-2 对相关数据做出了详细的统计。

表 10-2 四个社会治理公共服务维度满意度均值及差异比较

项目		政府提供社会治理公共服务资源的充足性	社会治理公共服务资源在不同地区间分配的均衡性	目前社会治理公共服务过于重视盈利而忽略公共性的情况是否严重	获得社会治理公共服务是否方便	总体满意度
全样本	均值	53.599	44.774	44.182	53.788	65.487
	标准差	19.624	21.024	20.323	20.745	14.712
居住地区类型间	市/县城中心地区 均值	52.756	44.108	41.780	53.720	64.153
	标准差	0.438	0.477	0.467	0.452	0.326
	市/县城边缘地区 均值	53.482	44.300	43.500	54.404	64.149
	标准差	0.826	0.876	0.810	0.869	0.596
	市/县城城乡结合部 均值	54.973	46.237	45.228	53.226	65.159
	标准差	0.959	1.067	1.037	1.059	0.716
	市/县城区以外的镇 均值	51.102	42.710	44.920	53.810	65.251
	标准差	1.159	1.191	1.119	1.189	0.880
	农村 均值	54.602	45.980	46.724	53.480	67.228
	标准差	0.440	0.471	0.442	0.479	0.330
	卡方值	32.672	34.265	83.508	21.386	350.575
	渐进显著性（双向）	0.008	0.005	0.000	0.164	0.000

续表

项目		政府提供社会治理公共服务资源的充足性	社会治理公共服务资源在不同地区间分配的均衡性	目前社会治理公共服务过于重视盈利而忽略公共性的情况是否严重	获得社会治理公共服务是否方便	总体满意度
居住社区类型间	未经改造的老城区 均值	52.910	45.159	44.880	53.278	63.880
	标准差	0.698	0.774	0.744	0.730	0.547
	单一或混合的单位社区 均值	49.690	41.933	40.780	50.931	61.709
	标准差	0.866	0.906	0.866	0.874	0.641
	保障性住房社区 均值	54.167	50.000	44.167	52.917	66.700
	标准差	2.602	2.787	2.547	2.729	1.436
	普通商品房小区 均值	53.596	44.191	41.468	54.890	64.557
	标准差	0.569	0.614	0.607	0.588	0.406
	别墅区或高级住宅区 均值	51.786	38.390	42.857	53.571	63.571
	标准差	3.385	4.893	4.037	4.401	2.768
	新近由农村社区转变过来的城市社区 均值	55.285	45.380	44.715	56.098	66.850
	标准差	0.851	0.927	0.854	0.933	0.590
	农村 均值	54.511	45.870	46.455	53.289	67.157
	标准差	0.425	0.454	0.428	0.462	0.322
卡方值		64.025	70.499	95.917	60.656	721.619
渐进显著性（双向）		0.000	0.000	0.000	0.000	0.000

从表 10-2 中的统计结果可以看出，不同居住地区居民、不同居住社区居民在四个维度上的评分之间均存在着显著的差异，卡方检验结果均在 0.01 水平上表现出显著。首先从居住地区类型来看，市/县城城乡结合部居民对充足性、均衡性的满意度最高，农村居民对公共性的满意度最高，市/县城边缘地区居民对方便性的满意度最高；市/县城区以外的镇的居民对充足性、均衡性的满意度最低，市/县城中心地区居民对公共性的满意度最低，市/县城城乡结合部居民对方便性的满意度最低。从居住社区类型来看，农村居民对充足性、公共性的满意度最高，保障性住房社区居民对均衡性的满意度最高，新近由农村社区转变过来的城市社区居民对方便性的满意度最高；单一

或混合的单位社区居民对充足性、公共性、方便性的评价最低，别墅区或高级住宅区居民对均衡性的评价最低。图10-5与图10-6对差异性做出了更清晰的展示。

图10-5 四个维度社会治理满意度均值差异——居住地区类型间

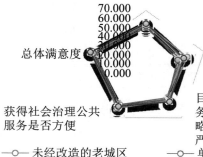

图10-6 四个维度社会治理满意度均值差异——居住社区类型间

第三节 社会治理服务满意度回归分析

接下来将总体满意度作为因变量,将七类项目与四个维度作为自变量,建立多元回归模型来探讨各自变量对因变量的影响程度;并加入性别、居住地区类型、居住社区类型作为控制变量来进一步探讨差异,其中性别、居住地区类型与居住社区类型三个变量为分类变量,因此将其作为虚拟变量引入。表 10-3 对各自变量及虚拟变量参照组的类别做出了详细的整理。回归结果显示调整的 R^2 为 0.315,F 检验估计值为 110.246,显著性概率值远低于 0.01,说明模型对数据进行了较好的拟合,模型整体表现出统计学意义上的显著,显著拒绝总体回归系数为 0 的原假设。各自变量的共线性诊断统计量 VIF 值均低于 5,说明自变量之间不存在多重共线性。

表 10-3 自变量设置及回归结果统计

自变量		β 值	显著性	容差	VIF
(常量)		32.588	0.000		
性别	男性——参照组为女性	0.000	1.000	0.994	1.006
居住地区类型	市/县城的中心地区——参照组为农村	1.088	0.251	0.131	4.624
	市/县城的边缘地区——参照组为农村	0.247	0.808	0.269	3.714
	市/县城的城乡结合部——参照组为农村	-1.372	0.070	0.426	2.349
	市/县城以外的镇——参照组为农村	0.309	0.746	0.579	1.727
居住社区类型	未经改造的老城区——参照组为农村	-2.123	0.029	0.226	4.431
	单一或混合的单位社区——参照组为农村	-2.711	0.006	0.296	3.373
	保障性住房社区——参照组为农村	-.361	0.840	0.779	1.283
	普通商品房小区——参照组为农村	-1.457	0.125	0.179	4.596
	别墅区或高级住宅区——参照组为农村	-1.666	0.496	0.878	1.138
	新近由农村社区转变过来的城市社区——参照组为农村	0.871	0.364	0.357	2.800
人口登记与户籍服务		0.081	0.000	0.845	1.184
食品药品安全		0.049	0.000	0.737	1.358
社会治安		0.036	0.000	0.614	1.628
社会矛盾化解		0.052	0.000	0.562	1.780
互联网服务管理		0.041	0.000	0.829	1.206
经济与社会组织管理		0.039	0.002	0.587	1.703
维护市场秩序		0.014	0.202	0.561	1.783
政府提供社会治理公共服务资源的充足性		0.109	0.000	0.579	1.729
社会治理公共服务资源在不同地区间分配的均衡性		0.042	0.000	0.666	1.502

续表

自变量	β值	显著性	容差	VIF
目前社会治理公共服务过于重视盈利而忽略公共性的情况是否严重	0.065	0.000	0.816	1.225
获得社会治理公共服务是否方便	0.114	0.000	0.689	1.451

从回归系数的β值估计结果来看,在七类项目与四个维度中,除"维护市场秩序"外,其余自变量均表现出 0.01 水平上的显著。从系数估计值的大小来看,方便性与充足性对总体满意度的影响相对较大,分别为 0.114 与 0.109,这说明居民最看重社会治理服务资源的充足性与方便性,充足性或方便性满意度的取值每提高一个单位,总体满意度的取值均提高 0.1 以上,其次是人口登记与户籍服务、公共性、社会矛盾化解、食品药品安全、均衡性、互联网服务管理、经济与社会组织管理与社会治安。性别变量对总体满意度没有显著的影响,说明男性与女性在社会治理总体满意度评价方面不存在显著的差距。在控制其他变量的基础上,居住地区类型、居住社区类型变量依然对总体满意度存在显著的影响。从居住地区类型来看,市/县城的城乡结合部居民与农村居民的总体满意度差距最大,显著低于农村居民。从居住社区类型来看,单一或混合的单位社区居民、未经改造的老城区居民与农村居民的总体满意度差距最大,均显著低于农村居民。

第四节 加强基层社会治理创新,提升公众社会治理满意度

人类在现代性初期阶段构建起来的社会治理模式一直在面临快速发展和不断涌现的新社会事实及社会问题的挑战,在一个高度复杂和高度不确定的"新技术社会"时代,社会治理的变革和创新是对历史发展的逻辑回应,更是紧迫的时代主题。中华人民共和国的社会治理经历了从政府管制到社会管控,从社会管控到社会管理,从社会管理迈向社会治理的演变过程。在 2013 年党的十八届三中全会将"推进国家治理体系和治理能力现代化"作为全面深化改革的总目标后,"社会治理"的概念首次出现在党和国家文献中。党的十九大报告中进一步提出了"建立共建共治共享的社会治理格局""提高社会化、法治化、

智能化和专业化水平""实现政府治理和社会调节、居民自治良性互动"等社会治理创新的新理念与新举措。中国语境下"社会管理"向"社会治理"的转换，体现出了由政府单方面提供公共服务向协调社会力量共同参与解决社会问题的转变。① 大数据与人工智能时代为社会治理创新提供了机遇与挑战，提升社会治理的科学化、精确化、专业化水平已经成为社会各界的共同愿望与追求。

  本研究表明：总体来看，我国居民社会治理的满意度水平居于"说不清满意不满意"与"比较满意"之间；从居住地区类型来看，农村居民的总体满意度水平最高，"市/县城边缘地区"与"市/县城中心地区"居民的最低；从居住社区类型来看，"农村"居民的总体满意度水平最高，"单一或混合的单位社区"居民的总体满意度水平最低；从全样本来看，在七类社会治理项目中，居民对"人口登记与户籍服务"的满意度相对最高，对"食品药品安全"的满意度相对最低；在四个社会治理维度方面，居民对"获得社会治理公共服务是否方便"的评分最高，对"目前社会治理公共服务过于重视盈利而忽略公共性的情况是否严重"评分最低；居住地区与居住社区类型均对居民的社会治理满意度存在显著影响。在社会治理公共服务提供方面，居民最看重资源的充足性与方便性，这两个因素对居民的总体满意度感知影响最大。居民满意是社会治理创新的出发点与落脚点，② 社会治理应以满足居民切身利益需要为工作导向，准确把握居民诉求，将公众满意作为重要考核指标。从居住地区来看，政府的社会治理工作需要着重提高"市/县城中心地区"与"市/县城边缘地区"的社会治理效率与水平；从居住社区来看，要着重提高"单一或混合的单位社区"的"人口登记与户籍服务""社会矛盾化解"与"互联网服务管理"治理水平，并对未经改造的老城区加强市场秩序维护管理。目前居民对"食品药品安全"的期望与满意度感知之间差距最大，这应是政府社会治理工作需要加强的方面。

  社会治理现代化应当遵循社会发展规律，秉承基本社会价值，精细社会治理方法，完善社会决策模式，以新技术引领治理创新。善治是使公共利益最大化的社会治理过程，以提高社会治理总体性绩效为目标。有效的良性治理应当

---

① Liu J. "From Social Management to Social Governance: Social Conflict Mediation in China", Journal of Public Affairs, 2014, 14（2）：93-104.
② 陈如钧. 群众满意是社会治理的出发点和落脚点[J]. 人民论坛, 2017（6）：70-71.

以国家和市场为基础，充分发挥社会组织作用。中国的社会治理具有独特的社会情境，中国的基层自治与社会资本是衡量中国社会中某个群体成员生存状况的重要指标。[1] 在公共服务提供环节，政府应进一步推动治理重心下移，将资源更多地配备至基层，做到权责匹配、财权事权对等。多部门协同共治也是满足居民社会治理需求的关键因素，[2] 应当引导、鼓励社会组织的加入，注重与居民之间的沟通交流，着力提升服务价值。

基础设施是一个大技术系统，其治理一般被认为属于工程管理领域，但是随着社会整合程度的加深，以及基础设施运营的个体化、国际化，如何对基础设施进行好的治理变成了全社会共治的经济问题。[3] 在人工智能时代，中国应当抓住第四次工业革命的机遇，加快社会治理大数据建设，实时搜集数据，实现信息共享，及时进行专业分析与反馈，这无疑已经成为实现有效协同共治的基础性工作。最后，在社会治理现代化进程中，政府应当对政策的执行过程进行动态监控并及时进行评价、纠偏，以达到执行效果的最佳化。

---

[1] Cook，I.Sociability，Social Capital，and Community Development A Public Health Perspective. Cham： Springer International Publishing.2015.

[2] Borg R. and Toikka A. and Primmer E.Social capital and governance： a social network analysis of forest biodiversity collaboration in Central Finland. Forest Policy and Economics. 2015，50：90-97.

[3] Gheorghe，A. Infranomics Sustainability，Engineering Design and Governance. Cham： Springer International Publishing.2014.

结语
人工智能与人类未来[①]

一、人工智能：社会治理的新议题及新挑战

人工智能技术的发展正在重塑社会现实，带来社会治理领域的新变革。人工智能既是社会治理的工具，又是社会治理的对象。新技术的发展必然带来新的社会议题，人工智能技术及其广泛应用将带来新的社会治理、法律规范及伦理规约问题。就业对国民经济的发展至关重要，然而随着人工智能对人类就业替代趋势的强化，"机器换人"已经上演，劳动密集型产业中的劳动工人面临失业问题，这是体力劳动的技术性失业；也有不少学者把目光投向了智力劳动的技术性失业，给出了各种各样的职业被人工智能替代的时间表。如何与人工智能争夺人类最根本的活动——劳动的权利，以及寻找新的就业增长点，是一个不可回避的社会治理问题。

人工智能同样给立法带来不少新议题，社会治理的一个重要原则是"公众参与"，问题是到底如何界定"公众"？比如智能机器是一个社会成员吗？具有法律意义上的社会主体地位吗？智能机器需要纳税吗？这些都是在讨论人工智能在社会治理时不可回避的问题，现在讨论最热的责任问题也是这个问题的衍生。例如如何划定自动驾驶汽车在交通事故中的责任，2018年6月，英国颁布了"2018英国自动电子汽车法案"，成为世界上第一个规范自动驾驶汽车安

[①] 张成岗.人工智能的社会治理：构建公众从"被负责任"到"负责任"的理论通道[J].中国科技论坛，2019（9）：1-4.

全性的法律。但是关于自动系统与自主性机器的行为后果，仍然没有一个公认的标准来评判。

人工智能也带来新的伦理问题。首先，作为一种技术手段，人工智能对个人数据的采集与使用，对于隐私而言构成一个极大的挑战，并且对于智能时代的技术红利，如何在不同人群中分配也是一个重要的公平问题。上文提到的责任问题也是一个伦理问题，人工智能是否成为人类不为自己行为负责的下一个借口，也是有待继续观察的；其次，从智能技术物本身来看，人工智能是否具有道德上的地位与权利，也是目前学术讨论的热点，从这个问题衍生出来的人机关系问题、机器权利问题等都是社会治理关注的内容。

从国家治理现代化角度来看，人工智能是实现社会治理现代化的手段。十九大提出社会治理要智能化，政务云平台、大数据决策、智慧城市等都是治理智能化的表现，基层治理也开始应用智能设备与大数据来加强公众沟通，克服决策不确定性。作为治理手段，人工智能也带来了新问题，具体表现为智能风险、智能偏见、智能失权等。智能风险指人工智能技术本身存在不确定性，存在失序、失灵、失控的技术风险，当决策、行动、评估行为都围绕其展开时，会出现系统性风险。智能偏见指我们迷信人工智能带来的决策结果，这是一种智能时代版本的机械论，面对社会现实的不确定，目前人工智能只能起到治理辅助作用。智能失权是指失去话语权与劳动权，治理过程交给人工智能，会使得在技术知识储备上处于弱势地位的普通民众更没有参与治理的积极性与能力。

二、公众应当成为"负责任人工智能"的重要参与者

当今社会人工智能发展进入全新阶段，各国人工智能发展的战略更新速度加快，而"负责任"是科技战略、尤其是人工智能战略中的高频词汇，人工智能政策制定者往往把负责任放在首位。2019年5月，OECD成员国签署《政府间人工智能推荐性原则和建议》，呼吁发展负责任的人工智能；2019年6月，科技部国家新一代人工智能治理专业委员会发布《新一代人工智能治理原则——发展负责任的人工智能》，把共担责任作为一条重要原则。由此可以看出，在人工智能战略部署中，负责任发展已经是必要组成部分。

何为"负责任"的人工智能战略？我们认为，负责任的战略是规划与规范、主导与适应的统一。负责任是目前规范技术社会影响的最主要原则，直接决定了人工智能的社会影响。① 使用负责任战略来规范人工智能与人工智能的行业规范、社会规范是一致的，并且是不能产生偏差的。人工智能的技术后果不只是完全受控的，② 更是社会成员对于其他成员行为的适应与互动，因为战略所展现的协调作用也是必要的。负责任战略本身就是对于角色定位与责任划分的规定，直接构成了人工智能规范的一部分。目前关于人与人工智能的道德能力与主体地位有较大分歧，③ 此时制定人工智能战略是对学术争论的重新梳理与操作化。

目前看来，"负责任"的概念主要是针对国家政府、区域组织以及其他传统意义上的行为体和利益相关者，可以总结为以下三类指导对象。

1. 政策制定者

目前人工智能发展战略最主要的指导对象是政策制定者，因为政策制定者既不是直接的人工智能从业者或研究者，也不是主要的利益相关方。政策制定者的非专业性和中立性使得其尤为关注战略规划，以及参与战略规划。例如《新一代人工智能治理原则》中指出"应促进协调发展，推动各行各业转型升级，缩小区域差距"，就是对于各级政府的指导意见；美国《维护美国人工智能领导力的行政命令》要求联邦政府机构将更多资源和资金投入人工智能发展，是白宫对于联邦政府部门的指导。

2. 产业界

在一定意义上，人工智能产业是实现战略的终端，也是检验战略效果的晴雨表。产业界更为关注战略内容的操作性与指标化，同时也是规范条款的主要针对人群。例如《新一代人工智能治理原则》中指出"通过持续提高技术水平、改善管理方式，在数据获取、算法设计、技术开发、产品研发和应用过程中消除偏见和歧视"，这就是对设计者、生产者的要求；日本《下一代人工智能战略》

---

① Brundage M. Artificial Intelligence and Responsible Innovation// V.C. Müller （ed.）, Fundamental Issues of Artificial Intelligence. Springer International Publishing Switzerland，2016：543-554.
② Ashrafian H. Artificial Intelligence and Robot Responsibilities: Innovating Beyond Rights. Science & Engineering Ethics，2015.21（2）：317-326.
③ Liu H Y, Zawieska K. From responsible robotics towards a human rights regime oriented to the challenges of robotics and artificial intelligence. Ethics & Information Technology，2015，11：1-13.

要求2020年之前确立无人工厂和无人农场技术，普及新药研制的人工智能支持，实现生产设备故障的人工智能预测，也是对人工智能产业研发领域的指导。

3. 科研人员

人工智能研究方向的规划，以及围绕人工智能展开的法律、伦理等问题的研究，也都是人工智能战略的指导内容。《新一代人工智能治理原则》中指出"人工智能系统应不断提升透明性、可解释性、可靠性、可控性，逐步实现可审核、可监督、可追溯、可信赖"；美国科技政策办公室在《为人工智能的未来做好准备》中指出，美国要在人工智能的各个研究领域中保持理论优势。这些都对科研人员的科研工作提出要求，在科学理论层面对科研人员进行指导。

但是，除了这三类典型指导对象外，还有一种指导对象，其占据着社会的绝大多数，但是在战略中失权、失语，更重要的是没有具体行动指导，多数情况下只有笼统的只言片语涉及这类对象，这就是一般的社会参与者，也是智能社会主要构成者。如果没有人工智能战略重点关注和指导一般的社会参与者，那么整个社会从总体上看就是"被负责任"状态。这既不是真正意义上让大众享受智能时代的红利，也不利于培养智能时代负责任的社会公众。因此，应当完善现有人工智能治理框架，使其更关注一般社会参与者，从而构建起负责任的智能社会。

三、构建"负责任"的人工智能治理路径

1. 培育适应与接受的责任

人工智能发展战略应该指导一般社会参与者适应与接受智能社会的经济基础、技术基础与文化基础。智能经济是一种新形态的知识经济，共享与开放是其精神内核。需要引导社会参与者把共享与开放作为新的社会经济行动本质。专业知识与智能行为的分离，将要促成新的产业模式，所谓的技术性失业只是经济转型的一个随附现象，而如何加入新的经济共同体才是社会大众需要关注的内容。智能时代比以往的工业阶段更注重物质化的技术设备，尤其是个人化设备的完整性，超越以往任何一个产业时代。如何使用个人智能设备，不只是一个用户说明书的问题，更是达成社会同步、分享数字红利、提高知识生产率的社会问题，把握智能设备的逻辑是社会成员的责任。同时，智能时代不仅有

新的智能文化的兴起，还有对传统人文精神的反思。人类中心论以及其衍生的智能优越论，与智能文化存在较大的冲突。人类道德共同体也在新的智能文化中被反思：文化包容性的边界在哪里？人工智能战略需要指导一般的社会参与者从自身出发，适应与接受社会其他成员对人工智能的观点与互动方式，构建有共识基础、互动良好的人类命运共同体。2016年英国下议院科学与技术委员会发布的人工智能英国报告，要求每个人都要考虑人工智能可能给我们带来的技术风险与社会不良后果。我国在《新一代人工智能治理原则》中要求提升弱势群体适应性，努力消除数字鸿沟。这些战略和政策建议不只是从社会环境方面给予大众发展支持，更重要的是提供了关键的信息：接受与适应也是每个人的责任，这种责任的实现途径很重要的一个方面就是要转变思想，与时代接轨。但是具体如何担负这种责任以及应当设立哪些可操作性的条款仍然需要我们进行持续探索。

2. 完成教育与转型的责任

如何促成个人对自我的教育以及使用社会提供的教育资源，是完成智能教育和职业转型的关键。人工智能的发展战略需要特别关注与机器协作的能力以及与智能环境的互动能力。与机器协作的能力特指在协作中的自我建设，以及一般意义上职业机器化的常识。协作中的自我建设包括道德与法律知识的学习与运用，目前人工智能的立法与规范针对设计者，要求设计者在技术环节努力克服在使用中可能造成的法律、道德困境。但是对于已经投入社会使用情景的智能机器，尤其是社会机器人，其与设计者、立法者的自主性联系已经非常薄弱，这主要是由智能机器在行动中具有一定程度的自主性与意向性所决定的，所以如何在与机器的互动中认清基本的道德和法律责任的划分，保持自我的道德感，不让与机器的互动影响与人的互动，是一个自我建设的责任。而更现实的问题是，机器在不断替代人类的劳动种类与岗位，自我转型在智能时代也需要思考。自我转型与国家人工智能战略是相辅相成的，没有个人对于自己职业的规划与再教育的实现，就无法实现智能机器在产业中的变革性应用。在《为人工智能的未来做好准备》中，美国提出教育和培养美国人在人工智能时代工作的能力，就是为了让民众适应智能时代工作环境。我国《新一代人工智能治理原则》提出应促进包容发展，加强人工智能教育及科普；《政府间人工智能推荐性原则和建议》也提出"人工智能系统应该具有透明度并负责任地披露信息，以保障人类与人工智能互动过程中的知情权，尤其是在理解和质疑人工智能自动化决策和结果方面"。各国在战略层面已经把教育与职业作为人工智能的重要问题，但是如何在个人层面实现，无疑特别需要对大众进行指导。

3. 实现与机器共存的责任

维护人类地位、对技术应用持悲观态度是常见的抗拒机器的现象。与机器共存不是否定人的价值与地位，也不是迷信与夸大技术物功能。与机器共存要解决的核心问题是构建一套兼容智能机器的社会规范体系，以便时刻可以考虑到机器对人类社会的影响，以及人与机器的划界问题。这对于社会中的个人来说，也是重新评估自我生存环境的过程。各国已经开始布局智能机器深度参与的社会环境，例如法国总理马卡龙2018年3月在法兰西学院的人工智能峰会上提出，要在法国和欧洲创建人工智能生态系统。日本政府在《下一代人工智能战略》中计划，在第三阶段（2030—）使护理机器人成为家族一员，实现出行自动化及无人驾驶普及。智能社会不仅需要对机器的社会化程度与社会性本质进行讨论，更需要关注人的再社会化问题。而人在智能社会中的再社会化的核心就是与机器在社会中共同行动。简单地排斥机器应用、唱衰人工智能的发展前景，并不有助于人类生存，在社会深度智能化的同时，个人首先需要转变思想，确立与机器共存的理念。

中国被视为人工智能领域中的领先国家，是构建全球人工智能伦理和治理的重要力量，是国际人工智能规则的重要制定者。智能革命是从心智到智能的革命，中国社会具有最多的人类心智样本与数据，一定意义上占有智能时代最丰富的物质生产资料。我们要把这种物质上的丰富性转化成话语权与决策权，并秉承开放与共享的态度，惠及与我们所制定的规范相接轨的国家与地区，构建智能时代的人类命运共同体。

中国特色的治理现代化模式正在为全球人工智能治理提供新的道路。习近平总书记指出，加强和创新社会治理，关键在体制创新，核心是人。目前各国的人工智能治理模式关注的是少数人、核心利益既得者，没有把最普遍的人民群众作为出发点与指导对象。而我国的治理现代化模式把人放在首位，从社会中具体的人的角度出发，形成社会共识与有效的沟通、变革机制，这是人工智能时代的中国道路、中国方案。

四、发展人工智能应避免"近视症"[①]

作为一项引领未来的战略性技术，推动和发展人工智能已经成为全球共识。顺应形势把握住人工智能和第四次工业革命带来的重大历史机遇，可以带动国家竞争力的整体跃升，为转型期的中国经济社会发展提供新动能。人工智能时代机遇与挑战同在，应当加强人工智能技术发展研判和预测，增强风险意识，更好地应对人工智能技术可能导致的失控风险、伦理挑战、就业影响，促进科技治理能力现代化。在推进人工智能社会建设中应当处理好"善治"与"善智"的关系，发展"负责任"的人工智能，走向技术与社会的"良性互构"。

1. 人工智能时代：机遇与挑战同在

目前，人工智能已经从科学实验阶段进入商业应用阶段，人工智能发展迎来爆发的临界点。人工智能是引领未来的战略性技术，从国际发展态势来看，世界各主要国家均把人工智能作为主要发展战略，力图在新一轮国际竞争中把握住主导权和话语权。

第四次工业革命及人工智能时代的到来正在见证生产组织方式的巨大变革，以规模化定制为特征的生产组织方式、平台经济以及企业的网络化、扁平化正在成为新的趋势。新产业形态的出现将为传统产业提供转型的契机，经济发展的新动能正在被持续发掘，利用人工智能技术提升和改造传统产业正在汇聚经济社会转型的新动力。

然而，人工智能在提供社会发展动力和平台的同时，也对经济、社会、就业、法律、伦理、安全等提出了新挑战。人工智能时代的技术以指数而非线性速度发展，在既有的发展水平差距面前，经济发展水平较高、技术较为先进的国家与较为落后的国家之间的差距将进一步增大，全球治理秩序亟待重组。个体网络身份和社会身份的冲突在挑战传统社会规范，网络空间的兴起和人工智能发展所引发的大量新伦理问题亟待形成共识。

从技术演化历史来看，很多关键性的技术发展都要经历从0到1，再从1到100的过程。2016年3月阿法狗（AlphaGo）在围棋领域首次战胜人类世界冠军深刻冲击着人类对自身智力极限的信心；但阿法狗战胜围棋冠军李世石或

[①] 张成岗. 发展人工智能应避免"近视症"[J]. 人民论坛，2018（2），12-14.

许并不为惧，因为其技能的习得建立在对海量人类棋谱进行学习的基础之上，并没有超越人类认知本身，人工智能也没有完成技术上从 0 到 1 的过程。2017 年 10 月《自然》杂志发文 Mastering the game of go without human knowledge 报道的新一代阿法元（AlphaGo Zero）已经具有了远高于阿法狗的棋艺，尤为重要的是，其棋技学习不需要以历史棋谱为指引，也不需要以人类先验知识为指导，而是完全靠其自身的强化学习获得技能的提升，以至于专家发出"人工智能从 0 到 1"的惊呼。

如果说阿法狗和阿法元在围棋领域的强势胜出一度导致了公众焦虑，引起人类对自身智力极限的反思及对"人的本质是什么？"的深层追问，那么，美剧《西部世界》的热播、物理学家霍金在剑桥大学所做的关于人工智能与文明关系的演讲则进一步加重了公众的技术忧虑。《西部世界》描述了一个在机器人为人类提供服务的成人科技乐园里，随着机器人自主意识的产生，机器人开始怀疑其所生存的世界，并开始反抗"为所欲为"的人类。霍金则警告称：发明人工智能可能会成为人类历史上最大的灾难，如果管理不善，会思考的机器可能会为文明画上句号。

2. 人工智能技术发展："技术控"抑或"技术失控"？

历史地看，人类思想深处的技术忧患并非始于当下，也不会终于人工智能。与人工智能发展兴起相伴而生的是对其失控风险的忧虑，保持对可能比人类"聪明"的人工智能的控制无疑是推动和发展人工智能的前置性条件。实际上，计算机自诞生之日起，就伴随着"受控"与"可控"的争论。1979 年，休伯特·德雷福斯在《计算机不能做什么》中指出，计算机器不可能产生人类的智能；1980 年，约翰·塞尔也在其"中文之屋"实验中证明，机器系统只是在执行指令，并不能"理解"指令，离"自觉意识"很远。那么，我们到底应当如何看待技术，特别是如何看待人工智能技术的发展？如何看待虚拟与现实、人与非人的界限？如何看待技术发展对人类独特性的挑战？

技术能够扩展人类对世界的控制，但其本身具有复杂性，或者说是难以控制的，对"技术失控"的担忧一直藏在人类思想深处，这种担忧并非始于当下，也不会终于霍金。

我们期待通过技术"保护我们以摆脱现实生活的悲惨险境"时，也一直在关注技术发展可能带来的风险。人类社会从传统社会迈向现代社会是一个质的飞跃，启蒙以降、工业革命伊始，技术一直被视作这一宏大社会进程的重要变革性力量，但从伦理学角度看，技术也一直被视作一种忧患之源。从中国古代庄子寓言中的老者对可能导致"机心"的机械采取拒斥态度，到古希腊代达罗斯神话对"被创造物最终要惩罚创造者"主题的阐释，与每一次重要技术成就相伴而生的是人们对技术可能带来危险的担忧。

人类发展技术的历史也一直纠结在"技术控"与"技术失控"的二元逻辑主线之中。人们在享受技术便利的同时，有可能失去对复杂技术系统的控制，进而对人类生存带来灾难。"技术的反向控制与适应"的主题也一直存在于各个文化体系和知识形式之中。从传统社会思想家对"技术危险性"的警示到工业革命之初社会科学家对"启蒙黑暗面"的关切；从近现代戏剧与文学作品（狄更斯、托尔斯泰、卡夫卡等）对"技术两面性"的大众化诠释和传播到技术研究领域对"技术敌托邦"的探索，再到近代社会科学的政策分析，所有关切都指向技术所带来的意想不到的社会结果，"技术的潜在功能与社会功能紊乱"问题一直是人类发展的梦魇。而人工智能可能自然演化成具备自觉意识并对人类发动攻击则是技术忧虑在当代公众意识中的折射。

3. "人"与"人工智能"：从"人与物"到"人与人"？

人们曾一度认为，人类对自己制造的东西最为了解，并能达到对"制造物"的牢固控制，然而科技发展的速度往往超乎人类想象。起初，机器人只是作为一种人类生活工具出现在科幻小说中的。20世纪中期，当艾萨克·阿西莫夫出版《我，机器人》的时候，机器人世界还是想象中的世界，在科幻作家最初的设想中，机器人以照顾人类为己任。然而随着科学技术的进步，人们开始对机器人技术是否会超出人类控制范围产生了怀疑。当今，人类生活中已经充斥着大量机器人，并且越来越智能化，科学的进步总是超乎人们的预测。于是，人们开始设想高度发展的人工智能未来，当智能机器人充斥于我们生活的那一天，机器是否会不再满足于为人类服务，而向人类宣战，并统治世界？机器与人的关系是否有可能会从"人"与"物"的关系转化成"人"与"人"的关系呢？

1747年，拉美特里匿名发表《人是机器》，批判继承笛卡尔"动物是机器"思想基础上，提出"人是机器"的观点。我们可以把"人是机器"的提出视作打破无机物、有机物和人之间不存在不可逾越界线的努力，但人的物化并没有导致太多的社会焦虑。而当代人工智能的发展致使"机器成为人"的时候，"机器的人化"或者"机器中存在精灵"则对人的独特性提出了严峻挑战。

经典的机器人三定律：（1）机器人不能够伤害人类，也不能够因为自己的懈怠而令人类受到伤害；（2）机器人必须听从人类命令，除非该命令与第一定律相悖；（3）机器人必须在不违反第一和第二定律的情况下维持自己的生存。机器人三大定律的首要原则是保护人类不受机器的伤害，其中体现了创造者试图控制创造物（机器人）的努力。然而，正如温纳在《自主性技术》一书中所指出的，技术发展的后果往往背离人类最初为其设置的良好意愿，换句话说，"技术漂移的非意愿后果"依旧伴随着人类的技术忧患。

既然这样，那么从进化论观点来看，不遵循"机器人三定律"的机器人是否会出现并自然进化成"人"呢？

当前人工智能已经从科学实验阶段进入商业应用阶段，智能机器执行任务的复杂度正在以指数速度增长，人工智能的发展进入爆发前的临界点；人工智能进化中的递归式自我改善有可能导致最终的"智能爆炸"。人工智能的飞速进步展示出人类创造一种全新生命形式的可能性，不仅将标志着进化的突破，还可能给人类物种的生存构成潜在威胁。人工智能技术失控可能源自作为技术创造者的工程师的疏忽大意和无意识，也可能源于机器人的某个深度学习瞬间的豁然领悟。在《西部世界》中智能机器人开始不再听命于工程师，开始伤害和自我伤害，并最终摆脱了人类的控制，开始反抗，屠杀人类。

构建"好的人工智能社会"是全人类面前的严峻挑战。随着人工智能在生产活动和社会活动中的作用不能再被忽略，人工智能甚至有可能让人类失去智慧能动者的唯一地位。传统社会中仅仅针对人的产业制度和生产规则面临重组的挑战，以适应非人行动者参与的需要；"让生活更美好"的人类愿景正面临如何构建"好的人工智能社会"的紧迫挑战。

如果机器人具备了自我意识、拥有了生命体征之后，机器人与人的关系是什么？是人与物的关系，还是可能成为"人"与人的关系？它们如果不再仅仅是商品，它们的伦理权利是否需要和如何得到保证？人类跟其他物种的差异并不仅仅是由普罗米修斯式的技术力量推动的，自然演化本身的力量、社会环境的塑造更加重要。人类无疑具有独特性，无论是什么样的机会和环境造就了今日的人类，这样的机会并没有出现在"人类的近亲"所生活的环境中，技术物的终极制造者还是人类，但人类要预防技术发展可能带来的风险。

4. "善治"与"善智":走向技术与社会的"良性互构"

技术社会学家应当批判性揭示人类在技术社会中行进所遭遇及可能遭遇的真实问题及困境,在纷乱的多元意识中探寻并推动社会共识的形成,寻找社会发展的合理基础和理性框架,并破灭激进中的狂热。

正如"技术是什么"构成技术研究的全部一样,"人工智能是什么"同样构成关于人工智能各种研究的全部。人工智能是一个跨学科研究的对象,在工学中,并从人文学科、社会科学中探讨至今。在诸学科认识到科学认识的有限性时,就必须要求哲学性和全局性考察,不是把存在的某一部分从整体中脱离出去进行研究,而是将"存在作为存在进行一般性考察",根据理想价值,明确技术应当具有的形态并据此加以批判。

在技术发展中,人类应当避免"近视症"的困扰,规划并做好顶层设计,仅仅和过于强调技术发展的"独特能力"反而容易落入"能力陷阱"。人工智能时代不仅仅意味着一场技术与产业革命,对全球价值链结构、全球产业竞争格局产生深刻影响,更是一场社会、文化、价值与思维等领域的全景式整体性变革。技术发展应当服务于人本身。人工智能的发展要坚持"善治"与"善智"的统一,人工智能社会要走向"网络空间"与"现实空间"的深度融合,应当尽快搭建起"行动者网络"和"利益相关者"就人工智能问题开展相关讨论与合作的新平台。历史证明,人类面临重大的技术风险往往有助于推动形成社会共识,而好的社会共识则是历史进步的强大推动力。

新的机器自动生产者的加入会导致设计者、使用者、监管者之间责任的模糊和缺失,精细分工下的"有组织不负责任"亟须得到解决。传统技术伦理学是把伦理道德看作技术活动之外的一种规范力量,对技术后果进行伦理反思和批判;"后经验转向"时代的技术伦理规约强调规范性和建构性的统一,主张"端口前移":从负面伦理后果的揭批推进到正面伦理价值的"预防式置入";在技术设计中"嵌入"道德要素,通过恰当的技术设计规范和制约"创造者"的行为,实现"把技术关进伦理的笼子里"的目标。

"技术与社会如何和谐共处的主题"一直是技术社会学的重要论域。作为跨越技术决定论与技术建构论二元对立的整合性纲领,技术与社会的"相互建构论"已经成为当代技术社会学研究的主导性范式。面对不确定性的世界,尝试提供确定性的理论框架是危险的;面对人工智能时代的来临,我们必须跨越学术、社会、政治、国家和行业的界限，开展多方合作，让所有个体、群体和区域都能参与到当前的转型过程，并从中受益。

大数据背景下的人工智能具有"强加性的巨大功能"，以人工智能为代表的第四次工业革命隐藏着巨大的挑战，蕴含着空前的机遇。经济长期滞胀、就业压力剧增、社会不平等发展、"好的"人工智能社会如何构建等问题，都在考验人类的协作、创新与智慧。中国是世界上最大的发展中国家和世界第二大经济体，世界对第四次工业革命中的"中国角色"寄予厚望。在当前阶段，中国面临经济发展新常态、供给侧改革、传统企业转型、制造业升级等问题。不论是政府、企业还是个人，深入了解第四次工业革命的本质内涵和系统意义，全面评估人工智能带给社会的机遇与挑战，必将是行稳致远、角逐未来的重要砝码。

参考文献

英文

1. Abrams J J. Pragmatism, artificial intelligence, and posthuman bioethics: Shusterman, Rorty, Foucault[J]. Human studies, 2004, 27(3): 241-258.
2. Ajana B. Governing through Biometrics[J]. Palgrave Macmillan, 2013: 119.
3. Albrechtslund A. Ethics and technology design[J]. Ethics and Information Technology, 2007,9(1):63-72.
4. Alexander S, Rosenthal-Pubul. The Theoretic Life - A Classical Ideal and its Modern Fate[M]. Springer Nature Switzerland AG, 2018: 133.
5. Alvin H. Hansen. The Technological Interpretation of History[J]. The Quarterly Journal of Economics, 1921(11): 72-83.
6. Aradau C, Munster R V. Governing terrorism and the (non-)politics of risk[J]. European Journal of International Relations, 2005.
7. Ashrafian H. AIonAI: A Humanitarian Law of Artificial Intelligence and Robotics[J]. Science and Engineering Ethics, 2015, 21(1): 29-40.
8. Alonso A. An Unseasonable Thinker: How Ellul Engages Cybercultural Criticism. Jacques Ellul and the Technological Society in the 21st Century[M]. Springer Netherlands,2013.
9. American Association of Engineering Societies. Risk analysis: The Process and Its Applications[M]. Washington, DC: AAES, 1996.
10. Andrew Feenberg, Critical theory of Technology[J]. Oxford University Press, 1991.
11. Ashrafian H. Artificial Intelligence and Robot Responsibilities: Innovating Beyond Rights[J]. Science & Engineering Ethics, 2015(2).
12. Baldwin P.M. Technological unemployment[J].The Scientific Monthly,1935,vol.40(1).
13. Beck U. The Reinvention of Politics: Towards a Theory of Reflexive Modernization[C]. Beck U, Giddens A. Lash S. (Eds.). Reflexive Modernization: Politics, Tradition and Aesthetics in the Modern Social Order. Cambridge: Polity Press,1994: 2-6.
14. Belt H, Rip A. The Nelson-Winter-Dosi Model and Synthetic Dye Chemistry[A]. W.E.Bijker, T. P. Hughes, Pinch T.(Eds.). The Social Construction of Technological Systems: New Directions in Sociology and History of Technology[M]. Cambridge: The MIT Press,1987.
15. Bimber B. Marx K. the Three Faces of Technological Determinism[J]. Social Studies of Science, 1990, 20(2): 333-351.
16. Bourne M, Johnson H, Lisle D. Laboratizing the border: The production, translation and anticipation of security technologies[J]. Security Dialogue, 2015, 46(4SI): 307-325.
17. Boyson S, Assessing SCRM. Capabilities and Perspectives of the IT Vendor Community: Toward a Cyber Supply Chain Code of Practice[J]. University of Maryland Robert H.

Smith School of Business and National Institute of Standards and Technology, 2009.
18. Bramer M, Coenen F, Petridis M. Research and Development in Intelligent Systems[M]. Springer London, 2007:139.
19. Brey P. Anticipatory ethics for emerging technologies[J]. Nanoethics, 2012, 6 (1): 1-13.
20. Balloch Susan, & Marilyn Taylor (eds.). Partnership Working: Policy and Practice[M]. Bristol: The Policy Press,2001.
21. Barber, B. The logic and limits of trust [M]. New Brunswick, NJ: Rutgers University Press, 1983.
22. Ben-David J..The Scientist's Role in Society: A Comparative Study[M].New Jersey: Prentice-Hall,1971.
23. Borg R. and Toikka A. and Primmer E., Social capital and governance: a social network analysis of forest biodiversity collaboration in Central Finland. Forest Policy and Economics, 2015,No.50:90-97.
24. Bowles,S. Microeconomics:Behavior,Institutions&Evolution[M]. Princeton:Princeton University Press,2004.
25. Baiocchi G., Emergent Public Spheres: Talking Politics in Participatory Governance[J]. American Sociological Review,2003,68(1).
26. Brynjolfsson E, McAfee A. The second machine age: Work, progress, and prosperity in a time of brilliant technologies[J]. WW Norton and Co.2014.
27. Bunnings C, Kleibrink J, Webling J. Fear of unemployment and its effect on the mental health of spouses[J].Health Economics,2017(26):104-117.
28. Burgard S, Brand J, House J. Perceived job insecurity and worker health in the united states[J].Social Science & Medicine, 2009,69(5):655-802.
29. Caballero R.J, Hammour M.L. Jobless growth: appropriability, factor substitution, and unemployment[J].Carnegie-Rochester Conference Series on Public Policy,1998, 48: 51-94.
30. Castells M, et al. Mobile communication and society: a global perspective[M]. Cambridge, MA.: The MIT Press, 2007.
31. Campbelld, Carrutha A, Dickerson A, et al. Job insecurity and wages[J].The Economic Journal, 2007,vol.117, No.518:544-566.
32. Carlson K. Fear itself: the effects of distressing economic news on birth outcomes[J]. Journal of Health Economics 2015,(41):117-132.
33. Castells M. The Internet Galaxy: Reflections on the Internet, business, and society[M]. Oxford, UK: Oxford University Press, 2001.
34. Cook, I. Sociability, Social Capital, and Community Development A Public Health Perspective. Cham: Springer International Publishing,2015.
35. David Held. Democracy and Globalization[J]. Global Governance, 3(3):251-267.
36. David J.Hess, Science and Technology in a Multicultural World:the Cultural Politics of Facts&Artifacts[M].Columbia University Press,1995.

37. David Lyon,Surveillance Technology and Suveillance Society,in Modernity and Technology, Thomas J.Misa.Philip Brey and Andrew Feenberg Ed ,MIT Press,2003.
38. Duff, J. Financing to Foster Community Health Care: A Comparative Analysis of Singapore, Europe, North America and Australia [J]. Current Sociology,2001,49(3):135-154.
39. Doug las, M. , Wildavsky A.. Risk and Culture: An Essay on the Selection of Technological and Environmental Dangers [M]. Berkeley: University of California Press, 1982.
40. Earle T C. Thinking aloud about trust: A protocol analysis of trust in risk management [J]. Risk Analysis, 2004, 24(1): 169-183.
41. Edelstein, M.R., Contaminated communities: The social and psychological impacts of residential toxic exposure. 1988: Westview Press.
42. Ellul and the Technological Society in the 21st Century[M]. Springer Netherlands, 2013.
43. E.Mcginn R E.What Is Technology[M].Research in Philosophy&Technology,1978(1):180-190.
44. Frances Fukuyama,The end ofhistoty?[J].National Interest,1989.
45. Gabbard D A, Illich I. Postmodernism, and the eco‐crisis: reintroducing a "wild" discourse[J]. Educational Theory, 2010, 44(2): 173-187.
46. Ganegodage K R, Rambaldi A N, Rao D S P, et al. A new multidimensional measure of development: The role of technology and institutions[J]. Social Indicators Research, 2015:1-28.
47. Garcia J L, Jerónimo H M. Fukushima: A Tsunami of Technological Order.[J]. Springer Netherlands, 2013.
48. Gheorghe,A.(2014). Infranomics Sustainability, Engineering Design and Governance. Cham: Springer International Publishing.
49. Gimpelson V, Oshchepkov A. Does more unemployment cause more fear of unemployment? [J].IZA Journal of Labor & Development, 2012,12(1)6.
50. Goffman E. Frame Analysis: An essay on the organization of experience[M]. Boston: Northeastern University Press, 1986:132-146.
51. Goldsmith,S. &Eggers,W. D. Governing by Network:The New Shape of the Public Sector,2004.
52. Gries D. Ethical and Social Issues in the Information Age Fifth Edition[M]. Springer Berlin, 2013: 206.
53. Hart I. Deschooling and the web: ivan illich 30 years on[J]. Educational Media International, 2001,38(2-3): 69-76.
54. Hans Jonas:The Imperative of Responsibility, in Search of an Ethics for the Technological Age [M]. The University of Chicago Press, 1984:140.
55. Hansen J. et al.. Beyond knowledge deficit: Recent research into lay and expert attitudes to food risks. Appetite, 2003,41:111-121.

56. Hans Jonas. The Imperative of Responsibility: In Search of an Ethics in the Technological Age[J]. Journal of Policy Analysis & Management, 1985, 4(2).
57. Hargittai E, Hinnant A. Digital Inequality Differences in Young Adults' Use of the Internet[J]. Communication research, 2008, 35(5): 602-621.
58. Henry Mintzberg. Rebalancing society[M]. Berrett-Koenler Publishers,Inc. 2015.
59. Henry Mintzberg. Rescuing Capztalism firom Itself[J]. https://www.mintzberg.org,2015,12(16).
60. Hess D J. Science and technology in a multicultural world: The cultural politics of facts and artifacts[M]. New York: Columbia University Press,1995.
61. Hurst J.M. The impact of networks on unemployment[M].London: Palgrave Macmillan,2016.
62. Higgins S. US Government Awards $600k in Grants for Blockchain Projects, https://www.coindesk.com/us-government-grants-blockchain-projects/, available at 24/4/2018. http://www.who.int/foodsafety/micro/riskcommunication/en/
63. Mudacumura GM, Mebratu D, Haque MS (eds) Sustainable development policy and administration[M]. Taylor & Francis, :pp 445-471.
64. International Risk Governance Council. Risk governance- Toward An Integrative Approach [EB/OL]. Geneva,2006.
65. Kroes P, Verbeek P P. The Moral Status of Technical Artefacts[M]. Springer Netherlands, 2014.
66. Jacob Bigelow, Elements of Technology, Boston: Hilliard, Gray, Little and Wilkins, 1831; 2nd ed.:4.
67. Jacques Ellul.The Technological Society [M].Trans,John Wilkinson,New York:Vintage Books,1964:159.
68. Jay Weinstein,Sociology/technology : Foundations of Postacademic Social Science, New Brunswick, N.J. : Transaction Books, 1982:153.
69. Jan Aart Scholte, Tony Spybey. Globalization and World Society[J]. International Affairs, 1996, 72(4):793.
70. Jha A, Lin L, Short SM, Argentini G, Gamhewage G, Savoia E. Integrating emergency risk communication (ERC) into the public health system response: Systematic review of literature to aid formulation of the 2017 WHO Guideline for ERC policy and practice[J]. PLoS One. 2018:13(10).
71. Jurian Edelenbos. Institutional Implications of Interactive Governance: Insights from Dutch Practice[J]. Governance, 2004, 18(1):111-134.
72. Khan Y, Brown AD, Gagliardi AR, et al. Are we prepared? The development of performance indicators for public health emergency preparedness using a modified Delphi approach[J]. PLoS One. 2019;14(12).
73. Khan Y, O'Sullivan T, Brown A, et al. Public health emergency preparedness: a framework to promote resilience[J]. BMC Public Health. 2018;18(1):1344.

74. Kooiman, J. Governing as Governance[M]. New Delhi:Sage,2003.
75. Kooiman, J. Modern Governance: New Government-Society Interactions(2nd) [M]. London: Sage,1993.
76. Makinda, Samuel M. Hedley Bull and global governance: A note on IR theory[J]. Australian Journal of International Affairs, 56(3):361-371.
77. Lake R W. Big data, urban governance, and the ontological politics of hyperindividualism[J]. Big Data & Society,2017(6):1-10.
78. Leavitt, Sandrar. "Problems in Collective Action." In Conflict and Cooperation in the Global Commons: A Comprehensive Approach for International Security, edited by Jasper Scott, 23-40. Georgetown University Press, 2012.
79. Liangy , LeeEE S.A. Fear of autonomous robots and artificial intelligence: evidence from national representative data with probability sampling[J].International Journal of Social Robotics,2017, 9(3):379-384.
80. Livingstone S, Helsper E. Gradations in digital inclusion: Children, young people and the digital divide[J]. New media & society, 2007, 9(4): 671-696.
81. Lloyd R, Given J, Hellwig O. The Digital Divide: Some explanations[J]. Agenda, 2000, 7(4): 345-58.
82. Lofstedt R. Risk management in Post-Trust Societies[M].Basingstoke: Palgrave, 2005.
83. Lorenzo C. Simpson, Technology, time, and the conversations of modernity , New York : Routledge, 1995.
84. Luhmann, N. Risk:A Sociological Theory[M].Berlin:de Gruyter, 1993:218.
85. Larson J.H, WilsonI S.M, Beleyr. The impact of job insecurity on marital and family relationships[J].Family Relations,1994,43(2):138-143.
86. Latouche S. Degrowth. Journal of Cleaner Production[J], 2010,18(6):519-522.
87. Lewis J D, Weigert A. Trust as a social reality. Social forces, 1985, 63(4): 967-985.
88. Lim V.K, Loo G.L. Effects of parental job insecurity and parenting behaviors on youth's self-efficacy and work attitudes[J].Journal of Vocational Behavior,2003,63(1):86-98.
89. Liu J., "From Social Management to Social Governance: Social Conflict Mediation in China", Journal of Public Affairs, 2014, 14(2):93-104.
90. Liu H Y, Zawieska K. From responsible robotics towards a human rights regime oriented to the challenges of robotics and artificial intelligence. Ethics & Information Technology,2017.11:1-13.
91. Marjolein B.A. van Asselt & Ortwin Renn. Risk governance[J].Journal of Risk Research, 2011:431-434.
92. Müller V C. Risks Of Artificial Intelligence[J]. University of Oxford, UK and American College of Thessaloniki/Anatolia College, Greece. 2016,180:267-268.
93. Melanie Swan, Blockchain:Blueprint for a new economy,O'Reilly Media,Inc. ,2015: 1-67.
94. Mitchell Dean. Risk,Calculable and Incalculable.in Deborah Lupton(eds.),Risk and

sociocultural theory. Cambridge: Cambridge,1999.
95. Naar J.L. Fear of unemployment hits unions[J].American Journal Of Economics And Sociology,1982,41(2):195-96.
96. Norrls P. Digital Divide: Civic engagement, information poverty, and the Internet worldwide[M]. Cambridge, UK: Cambridge University Press, 2003.
97. Nyholm I., Haveri A. "Between Government and Governance – Local Solutions for Reconciling Representative Government and Network Governance", Journal Local Government Studies,2009,35(1):109-124.
98. Nkhata, B., & Breen, C. (2010). A Framework for Exploring Integrated Learning Systems for the Governance and Management of Public Protected Areas. Environmental Management,2010,45(2):403-413.
99. Pardhasaradhi Y. Information technology for governance and efficiency[J]. Indian Journal of Public Administration,2004,50(1):269-276.
100. Paul K. McClure. "You're Fired" says the robot: the rise of automation in the workplace, technophobes, and fears of unemployment[J].Social Science Computer Review, 2018, 36(2): 139-140.
101. Parajuli P. The Development Dictionary: A Guide to Knowledge as Power. Wolfgang Sachs, ed[J]. American Ethnologist, 1996, 23(3):641-642.
102. Piet Strydom. Risk,Environment and Society[M].Buckingham: Open University Press, 2002:83.
103. Pacey. A, The Culture of Technology. Oxford: Basil Blackwell ,1983:6-10.
104. Ping Du, Shiyang Yu, Daoling Yang (Ed). The Development of E-governance in China: Improving Cybersecurity and Promoting Informatization as Means for Modernizing State Governance[M]. Social Sciences Academic Press and Springer Nature Singapore Pte Ltd.,2019:113-114.
105. Rayvon David Fouche,Technology Studies, CA:Sage Publications ,2008.
106. Rhodes R A W . The New Governance: Governing Without Government[J]. Political Studies, 2006, 44(4):652-667.
107. Regina E. Lundgren, Andrea H. McMakin. Risk Communication-A Handbook for Communicating Environmental,Safety,and Health Risks [M]. New Jersey:John Wiley & Sons, Inc., 2013:19.
108. Renn O, Levine D. Credibility and trust in risk communication,Springer, 1991.
109. Renn O. Risk communication and the social amplification of risk Springer, 1991
110. Reuchert A.R, Augurzky B, Tauchmann H. Self-perceived job insecurity and the demand for medical rehabilitation: does fear of unemployment reduce health care utilization?[J]. Health Economics,2015(24):8-25.
111. Richard Falk, James N. Rosenau, Ernst-Otto Czempiel. Governance without Government: Order and Change in World Politics[J]. American Political Science Review, 1993, 87(2):544.

112. Roser S(eds.).Emotions and risky technologies[M].Springer Dordrecht Heidelberg London New York,2010.
113. Ruth Oldenzicl,Making Technology Masculine: Men, Women and Modern Machines in America, 1870-1945[M]. Amsterdam: Amsterdam University Press,1999.
114. Roux, D. (2007). Governance as a Trialogue: Government-Society-Science in Transition. Berlin, Heidelberg: Springer Berlin Heidelberg.
115. Reddel T. Third way social governance: Where is the state?[J]. Australian Journal of Social Issues, 2004,39(2):129-142.
116. Rose DA, Murthy S, Brooks J, Bryant J. The Evolution of Public Health Emergency Management as a Field of Practice. Am J Public Health. 2017;107(S2):126-133.
117. Rogers E M. Diffusion of Innovations[M]. 4th edition. New York: The Free Press, 1995.
118. Scheler M.B. Technological unemployment[J].The Annals of the American Academy of Political and Social Science, 1931,vol.154(1):17-27.
119. Siegel, David A. "Social Networks and Collective Action." American Journal of Political Science 53, No. 1 (2009): 122-38.
120. Simpson L C. Technology, Time, and the Conversations of Modernity[M]. New York: Routledge, 1994: 138-150.
121. Slovic P. Perceived risk, trust, and democracy. Risk analysis, 1993, 13(6): 675-682.
122. Speer J. Participatory Governance Reform: A Good Strategy for Increasing Government Responsiveness and Improving Public Services? 2012,40(12) 2379-2398.
123. Stephens M. Job loss expectations, realizations, and household consumption behavior[J]. Review of Economics and Statistics,2004,86(4):253–269.
124. Swan M. Blockchain: Blueprint for a new economy[M] Blockchain: Blueprint for a new economy. O'Reilly, 2015: 23-26.
125. Sztompka, P. Trust: A Sociological Theory [M]. New York: Cambridge University Press,1999.
126. Tanzi,V. Government versus Markets:The Changing Economic Role of the State[M]. Cambridge University Press,2011.
127. Tichenor P J, Donohue G A, Olien C N. Mass Media Flow and Differential Growth in Knowledge[J]. Public opinion quarterly, 1970, 34(2):159-170.
128. Timothy C. Earle,Trust in Risk Management: A Model-Based Review of Empirical Research,Risk Analysis, 2010,30(4): 541-574.
129. Turton A R, Hattingh H J, Maree G A, et al. Governance as a Trialogue: Government—Society—Science in Transition[C], Berlin: Springer, 2007:319.
130. Thomas J.Misa.Philip Brey and Andrew Feenberg Ed.Modernity and Technology,MIT Press,2003.
131. Ulrich Beck. Risk Society:Towards a New Modernity. Translated by Mark Ritter. London: Sage Publications, 1992.
132. Ulrich Beck. World Risk Society. London: Polity Press, 1999.

133. Van Waeyenberge E, Fine B, Jomo K S. From Washington to post-Washington Consensus: Illusions of Development[J]. 2006, 45:306-311.
134. Vobemer J, Gebel M, TA HT K,et al. The effects of unemployment and insecure jobs on well-being and health: the moderating role of labor market policies[J].Social Indicator Research,2018,138(3):1229-1257.
135. Verdeyen V, Buggenhout B V. Social Governance: Corporate governance in institutions of social security, welfare and healthcare[J]. International Social Security Review, 2003, 56(2): 45-64.
136. Walsh T. Expert and non-expert opinion about technological unemployment[J]. International Journal of Automation and Computing,2018,15(5):637-642.
137. Washington,D.C.:The Brookings Institution. Ehrmann,T. ,Windsperger, J.,Cliquiet,G. &Hendrikse,G. Eds. Network Governance:Alliances,Cooperatives and Franchise Chains,Berlin and Heidelberg:Physica—Verlag Heidelberg,2013.
138. Weinberger D. Too big to know: rethinking knowledge now that the facts aren't the facts, experts are everywhere, and the smartest person in the room is the room[J]. Library Journal, 2011.
139. Williamson, John. The strange history of the Washington consensus[J]. Journal of Post Keynesian Economics, 2004, 27(2):195-206.
140. Wills S, Tranter B. Beyond the 'Digital Divide': Internet diffusion and inequality in Australia[J]. Journal of sociology, 2006, 42(1): 43-59.
141. Wendy Larner. Post-Welfare State Governance: Towards a Code of Social and Family Responsibility[J]. Social Politics: International Studies in Gender, State & Society, 7, 2000(2):244-265.
142. Wynne B..Misunderstood misunderstanding: Social identities and public uptake of science[J]. Public Understand of Science, 1992 (3): 281-304.
143. Zygmunt Bauman, Postmodern Ethics,Blackwell,1993.

中文

1. 阿兰·佩雷菲特.信任社会：论发展之缘起 [M].邱海婴，译.北京：商务印书馆，2005.
2. 埃莉诺·奥斯特罗姆.公共事物的治理之道 [M].余逊达，陈旭东，译.上海：上海三联书店，2000：144.
3. 安东尼·吉登斯.现代性与自我认同：现代晚期的自我与社会 [M].赵旭东，等译.北京：生活·读书·新知三联书店，1998：275，157.
4. 鲍宗豪，岳伟.新中国 70 年城乡关系：历程、转变、启示 [J].学术界，2019（6）：19-28.
5. 曼瑟尔·奥尔森.集体行动的逻辑 [M].陈郁，郭宇峰，李崇新，译.上海：格致出版社、上海三联书店、上海人民出版社，2014.
6. B.盖伊·彼得斯.政府未来的治理模式 [M].吴爱明，夏宏图，译.北京：中国人民大学出版社，2014：2.

7. 芭芭拉·亚当，乌尔里希·贝克，约斯特·房·龙等.风险社会及其超越：社会理论的关键议题 [M].赵延东，马缨，等译.北京：北京出版社，2005：322-323.
8. 曹淑艳，王小钰等.中外金融区块链研究综述 [J].理论学习与探索.2017（3）：84-87.
9. 陈广胜.走向善治 [M].杭州：浙江大学出版社，2007：99.
10. 陈自富.人工智能，为实体经济注入新动能 [N].人民日报，2017.
11. 陈家刚.全球治理：发展脉络与基本逻辑 [J].国外理论动态，2017（1）：76-88.
12. 丁煌.当代西方公共行政理论的新发展：从新公共管理到新公共服务 [J].广东行政学院学报，2005（6）：5-10.
13. 陈如钧.群众满意是社会治理的出发点和落脚点 [J].人民论坛，2017（8）：70-71.
14. 陈蕴茜.论戊戌维新知识分子群体的转型 [J].江海学刊，1997（6）：124-129.
15. 陈振声.东亚现代性的世界性涵义：杜维明教授对全球化、现代化与多元化理解和认识问题 [J].西南民族学院学报（哲学社会科学版），2000（10）：73-76，158.
16. 丹尼尔·J.布尔斯廷.发现者：人类探索世界和自我的历史 [M].吕佩英，等译.上海：上海译文出版社，2006：554.
17. 丹尼斯·古莱特.靠不住的承诺：技术迁移中的价值冲突 [M].邾立志，译.北京：社会科学文献出版社，2004.
18. 丹尼斯·史密斯.后现代性的预言家：齐格蒙特·鲍曼传 [M].萧韶，译.南京：江苏人民出版社，2002：166.
19. 戴维·赫尔德，等.全球大变革 [M].杨雪冬，等译.北京：社会科学文献出版社，2001.
20. 安东尼·吉登斯.现代性的后果 [M].田禾，译.南京：译林出版社，2011：56.
21. 戴维·奥斯本，特德·盖布勒.改革政府：企业精神如何改革着公共部门 [M].周敦仁，等译.上海：上海译文出版社，2006.
22. 邓小平.中国共产党第十二次全国代表大会开幕词 [N].人民日报，1982.
23. 丁伟志."中体西用"论在洋务运动时期的形成与发展 [J].中国社会科学，1994（1）：101-118.
24. 丁晓强.深刻认识党的十一届三中全会的历史意义 [J].思想理论教育导刊，2019（4）：16-19.
25. 邓剑伟.后官僚制时代政府的改革与治理：评盖伊·彼得斯《政府未来的治理模式》一书 [J].理论导刊，2013（5）：94-97.
26. 杜维明.多元现代性中的儒家传统 [J].文化纵横，2010（2）：38-43.
27. 杜维明.关于传统文化创造性转化的几点思考 [J].中央社会主义学院学报，2019（4）：101-108.
28. 范拓源.区块链技术对全球反洗钱的挑战 [J].科技与法律，2017（3）：19-24，61.
29. 傅利萍，涂俊.城市居民社会治理满意度与参与度评价 [J].城市问题，2014（5）：85-91.
30. 高旭，张圣柱，杨国梁，多英全.风险沟通研究进展综述 [J].中国安全生产科学技术，

2011（5）：148-152.

31. 高璐，李正风. 从"统治"到"治理"：疯牛病危机与英国生物技术政策范式的演变[J]. 科学学研究，2010（5）：655-661.

32. 顾昕. 治理嵌入性与创新政策的多样性：国家—市场—社会关系的再认识[J]. 公共行政评论，2017（6）：6-32，209.

33. 关锦镗，曹志平，韩斌. 科技革命与就业[M]. 北京：北京大学出版社，1994.

34. 郭星华，石任昊. 从社会管制、社会管理到社会治理：改革开放以来中国现代法治建设的变迁[J]. 黑龙江社会科学，2014（6）：76-82.

35. 郭镇之. 中外广播电视史[M]. 上海：复旦大学出版社，2008.

36. 国家统计局. 中华人民共和国2016年国民经济和社会发展统计公报[N]. 人民日报，2017-03-01.

37. 韩静茹. 彼得斯的治理模式思想[J]. 知识经济，2019（14）：11-12.

38. 何茂春，张冀兵. 新丝绸之路经济带的国家战略分析：中国的历史机遇、潜在挑战与应对策略[J]. 人民论坛•学术前沿，2013（23）：6-13.

39. 朱前星，黄辰呈. 新中国成立以来中国社会治理价值导向和基本内涵的变迁[J]. 西南民族大学学报（人文社科版），2010（2）：207-213.

40. 黄萃，彭国超，苏竣. 智慧治理[M]. 北京：清华大学出版社，2017.

41. 黄卫平，汪永成. 当代中国政治研究报告III[M]. 北京：社会科学文献出版社，2005.

42. 胡鞍钢，周绍杰. 新的全球贫富差距：日益扩大的"数字鸿沟[J]. 中国社会科学，2002（3）：34-48，205.

43. 胡锦涛. 坚定不移沿着中国特色社会主义道路前进为全面建成小康社会而奋斗[M]. 北京：人民出版社，2012.

44. 贾丽平. 比特币的理论、实践与影响[J]. 国际金融研究. 2013（12）：14-25.

45. 贾雷德•戴蒙德. 枪炮、病菌与钢铁：人类社会的命运[M]. 王道还，廖月娟，译. 上海：上海译文出版社，2000.

46. 姜铎. 洋务运动研究的回顾[J]. 历史研究，1997（2）：113-127.

47. 江必新. 以党的十九大精神为指导加强和创新社会治理[J]. 国家行政学院学报，2018（1）：23-29，148.

48. 江必新. 推进国家治理体系和治理能力现代化[N]. 光明日报，2013-11-15.

49. 杰瑞•卡普兰. 人工智能时代[M]. 李盼，译. 杭州：浙江人民出版社，2016.

50. 井西晓. 挑战与变革：从网格化管理到网格化治理：基于城市基层社会管理的变革[J]. 理论探索，2013（1）：102-105.

51. 菊池秀明. 末代王朝与近代中国：清末中华民国[M]. 马晓娟，译. 桂林：广西师范大学出版社，2014.

52. 杰索普. 治理的兴起及其失败的风险：以经济发展为例的论述[J]. 国际社会科学杂志（中文版），1999（1）：31-48.

53. 詹姆斯•S.科尔曼. 社会理论的基础[M]. 邓方，译. 北京：社会科学文献出版社，1999：231.

54. 卡尔曼•托斯. 人工智能时代[M]. 赵俐，译. 北京：人民邮电出版社，2017.

55. 英瓦尔·卡尔松，等．天涯成比邻：全球治理委员会的报告 [M]．赵仲强，等译．北京：中国对外翻译出版公司，1995．

56. 克利福德·格尔茨．文化的解释 [M]．韩莉，译．北京：译林出版社，1999：5．

57. 孔繁斌．多中心治理诠释：基于承认政治的视角 [J]．南京大学学报，2007（6）：31-37．

58. 蓝宇蕴．奥斯特罗姆夫妇多中心理论综述 [C]．和谐社区通讯，2009：102-113．

59. 理查德·萨斯坎德，丹尼尔·萨斯坎德．人工智能会抢哪些工作 [M]．李莉，译．杭州：浙江大学出版社，2018．

60. 李红梅．我国政府未来的治理模式：基于盖伊·彼得斯四种模式的解析 [J]．领导科学，2015（8）：25-27．

61. 李华兴，吴嘉勋．梁启超选集 [M]．上海：上海人民出版社，1984．

62. 兰登·温纳．自主性技术：作为政治思想主题的失控技术 [M]．杨海燕，译．北京：北京大学出版社，2014．

63. 李克强．用改革的办法深入推进"三去一降一补" [N]．人民日报，2017．

64. 李龙，任颖."治理"一词在中国古代的使用 [N]．北京日报，2017．

65. 李佩，张成岗．人工智能时代的技术发展与就业挑战 [J]．智库理论与实践，2019（6）：43-51．

66. 李强．怎样理解"创新社会治理体制" [J]．毛泽东邓小平理论研究，2014（7）：43-48，91，92．

67. 李占才.20世纪50年代中国对社会主义建设道路的初步探索 [J]．中国经济史研究，2006（3）：29-35．

68. 李正伟，刘兵．对英国有关"公众理解科学"的三份重要报告的简要考察与分析 [J]．自然辩证法研究，2003（5）：70-74．

69. 李盛梅．新中国社会治理模式的演变及启示 [J]．中共云南省委党校学报，2017（2）：148-152．

70. 李文钊．多中心的政治经济学：埃莉诺·奥斯特罗姆的探索 [J]．北京航空航天大学学报（社会科学版），2011（6）：1-9．

71. 刘永谋，李佩．科学技术与社会治理：技术治理运动的兴衰与反思 [J]．科学与社会，2017（2）：58-69．

72. 卢西亚诺·弗洛里迪．第四次革命 [M]．王文革，译．杭州：浙江人民出版社，2016．

73. 卢曼．信任：一个社会复杂性的简化机制 [M]．瞿铁鹏，李强，译．上海：上海人民出版社，2005．

74. 罗荣渠．现代化新论：中国的现代化之路 [M]．上海：华东师范大学出版社．2013．

75. 罗西瑙．没有政府的治理 [M]．南昌：江西人民出版社，2001．

76. 罗伯特·D.帕特南．使民主运转起来 [M]．王列，赖海榕，译．南昌：江西人民出版社，2001．

77. 卡尔·马克思，弗里德里希·恩格斯．马克思恩格斯文集：第3卷 [M]．中共中央马克思恩格斯列宁斯大林著作编译局，译．北京：人民出版社，2010．

78. 让-皮埃尔·戈丹．何谓治理 [M]．钟震宇，译．北京：社会科学文献出版社，2010．

79. R.A.W.罗茨，丁方达.理解"治理"：二十年回眸[J].领导科学论坛，2016（17）：5-17.
80. 玛格丽特·博登.人工智能哲学[M].刘西瑞，王汉琦，译.上海：上海译文出版社.2006.
81. 毛泽东.在政协一届四次会议上的讲话（1953年2月7日）[N].人民日报，1953.
82. 马洪林.戊戌维新与中国近代化[J].上海师范大学学报：哲学社会科学版，1989（1）：75-82.
83. 曼纽尔·卡斯特.网络社会的崛起[M].夏铸九，王志弘，等译.北京：社会科学文献出版社，2001.
84. 尼克拉斯·卢曼.信任：一个社会复杂性的简化机制[M].瞿铁鹏，李强，译.上海：上海世纪出版集团，2005.
85. 齐格蒙特·鲍曼.现代性与矛盾性[M].邵迎生，译.北京：商务印书馆，2003：11，88.
86. 邱泽奇.技术化社会治理的异步困境[J].社会发展研究，2018（4）：2-26，242.
87. 任勇.治理理论研究为治理现代化提供学理支撑[N].人民日报，2019.
88. S.N.艾森斯塔特.反思现代性[M].旷新年，王爱松，译.北京：三联书店，2006.
89. 尚洁.信息技术扩散的区域差异：以中国东、中、西部作案例研究[J].中国经济问题，2010（3）：63-68.
90. 邵书龙.中国农村社会管理体制的由来、发展及变迁逻辑[J].江汉论坛，2010（9）：5-10.
91. 孙涛.从传统社会管理到现代社会治理转型：中国社会治理体制变迁的历史进程及演进路线[J].中共青岛市委党校.青岛行政学院学报，2015（3）：43-46.
92. 孙晓莉.多元社会治理模式探析[J].理论导刊，2005（5）：7-9.
93. 史真.第一个五年计划的制定与成就[J].党员文摘，2019（9）：36-38.
94. 孙国茂."区块链技术的本质特征及其金融领域应用研究"[J].理论学刊，2017（2）.
95. 陶冶.彼得斯的治理思想研究[J].现代交际，2018（16）：224-225.
96. 田凯，黄金.国外治理理论研究：进程与争鸣[J].政治学研究，2015（6）：47-58.
97. 涂尔干.职业伦理与公民道德[M].渠敬东，译.北京：商务印书馆，2015.
98. 童星.中国社会治理[M].北京：中国人民大学出版社，2018.
99. 乌尔里希·贝克，约翰内斯·威尔姆斯.自由与资本主义[M].路国林，译.杭州：浙江人民出版社，2001：118.
100. 乌尔里希·贝克，安东尼·吉登斯，斯科特·拉什.自反性现代化：现代社会秩序中的政治、传统和美学[M].赵文书，译.北京：商务印书馆，2001.
101. 乌格朋.社会变迁[M].费孝通，王同惠，译.上海：上海社会科学院出版社，2016.
102. 闻骏，梁彬.基于区块链技术的国家治理创新研究[J].昆明理工大学学报（社会科学版），2017（6）.
103. 王华杰，薛忠义.社会治理现代化：内涵、问题与出路[J].中州学刊2015（4）：67-72.
104. 王绍光.治理研究：正本清源[J].开放时代2018（2）：153-176，9.
105. 王彦.论魏源《海国图志》早期现代化思想[J].华章，2012，（021）.

106. 汪民安，陈永国，张云鹏．现代性基本读本（下）[M]．开封：河南大学出版社，2005：527．
107. 文宏，刘志鹏．人民获得感的时序比较：基于中国城乡社会治理数据的实证分析[J]．社会科学，2018（3）：3-20．
108. 吴锦良．"枫桥经验"演进与基层治理创新[J]．浙江社会科学，2010（7）：43-49，29，126．
109. 魏礼群．习近平社会治理思想研究[J]．中国高校社会科学，2018（4）：4-13，157．
110. 习近平．决胜全面建成小康社会夺取新时代中国特色社会主义伟大胜利：在中国共产党第十九次全国代表大会上的报告[N]．人民日报，2017-10-28．
111. 习近平．习近平谈治国理政：第2卷[M]．北京：外文出版社，2017．
112. 习近平．习近平谈治国理政[M]．北京：中央文献研究室，2014．
113. 习近平．在十八届中央政治局第九次集体学习时的讲话[N]．人民日报，2013．
114. 习近平．在参加全国政协十二届一次会议科协、科技界委员联组讨论时的讲话[N]．人民日报，2013．
115. 习近平．为建设世界科技强国而奋斗：在全国科技创新大会、两院院士大会、中国科协第九次全国代表大会上的讲话[N]．人民日报，2016-06-01．
116. 习近平．让工程科技造福人类、创造未来：在2014年国际工程科技大会上的主旨演讲[N]．人民日报，2014-06-04．
117. 习近平．在"一带一路"国际合作高峰论坛开幕式上的演讲[N]．新华社，2017．
118. 习近平．在中国科学院第十七次院士大会、中国工程院第十二次院士大会上的讲话[N]．人民日报，2014-06-10．
119. 陈志霞，于远航．城市居民社会治理满意度对居民幸福感的影响[J]．城市问题，2017（11）：78-86．
120. 习近平．在中央财经领导小组第七次会议上的讲话[N]．人民日报，2014．
121. 习近平．为建设世界科技强国而奋斗：在全国科技创新大会、中国科学院第十八次院士大会和中国工程院第十三次院士大会、中国科学技术协会第九次全国代表大会上讲话[N]．人民日报，2016-06-01．
122. 习近平．在第二届世界互联网大会开幕式上的讲话[N]．人民日报，2015-12-17．
123. 习近平．在庆祝改革开放40周年大会上的讲话[N]．人民日报，2018-12-19．
124. 习近平．共担时代责任共促全球发展[N]．人民日报，2017-01-18．
125. 小池淳义．人工智能超越人类 技术奇点的冲击[M]．崔海明，译．北京：机械工业出版社，2018．
126. 杨伟国，邱子童，吴清军．人工智能应用的就业效应研究综述[J]．中国人口科学，2018（5）：109-119，128．
127. 萧致治．从《四洲志》的编译看林则徐眼中的世界[J]．福建论坛：文史哲版，1999（4）：51-55．
128. 徐江虹．论近代中国的政治制度演变与政治文明的演进[J]．学术论坛，2005，（4）：40-43．
129. 徐行．现代化建设的新阶段、新目标与时代内涵[J]．学习与实践，2017（11）：5-10．

130. 徐猛.社会治理现代化的科学内涵、价值取向及实现路径[J].学术探索,2014(5):9-17.
131. 薛晓源,刘国良.全球风险世界:现在与未来:德国著名社会学家、风险社会理论创始人乌尔里希·贝克教授访谈录[J].马克思主义与现实,2005(1):44-55.
132. 杨利华.银行监管的法价值追求[J].区域金融研究.2010(1):59-62.
133. 杨秩清.谁也保不住铁饭碗:失业,九十年代第一危机[M].成都:四川大学出版社,1993.
134. 尤尔根·哈贝马斯.合法化危机[M].刘北成,曹卫东,译.上海人民出版社.2000.
135. 于良芝,刘亚.结构与主体能动性:信息不平等研究的理论分野及整体性研究的必要[J].中国图书馆学报,2010,36(1):4-19.
136. 于良芝.理解信息资源的贫富分化.国外"信息分化"与"数字鸿沟"研究综述[J].图书馆杂志,2005,24(12):6-18,37.
137. 虞和平.洋务运动时期中外贸易状况变化的几个问题[C]//首届"晚清国家与社会"国际学术讨论会论文集.2006:526-541.
138. 俞可平.论国家治理现代化[M].北京:社会科学文献出版社,2014.
139. 俞可平.增量民主与善治[M].北京:社会科学文献出版社,2005.
140. 俞可平.增量民主的改革思路[J].领导科学,2012(18):21.
141. 俞可平.全球治理引论[M].北京:社会科学文献出版社,2003.
142. 俞可平.治理与善治[M].北京:社会科学文献出版社,2000.
143. 俞可平.全球治理引论[J].马克思主义与现实,2002(1):20-32.
144. 袁勇,王飞跃.区块链技术发展现状与展望[J].自动化学报.2016(4):481-494.
145. 杨庆育.政府新治理模式:设计与比较[J].重庆社会科学,2015(10):34-41.
146. 杨述明.现代社会治理体系的五种基本构成[J].江汉论坛,2015(2):57-63.
147. 杨望,曲双石.区块链,让价值交易更方便快捷[N].人民日报.2016,11(22).
148. 殷昭举.中国社会治理的现代化[J].社会学评论,2014(3):30-40.
149. 郁建兴.辨析国家治理、地方治理、基层治理与社会治理[N].光明日报,2019.
150. 郁建兴.社会治理共同体及其建设路径[J].公共管理评论,2019,1(3):59-65.
151. 中共中央关于坚持和完善中国特色社会主义制度推进国家治理体系和治理能力现代化若干重大问题的决定[N].人民日报,2019.
152. 岳从欣.中国共产党关于"四个现代化"提法之历史考察[J].思想理论教育导刊,2010(5):50-53.
153. 臧雷振.治理类型的多样性演化与比较:求索国家治理逻辑[J].公共管理学报,2011(4):45-49,124.
154. 战冬娟.北京市社会治理满意度调查报告[J].调研世界,2013(6):13-16.
155. 中国马克思主义与当代编写组.中国马克思主义与当代[M].北京:高等教育出版社,2018.
156. 张成岗.技术与现代性研究:技术哲学发展的"相互建构论"诠释[M].北京:中国社会科学出版社.2013.
157. 张成岗.论技术与现代性的割裂与融通[J].南京师大学报(社会科学版).2010(5):12-17,65.

158. 张成岗. 人工智能与人类未来：发展人工智能应避免"近视症"[J]. 人民论坛，2018（2）：12-14.
159. 张成岗. 西方技术观的历史嬗变与当代启示[J]. 南京大学学报（哲学·人文科学·社会科学版），2013，50（4）：66-67，158，159.
160. 张成岗，黄晓伟."后信任社会"视域下的风险治理研究嬗变及趋向[J]. 自然辩证法通讯，2016（6）：14-21.
161. 张成岗."图像时代"的信息可视化：语境、进展及其限度[J]. 装饰，2017（4）：12-15.
162. 张成岗. 世界现代化道路上的中国方案[J]. 人民论坛，2017（11）：36-38.
163. 张成岗. 新技术演进中的多重逻辑悖逆[J]. 探索与争鸣，2018（5）：17-21.
164. 张成岗. 新兴技术发展与风险伦理规约[J]. 中国科技论坛，2019（1）：1-3.
165. 张毅，肖聪利，宁晓静. 区块链技术对政府治理创新的影响[J]. 电子政务. 2016（12）：11-17.
166. 张宇. 风险社会"有组织的不负责任"困境形成的原因[J]. 东南传播，2012（4）：12-13.
167. 张成岗. 区块链时代：技术发展、社会变革及风险挑战[J]. 人民论坛·学术前沿，2018（12）：33-43.
168. 张成岗. 后现代伦理中的"责任"[J]. 哲学动态，2011（4）：91-96.
169. 张成岗. 人工智能时代：技术发展、风险挑战与秩序重构[J]. 南京社会科学，201x（5）：42-52.
170. 张成岗. 走向"智治"时代：以科技创新推动社会治理现代化[J]. 国家治理，2020（14）：8-11.
171. 张成岗. 文明演进中的技术、社会与现代性重构[J]. 学术前沿，2019（14）：51-57.
172. 张成岗，黄晓伟."后信任社会"视域下的风险治理研究嬗变及趋向[J]. 自然辩证法通讯. 2016（6）：14-21.
173. 张成岗. 中国居民社会治理满意度及问题研究[J]. 华东师范大学学报，2018（16）：144-152，177.
174. 张成岗. 寻求"双新"背景下城市治理新模式[J]. 社会科学报，2019.
175. 张成岗. 世界现代化道路上的"中国方案"[J]. 人民论坛，2017（11）：36-38.
176. 张成岗，张仕敏，黄晓伟. 信息技术、数字鸿沟与社会公正：新技术风险的社会治理[J]. 中国科技论坛，2018（5）：136-144.
177. 张成岗. 人工智能的社会治理：构建公众从"被负责任"到"负责任"的理论通道[J]. 中国科技论坛，2019（9）：1-4.
178. 张成福，党秀云. 公共管理学：修订第2版[M]. 北京：中国人民大学出版社，2007.
179. 张虎祥，仇立平. 中国社会治理的转型及其三大逻辑[J]. 探索与争鸣，2016（10）：57-63.
180. 张海. 欧洲发展史新释[M]. 广州：广东人民出版社，2002.
181. 张康之. 论主体多元化条件下的社会治理[J]. 中国人民大学学报，2014，28（2）：2-13.

182. 张金才. 新中国社会主义现代化建设奋斗目标的历史演进 [J]. 党的文献，2019（06）.
183. 张克中. 公共治理之道：埃莉诺·奥斯特罗姆理论述评 [J]. 政治学研究 2009（06）.
184. 张正清，张成岗. 第四次革命：现代性的终结抑或重构：弗洛里迪信息伦理及其对人工智能伦理的启示 [J]. 武汉大学学报哲学社会科学版，2018（3）：177-184.
185. 张燕. 风险社会与网络传播：技术·利益·伦理 [M]. 北京：社会科学文献出版社，2014.
186. 张毅，肖聪利，宁晓静. 区块链技术对政府治理创新的影响 [J]. 电子政务. 2016（12）：11-17.
187. 张再林. 近现代中国价值观念史的语用学之维 [J]. 江海学刊，2019（3）：41-46.
188. 珍妮特·V. 登哈特，罗伯特·B. 登哈特. 新公共服务：服务，而不是掌舵 [M]. 丁煌，译. 北京：中国人民大学出版社，2016.
189. 珍妮·X. 卡斯帕森，罗杰·E. 卡斯帕森. 风险的社会视野（上）[M]. 童蕴芝，译. 北京：中国劳动社会保障出版社，2010.
190. 中共中央文献研究室. 习近平关于社会主义社会建设论述摘编 [M]. 北京：中央文献出版社，2017.
191. 中共中央文献研究室. 习近平关于科技创新论述摘编 [M]. 北京：中央文献出版社，2016.
192. 中国互联网络信息中心. 第 40 次《中国互联网络发展状况统计报告》[R/OL].（2017-08-04）.
193. 中共中央文献研究室编辑，邓小平论十一届三中全会 [M]. 北京：中央文献出版社，1998.
194. 中共中央党史和文献研究院. 习近平关于社会主义文化建设论述摘编 [M]. 北京：中央文献出版社，2017.
195. 周建国，魏强，张丽. 社会治理创新中的公众参与：一项基于江苏、云南两省的调查研究 [J]. 学术论坛，2016（1）：96-100.
196. 周毅之. 从韦伯关于官僚制的苦恼议及治理理论：以非人格秩序神话背后的真实故事为观察点 [J]. 江海学刊，2007（5）：82-88，238，239.
197. 朱金海. 民营企业员工失业恐惧下的行为异化现象及其对策研究 [J]. 技术经济，2007（7）：107-112，78.
198. 钟明. 20 世纪社会科学中的系统理论 [J]. 国外社会科学. 1997（3）：3-8.
199. 朱勇，吴易风. 技术进步与经济的内生增长：新增长理论发展述评 [J]. 中国社会科学，1999（1）：21-39.

后 记

从对技术研究的人物关注和思想史探索，到技术社会学的技术、风险、伦理多维度事实构建，对技术社会的关注一直是我思想前行中不变的坐标，对技术文明的探索一直构成我精神生活和理论关注的重要主题。技术对于理论具有持续不断的挑战性和前沿性，正视技术尤其是人工智能、大数据、区块链等新兴技术对人类生活实践日趋丰富、日趋复杂的理论挑战，是认识、理解和重构现代治理理论，进而理解和重塑人类治理实践的基本前提。

正如"技术是什么"构成技术研究的全部，"人工智能是什么"构成关于人工智能研究的全部一样，"治理是什么"同样构成各种治理理论和政策研究的全部。作为一个跨学科研究对象，人工智能在工程学科中，并从人文学科、社会科学中探讨至今。各个学科探索所提供的知识图谱具有的内在局限性要求对人工智能进行的考察不能把人工智能从整体中脱离出去进行研究，而应该将"存在作为存在进行一般性考察"，根据理想价值，明确人工智能技术应当具有的形态并据此加以反思，20世纪90年代兴起的治理理论和实践恰恰提供了思考人工智能技术的宏观理论构架和微观实践场景。

从2002年博士毕业之后进入清华大学任教至今已经20余年，伴随着学科调整和建制转变，2018年我从清华大学社会科学学院科技与社会研究所转入清华大学社会学系工作。作为科技与社会（STS）学术共同体的一员，我一直在技术社会学和风险灾害研究领域中长期耕耘，在研究生中开设"技术社会学""风险与社会治理专题"等课程已经有15年之久，面对新的社会学研究的学术共同体，我还是不得不重新认真思索学术研究的再出发问题。

经过近一年的精心筹备，2018年1月由清华大学与国家发展和改革委员会共同发起成立了清华大学社会治理与发展研究院。作为清华大学校级研究平台，研究院充分发挥学科交叉的优势，运用综合的社会科学研究方法，深入研判当前社会治理宏观、中观与微观的各种现实情况，探索新时代社会治理的理论创新与实践突破，努力为党和国家的社会治理决策做出贡献。清华大学社会治理与发展研究院的成立进一步促使和加快了我在技术社会学、风险灾害研究、新兴科技伦理三条学术主线之外努力开拓社会治理与政策的这一社会学领域重要研究主线的迫切性。在此过程中，我带领研究团队持续开展和完成了国家发展和改革委员会"中国社会治理与发展指标体系和年度报告（2018、2019、2020、2021、2022）"、青海省社科规划重大课题"青海省社会治理体系和治理能力战略研究"、青海省社会治理现代化"十四五"规划编制项目以及北京、江苏、辽宁、重庆、山东、贵州等地的社会治理课题研究，努力尝试对新技术时代的社会治理理论及实践进行系统探索。在此过程中，我们报送了系列研究咨询报告，撰写并公开发表了论文20余篇，这些工作为本书的写作打下了很好的基础。《走向智治时代：人工智能赋能社会治理现代化》由我执笔撰写，有些内容出自我本人或与学生合作撰写的论文（在书中以注释的形式一一标出）。

本书是对《现代技术问题研究》《技术与现代性研究》出版之后在技术与社会治理研究方向上进行探索和拓展的点滴收获，书中谬漏将成为后续努力的动力，学界方家的指正将成为后续进步的基石。

个人的学术成长离不开良好的团体氛围，机构深厚的学术积淀铸造了研究工作开展的基础，科技与社会研究所、社会学系诸位同事的激励和关心构成了我日常生活中的不断鞭策。感谢清华大学社会科学学院原院长李强教授，清华大学社会科学学院院长、清华大学社会治理与发展研究院首任院长彭凯平教授一直以来对我的信任和支持，在未来社会治理与发展研究领域的探索与研究上，唯有负重前进，砥砺前行。清华大学出版社张立红老师对人工智能领域的洞察与思考推动着本书工作的尽快付梓，她对事业的热忱和专业让人钦佩。

本课题研究得到国家社科基金重大研究专项项目"'一带一路'建设面临的主要风险及应对研究"（18VDL015）、清华大学研究教育教学改革项目《技术社会学》教材建设与交叉学科领域探索（20214J045）、鄂尔多斯国家智能社会治理实验综合基地课题和场景研究（20232000979）的资助和支持，一并致谢！

张成岗

2023年1月于清华园